Carl Vossen

Anna Maria – Die letzte Medici
Kurfürstin zu Düsseldorf

Carl Vossen

ANNA MARIA
DIE LETZTE MEDICI

KURFÜRSTIN
ZU DÜSSELDORF

© Dr. Carl Vossen, Rheinallee 167, D-4000 Düsseldorf 11

Herstellung und Vertrieb:
Druckerei und Verlag Hub. Hoch,
Kronprinzenstr. 27, 4000 Düsseldorf 1

Literaturnachweis: s. Seiten 10, 11, 236, 237

Bildnachweis: bei der jeweiligen Abbildung bzw. S. 160

Entwurf des Schutzumschlages:
Wolfgang Felsch, Düsseldorf, unter Verwendung
eines Gemäldes von Anna Maria,
Düsseldorf um 1695.
Gouache auf Pergament von Giovanni Francesco Cassioni.
Stadtmuseum Düsseldorf.

Gedruckt auf MEDIAPRINT seidenmatt, 115 g/qm,
ein FELDMÜHLE-Erzeugnis

Für die Durchsicht des Manuskripts sei meiner Frau Gisela
sowie meinem Freund Dr. Hubertus Brockmann gedankt.

ISBN 3-7779-0415-5

Vom Verfasser gewidmet der Landeshauptstadt Düsseldorf
zur 700-Jahrfeier (1288 bis 1988)

Zum 320. Geburtstag der Kurfürstin am 11. August 1987

Zum 330. Geburtstag des Kurfürsten Jan Wellem
am 19. April 1988

Zur Ausstellung im Stadtmuseum (Herbst 1988)

Inhalt

Vorwort

Es ist gewiß bedauerlich, daß die Stadt Florenz, der die letzte Medici die unermeßlichen Kunstschätze ihres Geschlechtes testamentarisch vermachte, bis zum heutigen Tage versäumte, ihre große Wohltäterin gebührend zu ehren. Doch Düsseldorf hat wenig Anlaß, den Zeigefinger zu erheben, solange die verdiente Kurfürstin auch hier nahezu in Vergessenheit geraten ist! Ihr Gemahl »Jan Wellem« in Ehren! Sein Reiterstandbild ziert den Rathausplatz, und der pulsierende Knotenpunkt der Stadt ist nach ihm benannt. Auch ist er in historischen Festzügen immer wieder präsent. Nach seiner ihm durchaus ebenbürtigen Gefährtin aber hält man vergebens Ausschau. Kein öffentliches Denkmal erinnert an sie; keine Straße trägt ihren Namen. Und wenn ihr Gemahl mit den Schützen oder Karnevalisten durch die Stadt reitet, dann fragt man sich: Weshalb bleibt »Palatina« fern?

Wahrlich Anlaß genug, der vielfach bewährten Gemahlin des Kurfürsten und Zierde des Hauses Medici wenigstens ein literarisches Denkmal zu errichten. Autoren wie Hermine Kühn-Steinhausen, Walter Kordt oder Prof. Bargellini haben bereits wertvolle Bausteine beigetragen. Wirklich getreu und umfassend, die Schattenseiten nicht aussparend, aber kann man die Kurfürstin nur dann darstellen, wenn insbesondere auch ihre Eltern und Geschwister in ihre Biographie einbezogen werden. Erst vor diesem kontrastreichen Hintergrund läßt sich ihr wahres Verdienst erhellen.

Unverzichtbar ist vor allem eine eingehende Charakteristik ihrer Mutter, jener exzentrischen Prinzessin, deren turbulentes Treiben noch heute eine Fundgrube für literarische oder szenische Gestaltung sein könnte. Ungeachtet aller Skandalgeschichten aber bleibt sie denkwürdig, weil sie einen für die damalige Zeit einmaligen Sieg errang. Mit Charme und Esprit verteidigte sie nämlich ihre Selbständigkeit gegen die Mächtigsten ihrer Zeit: die Großherzöge des Hauses Medici, den Papst, den Sonnenkönig und eine ganze Heerschar von Diplomaten. Leidtragende bei diesen listenreichen Florettgefechten, die schließlich zur Spaltung der Familie führten, aber war nicht zuletzt ihre einzige Tochter Anna Maria. Daß sie überhaupt zur Welt kam, ist schon erstaunlich genug, war sie doch eigentlich als Fehlgeburt programmiert!

Einzubeziehen ist auch das unglückliche Naturell des Vaters Cosimo, dessen tragische Verstrickungen eher bemitleidenswert sind. Insgesamt, welch schwieriges Erbe, das unsere Prinzessin zu verkraften hatte. Umso rühmenswerter ist, wie sie in einem vorbildlichen Reifeprozeß die brauchbaren Fäden einer zwiespältigen Veranlagung zu einem Meisterstück der Webkunst verarbeitete. Dazu hat nicht zuletzt der ihr liebevoll verbundene Kurfüst Johann Wilhelm beigetragen, an dessen Seite sie 25 Jahre lang in Düsseldorf residierte. Diese von ihr entscheidend mitgeprägte Ära rückte die spätere Landeshauptstadt schon damals kulturell und politisch in das Zentrum europäischer Geltung. Für Anna Maria, die »Palatina«, wie sie als Kurfürstin von der Pfalz gerne genannt wurde, war diese Zeit die wohl glücklichste ihres Lebens, zugleich ein Kraftquell für die folgenden Jahrzehnte, die sie als Mitregentin in Florenz und als letzte Custodin des Medici-Erbes zu meistern hatte.

Ihr Lebenslauf und das dramatische Schicksal ihres aussterbenden Geschlechtes, ist umso farbiger, als die namhaftesten Persönlichkeiten der Zeit damit verwoben sind: der Sonnenkönig Ludwig XIV., Papst Alexander VII., das Kaiserpaar in Wien, Prinz Eugen, Händel und Corelli, Liselotte von der Pfalz, die »Grande Demoiselle«, Kardinal Mazarin, Maria Theresia und ihr Gemahl Franz Stephan; aber auch Äbtissinnen und Mätressen mischen mit. Im übrigen bieten die Schauplätze Florenz, Paris, Düsseldorf und Wien hinreichend Gelegenheit, Einblick zu gewähren in das zwiespältige Leben dieser Zeit.

Inmitten aller Wirren aber erhebt sich als ruhender Pol Palatina, Kurfürstin zu Düsseldorf und Abendstern des Hauses Medici. Ihre noble Haltung und das Vermächtnis, das sie allen Freunden der Kunst hinterließ, ist in der Tat denkwürdig!

Zum Quellennachweis

Bei der Beschaffung der Literatur war mir sehr dienlich die Hilfsbereitschaft der Universitäts-Bibliothek Düsseldorf, des Britischen Museums London, des Österreichischen Staatsarchivs Wien, der Österreichischen Nationalbibliothek Wien sowie des Archivs des Heimatvereins »Düsseldorfer Jonges«.

Im Hinblick auf das ausführliche Verzeichnis der benutzten Literatur seien hier folgende Anmerkungen vorausgeschickt:

1) Gelegentlich verweisen eingeklammerte Zahlen im Text (z.B. 22, 78) auf wörtliche bzw. sinngemäße Entlehnungen. Dabei nennt die erste Zahl Autor und Titel entsprechend der Numerierung im Literatur-Verzeichnis, während die Zahl hinter dem Komma sich auf die Seite der betreffenden Veröffentlichung bezieht.

2) Für die Übersetzung der englischen, französischen sowie lateinischen Quellen zeichnet der Verfasser C. V. verantwortlich.

3) Der »äußerst gründlichen Biographie der Kurfürstin« (Kordt) von Hermine Kühn-Steinhausen (22) ist der Autor in besonderer Weise verpflichtet.

4) Harold Acton's »The last Medici« (1) beachtliches Verdienst ist die Einbeziehung der Reiseberichte zeitgenössischer »travellers«. Insgesamt ist sein in 3 Auflagen erschienenes Werk eine ergiebige und unterhaltsame Quelle.

5) Als wohl älteste Biographie über die letzte Medici ist bemerkenswert die »Vita della Principessa Elettrice Palatino del Reno« (47), die mir das Britische Museum London beschaffte. Die Übersetzung des schwierigen Textes verdanke ich Frau Ursula Skiba vom Italia-Trade-Center Düsseldorf. Verschiedene Daten lassen den Schluß zu, daß diese Vita zwischen 1748 und 1750 verfaßt wurde, also etwa 6 Jahre nach dem Tode der Kurfürstin. Was die Zuverlässigkeit anbelangt, so sind Bedenken anzumelden, zumindest im Hinblick auf die im Britischen Museum vorliegende Fassung von 1887. Dort heißt es: Die Ehe wurde am 24. April 1691 in Florenz geschlossen (gemäß Kühn-Steinhausen am 29. April). Und weiter: Am 6. Mai

desselben Jahres brach sie nach Duscendorf (!) auf. Gemeint ist natürlich Düsseldorf. Insgesamt aber ist diese zeitnahe Vita in vielerlei Hinsicht aufschlußreich.

6) Über die Mutter der Kurfürstin äußert sich wohl erstmalig ausführlich E. Rodocanachi in »Les infortunes d'une petite fille d'Henri IV«, Paris 1903 (38). Dazu heißt es im Vorwort des Autors: Über diese extravagante Enkeltochter des Königs Heinrich IV. und Cousine Ludwigs XIV. haben die Zeitgenossen einen Schleier ausgebreitet. Entweder man war nicht unterrichtet oder man respektierte ihre erlauchte Abstammung. Und dies trotz dem üblichen Hunger der Journalisten nach Skandalgeschichten!

7) Prof. Bargellini, Florenz, widmet der Kurfürstin auch im Bildteil gebührend Raum (2). Vielleicht hat ihn dazu angeregt der Diavortrag, den Maria Bützler in seiner Gegenwart am 25. November 1974 im Palazzo Strozzi hielt zum Thema »L'Elettrice Palatina – A. Maria Luisa dei Medici – a Düsseldorf«. Maria Bützler (†) hat sich ebenso wie ihr Bruder Msgr. Theodor Bützler (†) große Verdienste um die deutsche katholische Gemeinde in Florenz erworben. Nicht minder sei ihnen an dieser Stelle gedankt für ihr Bemühen, die Erinnerung an die Düsseldorfer Kurfürstin auch in der Toskana wachzuhalten.

8) Der Nationalbibliothek und dem Hofarchiv Wien verdanke ich die Aufspürung von zwei zeitgenössischen Berichten, welche den Staatsbesuch des Kurfürstenpaares in Wien anno 1700 sowie die Begrüßung Maria Theresias durch Anna Maria 1739 in Florenz betreffen. (51)

Personen der Handlung

I. Haus Medici, Florenz

1. Ferdinando II., 1610–1670, Großherzog, Anna Marias Großvater
2. Vittoria, 1622–1694, Großherzogin, Anna Marias Großmutter
3. Cosimo III., 1642–1723, Erbprinz, Großherzog, Anna Marias Vater
4. Francesco Maria, 1660–1711, Kardinal, Cosimos Bruder
5. Eleonora von Gonzaga, 1685–1742, Prinzessin, Francescos Gemahlin
6. Ferdinando, 1663–1713, Erbprinz, Anna Marias älterer Bruder
7. Violante von Bayern, 1673–1731, Prinzessin, Ferdinandos Gemahlin
8. Anna Maria Luisa, 1667–1743, einzige Tochter Cosimos und Marguérite-Louises von Orléans, vermählt mit Johann Wilhelm von Pfalz-Neuburg, Kurfürstin zu Düsseldorf
9. Gian Gastone, 1671–1737, Großherzog, Anna Marias jüngerer Bruder
10. Anna Maria Franziska von Sachsen-Lauenburg, 1672–1741, Gastones Gemahlin

II. Haus Bourbon, Paris/Orléans

1. Gaston d'Orléans, 1608–1660, Herzog, Bruder König Ludwigs XIII., 3. Sohn König Heinrichs IV. und Marias von Medici, Anna Marias Großvater
2. Marguérite d'Orléans/Lothringen, † 1672, Gastons Gemahlin, Anna Marias Großmutter
3. Marguérite-Louise d'Orléans, 1645–1721, deren Tochter, Gemahlin Cosimos, Großherzogin, Anna Marias Mutter, Cousine Ludwigs XIV.
4. Anne-Marie-Louise, 1627–1693, Herzogin von Montpensier, »Grande Mademoiselle«, Tochter Gastons aus 1. Ehe, Stiefschwester von Marguérite-Louise, Anna Marias Patin
5. Ludwig XIV., 1638–1715, König, Sohn Ludwigs XIII., Marguérite-Louises Onkel

III. Haus Pfalz-Neuburg, Düsseldorf
   (Neuburg an der Donau)

   1. Johann Wilhelm, 1658–1716, Kurfürst, Anna Marias Gemahl in 2. Ehe
   2. Karl-Philipp, 1661–1742, Kurfürst, Johann Wilhelms Bruder und Nachfolger

IV. Haus Habsburg-Lothringen, Wien

   1. Leopold I., 1640–1705, Kaiser
   2. Eleonore Magdalene, 1655–1720, geboren in Düsseldorf als Schwester Johann Wilhelms, Gemahlin Kaiser Leopolds I. in 2. Ehe, Kaiserin
   3. Josef I., deren Sohn, 1678–1711, Kaiser
   4. Karl VI., gleichfalls deren Sohn, 1685–1740, Kaiser
   5. Maria Theresia, 1717–1780, Erzherzogin, Tochter Karls VI., später Kaiserin
   6. Franz Stephan von Lothringen, 1708–1765, Gemahl Maria Theresias, Großherzog der Toskana, seit 1745 als Franz I. Kaiser

V. Außerdem am Geschehen beteiligt:

   1. Mazarin, 1602–1661, Kardinal, Berater Ludwigs XIV.
   2. Louise de la Vallière, Herzogin, Gespielin Marguérite-Louises, Mätresse Ludwigs XIV., später Ordensfrau
   3. Karl von Lothringen, 1650–1690, Herzog, Vetter und Liebhaber Marguérite-Louises
   4. Bonsi, Pierre, Abbé, Cosimos Geschäftsträger in Paris, ab 1662 in Venedig, Bischof von Béziers
   5. Gondi, 1614–1679, Vertrauter Cosimos in Florenz und Paris, später Kardinal
   6. Eugen, Prinz von Savoyen, 1663–1736, Feldmarschall
   7. Don Carlos, Herzog von Parma, Anwärter auf das Toskanische Erbe.
   8. Als Vermittler von Ludwig XIV. nach Florenz entsandt: Graf von Sainte-Même, Sieur d'Aubéville, Marquis de Bellefonds, Duc de Créqui, Père Cosme Feillet, Marquise du Deffand, Bischof von Marseille
   9. Alexander VII., Papst von 1655–1667
   10. Die Äbtissinen der Klöster Montmartre, Saint-Mandé und Picpus

Schauplatz: Florenz, Paris, Düsseldorf, Wien

Daten zur Vita der Kurfürstin

1642, 14. 8. Geburt ihres Vaters Cosimo
1645, 28. 7. Geburt der Mutter Marguérite-Louise
1661, 17. 4. Ferntrauung ihrer Eltern in Paris
1661, 20. 6. Festlicher Einzug der Braut in Florenz
1663, 9. 8. Geburt des Erbprinzen Ferdinando
1667, 11. 8. Sie selbst kommt als Prinzessin Anna Maria
       Luisa im Pitti Palast zur Welt
1670, 24. 5. Tod ihres Großvaters Ferdinando II. Ihr
       Vater Cosimo folgt als Großherzog
1671, 24. 5. Geburt ihres Bruders Gian Gastone
1675, 10. 6. Ihre Mutter, Großherzogin Marguérite-
       Louise, verläßt ihre Familie
1679, Mai   Verhandlungen Paris-Florenz wegen Ver-
       mählung der Prinzessin mit dem Dauphin
1691, 29. 4. Anna Maria gibt im Dom zu Florenz dem
       Kurfürsten Johann Wilhelm ihr Jawort
1691, 19. 7. Einzug des Kurfürstlichen Paares in der Re-
       sidenzstadt Düsseldorf
1696, 12. 2. Eröffnung des von Anna Maria begründe-
       ten Opernhauses
1697, 2. 7. Vermählung ihres Bruders Gian Gastone in
       der Schloßkapelle zu Düsseldorf
1700, 16. 8. Staatsbesuch in Wien (bis 15. 9.)
1702, 12. 5. Die Kurfürstin rettet Düsseldorf vor der
       Einnahme durch die Franzosen
1711, Sept. Die Kurfürstin verhandelt mit Kaiser Karl
       VI. über die ihr zugedachte Nachfolge in
       der Toskana
1713, 30.10. Tod ihres Bruders Ferdinando
1713, 26.11. Cosimo bestimmt Anna Maria zur Thron-
       erbin
1716, 8. 6. Tod des Kurfürsten Johann Wilhelm
1717, 10. 9. Die Kurfürstin verläßt Düsseldorf
1721, 17. 9. Tod der Mutter in Paris
1723, 31.10. Tod des Vaters in Florenz
1737, 9. 7. Tod des Bruders Gian Gastone
1739, 20. 1. Anna Maria empfängt Maria Theresia und
       den neuen Großherzog Franz Stephan
1743, 18. 2. Tod der Kurfürstin

Weshalb Anna Maria kein Wunschkind war – Das Drama der verunglückten Ehe Medici-Bourbon

Man hätte ihr bessere Vorzeichen gewünscht – jener kleinen Prinzessin, die am 11. August 1667 in Florenz von ihrer Mutter höchst unwillig zur Welt gebracht wurde. Sie war nämlich durchaus kein Wunschkind, sondern eigentlich als Fehl- oder Totgeburt geplant. Auch Vater Cosimo, Erbprinz der Toskana, war mißgestimmt.

Wie aber war es zu diesem familiären Zerwürfnis gekommen? Die Beantwortung dieser Frage bedarf eingehender Darlegung, da sie zugleich Auskunft gibt über das Temperament und die Lebensweise der Eltern dieses Kindes, das später als Kurfürstin zu Düsseldorf und Abendstern des Hauses Medici, allen Anzeichen zum Trotz, zu glanzvollem Ruhm gelangen sollte.

Blättern wir also zunächst einige Jahre zurück und begeben uns 1661 nach Florenz, in die Hauptstadt der Toskana. Damals verfolgte Großherzog Ferdinando die seltsam frömmelnden Neigungen seines Sohnes mit Unbehagen, glaubte jedoch dessen unglückliches Temperament durch Anbahnung einer verlockenden Heirat in eine andere Richtung lenken zu können. Müßte es doch seltsam zugehen, sollte es nicht gelingen, der weltabgewandten Versponnenheit eines 18jährigen wieder einen erdnahen Bezug zu geben durch die Anziehungskraft einer reizenden Prinzessin, deren himmelblaue Augen das Sehnen nach himmlischen Sphären beschwichtigen, und deren hautnahe Lockung die Einbildung nicht greifbarer Phantome verdrängen würde.

Wo aber könnte man ein solches Wesen finden? Längst hatten die für den Großherzog fungierenden Horchposten in den Residenzstädten Europas Ausschau gehalten, und hier und da kam es auch zur Aufnahme von Kontakten. Die verlockendste Chance aber bot sich schließlich am Hofe Ludwigs XIV. in Paris. Dort wurde man nämlich auf Marguérite-Louise von Bourbon, die Cousine des Königs, aufmerksam. Sie verfügte, wie es hieß, über vielerlei Trümpfe, da sie königlichen Geblütes war und zu-

dem wegen ihrer reizenden Erscheinung schon als 13jäh-
rige ins Blickfeld geriet.

Mit Photos konnte man damals nicht dienen. Auch fand
sich kein Holbein, der – so wie damals bei Heinrich VIII.
und Anna von Kleve – ein schmeichelndes Porträt hätte
schaffen können. Vielmehr waren Vater und Sohn auf die
Beschreibung mehr oder weniger zuverlässiger Späher angewiesen. Dabei verließ sich der Herzog vorrangig auf das
Urteil seines Vertrauten Abbé Bonsi, der aus der Toskana
stammte und sich seit einiger Zeit in Paris aufhielt. Er
hatte sich am Hofe des Sonnenkönigs nicht zuletzt deshalb beliebt gemacht, weil er den Einkauf einiger begehr-
ter toskanischer Sänger vermittelt hatte. Seine Auskunft
über Mademoiselle Orléans aber brachte er auf den kurzen Nenner: Die Prinzessin bietet einen bezaubernden
Anblick. Sie hat blondes Haar und türkisfarbene Augen.
Sie ist überaus liebenswürdig, von lebhaftem Temperament und weiß graziös aufzutreten.

Das ließ sich hören und gab Veranlassung, ihrer Herkunft
genauer nachzugehen: Ihr königliches Geblüt verdankte
sie ihrem Großvater Henri IV. († 1610), der mit Maria
Medici († 1642) verheiratet war. Welch glückliche Fügung
also, daß der angestrebte Bund Medici/Bourbon sich bereits auf ein Vorbild berufen konnte, ganz abgesehen davon, daß schon Katharina von Medici Königin von Frankreich gewesen war. Demnach durfte man Marguérite-
Louise bereits als eine halbe Medici ansehen. Im übrigen
war ihr Vater Gaston von Orléans (1608–1660) der Bruder des Königs Ludwig XIII. († 1643). Er war in erster
Ehe verheiratet mit Maria von Bourbon († 1627) und in
zweiter Ehe, einer ausgesprochenen Liebesheirat, mit
Margarete von Lothringen († 1672). Aus der ersten Ehe
stammte Marguérite-Louises berühmte Stiefschwester
Anne Marie Louise, die sogenannte »Grande Mademoiselle", Herzogin von Montpensier (1627–1693), während
sie selbst als älteste von drei Töchtern aus zweiter Ehe
1645 zur Welt gekommen war. Ihr Vater hatte noch auf
die Thronfolge hoffen dürfen, da sein Bruder Ludwig
XIII. lange Zeit ohne Nachkommen blieb, bis ihm Königin Anna 1638 doch noch zu einem Sohn, dem späteren
Ludwig XIV., verhalf. Dieser war noch keine sechs Jahre

Gaston d'Orléans, *Herzog, Marguérite-Louises Vater. Als
dritter Sohn König Heinrichs IV. und Marias von Medici sowie
Bruder des lange Zeit kinderlosen Königs Ludwig XIII., ran-
gierte er als voraussichtlicher Thronerbe. Anna Marias Großvater. Er starb, bevor die Tochter Cosimo heiratete. Von ihm
nahm der zweite Sohn der Prinzessin den Beinamen Gastone an.
Gemälde Anton van Dyck. Museum Condé, Chantilly.
Photo Giraudon, Paris*

alt, als sein Vater 1643 starb. Mutter Anna übernahm dann für ihn die Regentschaft, unterstützt von dem aus Italien stammenden Kardinal-Minister Mazarin. So wie Richelieu unter Ludwig XIII., sollte er fortan zum maßgebenden Ratgeber und Minister des Königshauses werden. Marguérite entstammte also dem Geschlecht der Bourbonen, das mit Heinrich IV. zur Macht gekommen war. Als Cousine des 7 Jahre älteren Ludwig XIV. nahm sie in der Rangordnung des regierenden Königshauses eine der höchsten Stufen ein. Ihre Eltern, die Orléans, wie man sie nannte, residierten in Blois, waren jedoch in ihrer Hofhaltung erheblich eingeschränkt durch bürgerkriegähnliche Wirren, welche die frühen Regierungsjahre Ludwigs XIV. begleiteten. Doch kaum hatten sich die Verhältnisse einigermaßen konsolidiert, als Vater Gaston 1660, erst 52jährig, starb. Seine Töchter wurden nunmehr der Vormundschaft des Königs unterstellt. Dessen Ratgeber Kardinal Mazarin war einer Heirat Marguérites mit Cosimo Medici durchaus gewogen. Dabei interessierte ihn weniger, ob die Erwählten zueinander passen würden. Vielmehr bestimmte ihn Eigennutz. Bei seinen Ambitionen auf den Papstthron brauchte er nämlich die Unterstützung des Großherzogtums Toskana. Doch auch er starb (1661), bevor die Verhandlungen zum Abschluß gekommen waren. Für den Großherzog Ferdinand aber ging es vorrangig um die zu erwartende Mitgift. Davon abgesehen aber galt es, einen inzwischen aufgetauchten Verdacht auszuräumen. Er hatte nämlich erfahren, daß Elisabeth, die jüngere Schwester der Erwählten, schief und bucklig sei. An der Verbreitung des Gerüchtes, auch Marguérite vertusche mit Geschick eine ähnliche Mißbildung, soll »La Grande Mademoiselle« nicht unbeteiligt gewesen sein. Sie war nämlich ihrer wesentlich attraktiveren Stiefschwester durchaus nicht immer wohlgesonnen, war sie doch bereits ein »älteres Mädchen«, das trotz Rang und Vermögen auf dem Heiratsmarkt weit weniger Chancen hatte als die kaum 16jährige Marguérite.

Ferdinando war um so mißtrauischer geworden, als ihm bedeutet worden war, daß nicht wenige der angeblich so hübschen Prinzessinnen in Europa mißgestaltet, pokkennarbig oder möglicherweise unfruchtbar seien. Kein

18

Wunder, das altehrwürdige blaue Blut hatte im Laufe der Jahrhunderte natürlich auch die Krankheitskeime der Inzucht, nicht zuletzt die Anlage zur Gicht, weitergegeben. Weniger denn je durfte man sich also auf die äußere Erscheinung verlassen, zumal ihr bei bestimmten Mängeln unmerkliche Beihilfe geleistet wurde, indem eiserne Korsetts oder andere Tricks der »Haute Couture« gewisse Unebenheiten zu beschönigen suchten.

Verständlich, daß Ferdinando angesichts solcher Warnungen im Hinblick auf Marguérite-Louise sicher gehen wollte. Zwar konnte er sich im allgemeinen auf das Urteil seines Geschäftsträgers Abbé Bonsi verlassen. Doch diesmal war er mißtrauisch geworden, da der Prälat bei der Würdigung der Prinzessin von Eigenschaften gesprochen hatte, die »gänzlich denen Ihrer Hoheit entsprechen«. Solch plumpe Schmeichelei mußte ihn vorsichtig stimmen. Wie dem auch sei, kein Geringerer als der Bischof von San Minato wurde nun mit dem ausdrücklichen Mandat betraut, den angeblichen Buckel zu durchleuchten. Zu diesem Zweck pirschte sich Seine Excellenz an eine gewisse Madame Gobelin heran, von der er wußte, daß diese dem Hause Orléans besonders nahestand. Mit dem Hinweis auf gebührende Diskretion bedeutete er der Dame, Ziel seiner Erkundung sei eine umfassende und zuverlässige Charakterisierung der Prinzessin. Wichtig sei insbesondere die Frage, ob sie von Natur aus wohlgestaltet oder etwa auf eine Korrektur des Modisten angewiesen sei.

Madame Gobelin's Antwort las sich höchst gefällig:
»Mit Recht erwarten Sie, daß ich Ihnen wahrheitsgemäß eine detaillierte Auskunft erteile. So möchte ich gleich eingangs bekunden, daß die Prinzessin in jeder Weise bestens ausgestattet ist. Eine liebenswertere und aufrichtigere Gesinnung kann man sich nicht wünschen. Sie ist äußerst gutmütig, aber auch lebhaft. Im übrigen weiß sie sehr wohl, welche Haltung sie ihrer erlesenen Geburt schuldig ist. Ihre Ausdrucksweise ist gepflegt, und ihre Stimme hat einen angenehmen Klang. Sie singt sehr gefällig, spielt anmutig das Spinett und ist eine perfekte Tänzerin. Ihre Figur ist untadelig, und ich schwöre vor Gott, daß sie zu deren Aufbesserung nie eines Schneiders bedurfte. Ihre Haut ist weiß, und ihre Wangen sind rosig.

Sie hat funkelnde Augen sowie braunes volles Haar. Sie ordnet und pflegt es eigenhändig, nur beim Kämmen hilft man ihr. Ihre täglichen Verrichtungen halten sich nicht an einen bestimmten Plan. Jedenfalls gehört kunstvolle Handarbeit zu ihrem Tagewerk. Im übrigen beweist sie bei jeder sportlichen oder geselligen Betätigung, sei es in der Reitbahn oder beim Karten- und Schachspiel, bemerkenswertes Geschick.

Mir war es vergönnt, sie seit ihrer Geburt fast täglich zu sehen. Bis heute wurde sie von keiner ernsten Krankheit betroffen. Zwar wurde sie vor geraumer Zeit von Pocken befallen; diese hinterließen jedoch nur unmerkliche Spuren. So hat die Natur sie mit einer guten Konstitution ausgestattet, und sie ist nicht auf Medikamente angewiesen. Dazu trägt wohl auch bei, daß sie die Jagd liebt und sich wie eine Amazone in freier Wildbahn abhärtet.

Ich habe bei ihr noch keine Anzeichen der Pubertät bemerkt, die sich bei manchen Mädchen ihres Alters bereits zeigen. Jedenfalls ist ihr Busen gut entwickelt. Doch ich weiß nicht, ob ich mich dieserhalb überhaupt äußern soll. Mademoiselle Marguérite ist überaus fröhlich, doch niemals ungestüm. Auch ist sie durchaus fromm und verrichtet regelmäßig ihre Andacht. Sie hat die Gabe, die Herzen aller zu gewinnen, die ihr begegnen. Ihren Schwestern ist sie eng verbunden.«

In der Tat ein makelloses Porträt. Inwieweit es jedoch in Einklang zu bringen ist mit Marguérites späterem Verhalten als Großherzogin der Toskana, wird sich zu gegebener Zeit herausstellen.

Schon jetzt aber darf man Madame Gobelin bescheinigen, daß sie zu Recht die gute Erscheinung der Prinzessin hervorhob, nicht minder ihre robuste Konstitution und körperliche Gewandtheit. Wie aber würde sich der nur beiläufige Hinweis auswirken, daß sie in freier Wildbahn, ohne festen Tagesplan, aufwachse? Auffallend ist, daß das Verhältnis zu ihren Eltern ausgeklammert wird. Tatsächlich war sie weitgehend elterlicher Fürsorge und Anleitung entbunden. Ihre Mutter, die Herzogin, war zwar eine tugendhafte, aber nicht eben warmherzige Frau, die wenig Neigung verspürte, sich um ihre drei Töchter zu kümmern. Sie sah ihre Kinder morgens und abends je-

Marguérite d'Orléans/Lothringen, † 1672, Gastons Gemahlin.
Gemälde van Dyck, Uffizien. Photo Giraudon, Paris

weils nur knappe 10 Minuten, und dann lediglich, um ihnen einzuschärfen: Haltet euch gerade! Kopf hoch! Gemäß »Grande Mademoiselle« blieben derartige Belehrungen die einzigen, welche die Kinder erhielten – ganz zu schweigen vom Vater, den weitgehend politische und finanzielle Sorgen, in die er verstrickt war, in Anspruch nahmen. So vertrödelten die Töchter den Tag, ohne daß sie entschieden gelenkt wurden. Im übrigen mußte Marguérite-Louise zu Kopf steigen, daß man schon früh von ihr als der »kleinen Königin« sprach, da Vater Gaston ihre Vermählung mit dem König anstrebte. Auch wurde sie vom Herzog von Savoy umworben. Als dieser jedoch auf eine weniger anspruchsvolle englische Prinzessin umschwenkte, wurde Großherzog Ferdinands Interesse umsomehr entfacht.

Auch Prinz Cosimo schien allmählich Feuer zu fangen. Dazu trug nicht zuletzt Abbé Bonsi bei, der sich neuerdings in der Aufzählung vielfacher Tugenden und Liebreize überbot: Marguérite-Louise sei hinreißend schön, ihr Teint traumhaft weiß, ihr Haar betörend blond; ihre Bewegungen seien wundersam anmutig, und ihr Charme finde auf Erden nichts seinesgleichen. Eigentlich hätte Cosimo mißtrauisch werden müssen, da ausgerechnet ein Geistlicher sich in diesen Lobsprüchen erging. Beichtvätern mochte von Amts wegen wohl Zutritt zur Psyche einer Frau zustehen; die Abtaxierung äußerer Reize aber gehörte wahrlich nicht zu ihren Obliegenheiten.

Wie dem auch sei, Bonsi gelang, was anderen versagt blieb. Er machte Cosimo munter und weckte in ihm das Verlangen, zu heiraten. Ja, seine Ungeduld übertraf selbst die des Vaters. Dieser überraschende Sinneswandel bekundete sich auch darin, daß er fortan modischen Dingen mehr Aufmerksamkeit widmete. So war er, der albernem Getue bisher ganz und gar abgeneigt war, plötzlich darauf bedacht, sich nach französicher Manier zu kleiden. Bonsi mußte ihm einen Anzug aus feinstem Stoff besorgen, dazu eine breitgeschnittene Hose mit modischen Schuhen zum Tanzen, Filzhüte mit flatternden Bändern und Federn sowie Hemden made in England. Auch ein Degen durfte nicht fehlen. Nicht zuletzt bestand der Prinz darauf, Bonsi solle ihm eine hübsche Kollektion jener aparten

Accessoires schicken, welche dem Gentleman erst den letzten Schliff geben. Mit all diesem Zauber würde er nicht verfehlen, die französische Prinzessin für sich einzunehmen.

Vater Gaston legte kein Hindernis in den Weg. Auch die Prinzessin selbst schien nicht abgeneigt zu sein. Doch würde sie überhaupt gefragt werden? Schließlich ging es nur noch um die finanzielle Ausstattung. Kardinal Mazarin, der Bevollmächtigte des Königshofes, machte kein Hehl daraus, daß die Mitgift nur bescheiden sein könne. Doch er glaubte Ferdinando beschwichtigen zu können, indem er betonte, Marguérites vielfältige Qualitäten vermöchten die weniger gewichtige Dotierung vielfach aufzuwiegen. Man möge auch in Rechnung stellen, daß sie dem berühmten französischen Königshaus entstamme. Und was wiege allein der zu erwartende reiche Kindersegen zur Sicherung des Fortbestandes des Hauses Medici! In der Tat mußte die finanzielle Mitgift – würde der König nicht in die Tasche greifen – mehr als bescheiden bleiben, denn Vater Gaston hinterließ bei seinem Tod einen Berg von Schulden. Angesichts dieses Defizits aber war Bonsi umsomehr darauf bedacht, den Strahlenglanz der Prinzessin noch weiter zu vergolden, indem er ihr alle nur denkbaren Tugenden andichtete. So rühmte er ausgerechnet eine Eigenschaft, die sie am wenigsten besaß, nämlich Anpassungsfähigkeit.

Nach dem Tode des Vaters hatte man die Residenz von Blois in das Palais Luxembourg zu Paris verlegt. Mehr denn je war die heranwachsende Marguérite nun in Versuchung, ihren unbändigen Bewegungsdrang zu betätigen. Überhaupt, wie konnte nur Bonsi zu der krassen Fehleinschätzung gelangen, der Prinzessin sei das Getriebe rund um den Louvre, den damaligen Königssitz, zuwider; sie sei nicht zuletzt deshalb für die Toskana prädestiniert, weil dort das Leben so geordnet und planvoll ablaufe. Genau das Gegenteil aber traf zu, war sie doch insbesondere im Hinblick auf die Aussicht, Königin von Frankreich zu werden, ganz im Sinne aufgeschlossener Wendigkeit und kultivierten Genusses erzogen worden. Doch wie bereits früher betont, von Erziehung im strengen Sinne konnte kaum die Rede sein, da die Eltern ihrer natürlichen Veranlagung weitgehend freien Lauf ließen. In der Tat, es kam durchaus ihrer Natur entgegen, sich die Freizügigkeit, die Koketterie und die vornehme Lässigkeit anzueignen, die damals am Hofe üblich war. Zu ihren gleichaltrigen Freundinnen zählte übrigens Louise de la Vallière, die später als maitresse favorite Ludwigs XIV. und reuige Ordensfrau denkwürdig werden sollte.

Eine Prinzessin wird verkuppelt – der König will es!

Als man Marguérite gelegentlich fragte, weshalb sie schon so bald heiraten werde, gab sie eine Antwort, die bezeugt, wie gut sie sich selbst kannte: sie fürchte, andernfalls unleidlich zu werden. Sie müsse, ob sie wolle oder nicht, sich früh genug losreißen, bevor sie mit Haut und Haar im höfischen Amusement verstrickt sei. Immer mehr befiel sie nämlich die unliebsame Ahnung, daß das Leben in Florenz von eintöniger Langeweile geprägt sei. Und es war auch nicht zu erwarten, daß Cosimo sich von der ihm eingefleischten steifen Etikette lösen würde, zumal ihm durchaus nicht der Ruf beschwingter Unternehmungsfreude vorausging. Jedenfalls mißtraute sie dem farbfrohen Gemälde, das Bonsi von dem Hofe zu Florenz entworfen hatte. Vielleicht war er selbst davon überzeugt, daß seine Heimat ein wahres Eden sei, wo Friede und Glück regierten und völlige Freiheit herrsche. Und immer gipfelten seine Lobsprüche auf Florenz und seine Auftraggeber in der Überzeugung, daß er sich nach der Vermählung mit Cosimo keine glücklichere Prinzessin denken könne. Und wenn dann eine Festlichkeit die andere ablöse, so werde sie ob dieses Taumels der Eindrücke Paris bald vergessen. Marguérite-Louise aber blieb skeptisch, zumal der von ihren Eltern unterhaltene Nachrichtendienst ihre vielseitigen Bedenken bekräftigte. Immer deutlicher wurde ihr, daß sie Opfer eines dynastischen Schachers bzw. erbarmungslosen Prestigedenkens sein würde. Wie sollte sie als kaum erwachsenes Mädchen einer solchen Zumutung entgehen? Würde sie diesen fragwürdigen jungen Mann, den sie nie gesehen hatte, überhaupt lieben können? So war sie gut beraten, sich von vorneherein einen Freiraum garantieren zu lassen, der ihr erlauben würde, sich nach Belieben von Cosimo und der zu erwartenden Strenge des Florentiner Zeremoniells abzusetzen, um ungebunden ihren eigenen Neigungen nachgehen zu können. Entsprechend fragte sie unverhohlen bei Bonsi an, ob sie auch in der Toskana nach Herzenslust reiten und jagen dürfe, und ob man ihr einen französischen Arzt und vertrautes Personal zugestehe. Auch lege sie Wert darauf, erstklassige Musiker, insbesondere Violinisten, in ihrer Begleitung zu wissen.

Nur zu gerne, wenn auch wider besseres Wissen, bekräftigte Bonsi, all ihren Wünschen würde man gerecht werden. Warum sollte er nicht das Blaue vom Himmel versprechen, würden doch diese Zusagen für ihn selbst keineswegs bindend sein. Für ihn war vielmehr entscheidend, die Verhandlungen nun endlich zu einem erfolgreichen Abschluß zu bringen. War es schon schwierig genug, des Eigensinns einer 16jährigen Herr zu werden, so dürfte die Zähmung nahezu ausgeschlossen sein, wenn man noch länger wartete. Doch war sie erst einmal in Florenz, so mochten die Medici sehen, wie sie mit ihr fertig würden.

So atmete nicht zuletzt Bonsi auf, als dann endlich am 24. Januar 1661 der Ehekontrakt unterzeichnet werden konnte. Ein letztes Hindernis hatte beseitigt werden müssen, galt es doch, des Königs Bruder zu beschwichtigen. Auch er war nämlich der Prinzessin zugetan, ließ sich aber den Verzicht auf diese Zuneigung durch eine Entschädigung von 50.000 Kronen abkaufen. Der so leichtfertig und unredlich agierende Unterhändler Bonsi aber rieb sich die Hände, zumal ihn der Großherzog mit dem Titel eines außerordentlichen Botschafters bedachte.

Doch abermals wurde sein vermeintliches Meisterstück in Frage gestellt. Seine leichtsinnige Mißdeutung des Charakters der Prinzessin und nicht minder ihrer Mutter sollte sich nun bitter rächen. Kaum hatte nämlich Mazarin, der allgewaltige Protektor des Bündnisses, das Zeitliche gesegnet, als Madame d'Orléans neuerlich Einwände geltend machte. Sie sei absolut sicher, daß ihre Tochter für das Leben in Florenz nicht geschaffen sei. Sie würde nämlich dort weder Freiheit noch Amusement noch die Beachtung finden, die ihrem Rang entspreche. Wenn auch der Kontrakt unterzeichnet sei, sie weigere sich, ihre Zustimmung zu geben. Auch Marguérite-Louise witterte nach dem Ableben Mazarin's Morgenluft, d.h. die Chance, sich aus dem Netz, das man über sie gestülpt hatte, zu befreien. Ja selbst der König erwies sich wider Erwarten als ihr Verbündeter, da er überraschend erklärte, er sehe sich außerstande, die als Mitgift versprochene Summe aufzubringen. Er legte dem Botschafter nahe, eine anderweitige Entschädigung zu akzeptieren.

Bonsi, dem nun die Felle davonzuschwimmen schienen, drohte und protestierte. Schließlich war der Vertrag bereits unterzeichnet worden, und Einwände hätte man vorher anbringen müssen. Zuletzt fand er sich jedoch damit ab, daß die Mitgift ratenweise gezahlt werde. Madame aber blieb bei ihrer Weigerung, ohne Zweifel im Einvernehmen mit ihrer Tochter. Inzwischen waren nämlich, was den Charakter des Prinzen anbelangt, den beiden Frauen höchst bedenkliche Berichte zu Ohren gekommen, die sich absolut nicht vertrugen mit den leuchtenden Farben des von Bonsi entworfenen Gemäldes.

Im übrigen wußte der Abgesandte des Großherzogs tatsächlich nicht, was bei Hofe bereits von Mund zu Munde ging: Marguérite-Louise hatte sich verliebt, und zwar in den etwa gleichaltrigen Prinz Charles von Lothringen, einen Vetter ersten Grades, dem sie zwei Jahre zuvor in Blois erstmalig begegnet war. Im Gegensatz zu Prinz Cosimo war er für sie kein nebulöses Phantom, sondern der Inbegriff des schneidigen jungen Mannes, des Chevalier, der so recht ihrem amazonenhaften Temperament entsprach und ihr umsomehr gefiel, als er auch seinerseits entflammt war. Madame förderte diese Beziehung, obwohl ihr bewußt war, daß die enge Blutsverwandtschaft einer Heirat im Wege stehen würde. Andererseits wußte sie aus persönlicher Erfahrung den Wert einer auf echter Zuneigung gegründeten Ehe zu schätzen. Verständlich also ihr Bemühen, das von den Diplomaten auf Kosten ihrer Tochter ausgeklügelte Ehegeschäft doch noch zu Fall zu bringen. So gönnte sie ihrer Tochter den täglichen Ausritt in eine wonnige Zweisamkeit und dann abends das beschwingende hautnahe Beieinander auf dem Tanzparkett des Luxembourg-Palais. Und Marguérite genoß diese Wochen umsomehr, als sie nicht wußte, was ihr in Florenz blühen würde. Nicht umsonst hatte sie sich veranlaßt gesehen, bei Bonsi anzufragen, ob sie auch in der Toskana wie gewohnt ausreiten und jagen könne. Und ob sie jemals wieder die Freiheit kosten würde, die jungen Mädchen in diesen Jahren, da der König selbst noch auf Abenteuer ausging, wie selbstverständlich zugestanden wurde? Man galoppierte davon, ließ den Hofstaat zurück, ging auf Entdeckung oder fand sich mehr oder weniger zufällig in Gesellschaft eines Kavaliers.

Und Marguérite-Louise genoß das Zusammensein mit ihrem Chevalier – fast wie vorweggenommene Flitterwochen, die aber dann abrupt zu Ende gingen, als aus Florenz der vom Großherzog unterschriebene Ehevertrag eintraf. Noch einmal bäumte sie sich auf wie ein Pferd, das vor einem unzumutbaren Hindernis zurückschreckt.

Man schrieb den 24. Januar 1661. Bonsi aber ließ auch weiterhin jedes Gespür und Einfühlungsvermögen vermissen, wurde er doch nicht müde, dem Hof in Florenz zu beteuern, Marguérite-Louise verzehre sich in der Sehnsucht nach Cosimo. Oder sollte er insgeheim nicht doch wach geworden sein im Hinblick auf die wahre Einschätzung dieser angeblich so fügsamen Prinzessin? Wie peinlich im übrigen, daß die von Cosimo versprochenen Geschenke immer noch nicht eingetroffen waren. Die Pariser machten sich über ihn und seinen Herrn bereits lustig; willkommener Anlaß, die alten Geschichten von dem knauserigen Großherzog wieder aufzutischen. Speiste er nicht mit seinem Koch? Und verkaufte er nicht den Wein, den er sich vom Munde absparte? Roch nicht die ganze Florentiner Aristokratie spießig-bourgeois? Waren die Medici nicht Parvenus, aufgestiegene Krämer?

Noch einmal setzte die Herzogin von Orléans alles Erdenkliche in Bewegung, um diese mißliebige Heirat zu verhindern. Sie bekniete den König und spannte auch die Königin-Mutter ein. Louis hatte sich jedoch Mazarin's Konzept, Bourbon und Medici aus dynastischen Gründen zu verbünden, längst zueigen gemacht und betrachtete sich an den Kontrakt gebunden. Da sich nun kein Hoffnungsschimmer zeigte, steigerte sich Marguérite in einen regelrechten Wahn der Verzweiflung. Sie scheute sich nicht, den König als herzlosen Tyrann zu titulieren. Zugleich drohte sie, den Schleier zu nehmen, um Klosterfrau zu werden. Als all dies nicht fruchtete, begab sie sich in den Louvre und beschwor ihren Onkel kniefällig, er möge sie freigeben. Der König empfing sie höflich, ließ sich aber von ihrem Flehen nicht erweichen. Er könne sein einmal gegebenes Wort nicht brechen. Sie müsse sich wohl oder übel der Staatsraison fügen.

Die Prinzessin war untröstlich. Als dann aber des Großherzogs Aufgebot mit prächtigen Geschenken erschien, schwenkte zumindest die öffentliche Meinung zu Cosimos Gunsten um. Marguérite-Louise erhielt unter anderem eine äußerst wertvolle Schmucktruhe. Auf dem Deckel war eine Miniatur von Cosimo eingearbeitet. Wenn er sich auch nicht den Anschein eines Adonis geben konnte – dieser aufgedunsene junge Mann mit den schwülstigen Lippen – das Behältnis jedenfalls war höchst attraktiv. Es schmeichelte ihrer Eitelkeit, mochte auch das zugedachte Bildnis weit weniger wertvoll sein als das, welches sie insgeheim in ihrem Herzen trug.

Doch welche Ausflüchte und Ränke sie in ihrem Innern auch schmieden mochte, zunächst hatte sie sich damit abzufinden, daß die Heirat unabwendbar war. Tatsächlich wurde diese in der königlichen Kapelle des Louvre am 17. April 1661 feierlich proklamiert, und zwar in der damals üblichen Form der Ferntrauung (»Per procurationem«). Übrigens hatte es zuvor einer päpstlichen Genehmigung bedurft, da es sich um eine Ehe zwischen zwei Vettern handelte, die – wenn auch nur im vierten Grade – verwandt waren. Maria von Medici, die Großmutter der Braut, war nämlich die Nichte Ferdinands, d.h. Urgroßmutter Cosimos.

Da die Prinzessin wegen ihres Vaters noch in Trauer war, nahmen an der Zeremonie nur wenige Gäste teil, unter ihnen die Königin-Mutter, die Königin, die Herzogin von Orléans, Marguérites drei Schwestern sowie Henrietta von England, die im März den Bruder des Königs geheiratet hatte. Ludwig selbst blieb offenbar fern. Ob er sich

Mit Ludwig XIV., *1638–1715, erhielt die Metropole Paris ein völlig neues Gesicht. Hier ein lebensgroßes Bild des Königs von Hyacinthe Rigaud aus dem Jahre 1701. In würdig-eleganter Haltung steht der König vor dem Thron, bekleidet mit dem gewichtigen Krönungsornat: dem blauen Samtmantel, mit weißem Hermelin gefüttert und bestickt mit den goldenen Lilien Frankreichs. Purpurne Vorhänge, Säule, Schwert und Szepter erhöhen den Eindruck herrscherlicher Majestät im Geiste des höfischen Absolutismus. Durch seine Großmutter Maria (die zweite Frau Heinrichs IV.) war Ludwig mit dem Hause Medici verwandt.*
Museum Condé, Chantilly. Photo Giraudon, Paris

den strafenden bzw. flehenden Blick seiner sonst so froh-
gestimmten Cousine ersparen wollte?

Während nun Bonsi in seiner so fragwürdig erstrittenen
Würde als Bischof von Béziers zelebrierte, legte der Herzog von Guise, stellvertretend für Cosimo, das übliche
Gelöbnis ab. Wie schal und bedeutungslos mußte all dies
in den Ohren der Prinzessin klingen! Zu eben dieser, mit
so ungleichen Gefühlen belasteten Stunde aber lag der eigentliche Bräutigam in Florenz mit Masern darnieder.
Doch die Glocken der Stadt läuteten, und zwar volle drei
Tage lang.

In Florenz wußte man nämlich die Bedeutung dieser Heirat gebührend einzuschätzen, denn kein Geringerer als
der große Sonnenkönig Ludwig XIV. hatte ihr seinen Segen gegeben. In der Tat, diese Gunst war gleichbedeutend
mit einer vielversprechenden Aufwertung der Toskana.
Entsprechend war man allenthalben gerne bereit, zum
Wohlbefinden der Prinzessin in ihrer neuen Heimat bei-
zutragen. Ja, man war bestrebt, die etwas muffige Medici-
luft mit frischem Duft aus Paris anzureichern. So be-
drängten die Florentiner Höflinge Bonsi, er möge sie mit
der haute couture des dernier cri ausstatten. Der Ballettmeister Blanchet aber war bereits unterwegs, um sie in
den neuesten Pariser Tänzen zu unterweisen.

Die Prinzessin jedoch, der all dieser gutgemeinte Aufwand galt, erstickte unterdes ihren Unmut in Tränen. Sie
konnte sich nicht lösen von der wehmütigen Erinnerung
an ihren Liebesfrühling mit Prinz Charles, an das erfrischende Beieinander im Rausch des schwungvollen Ga-
lopps oder des beschwingten Menuetts. Wie benommen
hatte sie die Formalitäten der Trauung über sich ergehen
lassen. Doch ob sie wollte oder nicht, sie hatte nun als
Kronprinzessin der Toskana zu fungieren. Wie so viele
heiratsfähige Prinzessinnen ihrer Zeit war auch sie Opfer
eines politischen Kalküls geworden: eine junge Frau,
preisgegeben den ehrgeizigen Plänen eines Großherzogs
(Ferdinando), eines Kardinals (Mazarin), eines klerikalen
Diplomaten (Bonsi) und nicht zuletzt ihres Königs (Ludwig).

Der König aber registrierte diesen so herzlosen Schacher
mit den dürren Worten: »Le mariage de ma cousine d'Or-

léans s'accomplit en ce temps-là (1661). Je la dotai de mes deniers, et la fis conduire à mes dépens jusque dans les Etats de son beau-père.« (25)
(Zu dieser Zeit – 1661 – wurde die Heirat meiner Cousine d'Orléans vereinbart. Ich gab ihr finanziellen Rückhalt und ließ sie auf meine Kosten bis in den Hoheitsbereich ihres Schwiegervaters geleiten).

Unmittelbar nach der Trauung hatte Marguérite, um ihren Unwillen zu unterstreichen, ihr weißes Brokatkleid sowie ihre Juwelen abgelegt und ihren hübschen Kopfschmuck zerknittert. Doch schon kündigten verschiedene Botschafter ihre Aufwartung an. Aber sie hielt nichts von Empfängen, erst recht nicht von einer Gratulationscour, die einem ihr widerwärtigen Anlaß diente. So stahl sie sich davon, um im Taumel eines wilden Jagdrittes ihre Verzweiflung zu betäuben. Die Herren Botschafter aber mochten nach Belieben über diese Ausflucht befinden. Doch ihr Vorhaben scheiterte, da man sie in der Sattelkammer, während sie ihr Pferd aufzäumte, vom hohen Roß ihres ungezähmten Freiheitsdranges herunterholte. Der König selbst hatte in letzter Minute ein Machtwort gesprochen, um die von ihr heraufbeschworene Brüskierung der Diplomaten zu verhindern.

Nun gab es kein Zurück mehr. Widerwillig nahm sie Abschied von all dem, woran ihr Herz hing, nicht zuletzt von ihrer Mutter, die sie niemals wiedersehen sollte. Um sie auf andere Gedanken zu bringen, scheute man jedoch keinen Aufwand bei der üppigen Ausgestaltung ihres Brautzuges. Überhaupt wurden ihr als Cousine des Königs auf ihrer Fahrt in die neue Heimat alle nur erdenklichen Ehren zuteil. Im Namen des Königs begleitete sie die Herzogin-Witwe von Angoulême, im Namen ihrer Mutter der Graf und die Gräfin von Belloy, und natürlich durfte auch der aufgeblasene Bonsi als Repräsentant des Großherzogs nicht fehlen. Das Haus Orléans entsandte eine Eskorte von Gardisten. Dazu gesellten sich insgesamt 44 Personen, die sich in Florenz um den privaten Haushalt der Prinzessin kümmern würden: die Hofdamen, die Kammerfrauen, der Arzt, der Geistliche, der Sekretär, ein Chirurg, ein Apotheker, der Stallmeister, ein Tapezierer, ein Koch mit zwei Gehilfen, ein Kellermeister mit zwei Gesellen, sowie Pagen und Stallknechte. Zur vorübergehenden Begleitung dieses stattlichen Brautzuges gehörten weitere fast hundert Personen, darunter Sieur de Vauldry, der darauf zu achten hatte, daß Marguérite alle Ehren, welche einer Prinzessin königlichen Geblütes zukommen, erwiesen wurden.

Tröstlich und wehmütig zugleich mußte stimmen, daß Prinz Charles ihr für eine Wegstrecke das Geleit gab. Er konnte sich dies erlauben, ohne Anstoß zu erregen, denn offiziell folgte er ihr als Vetter und nicht als ihr heimlischer Liebhaber. Er begleitete sie bis zur Abtei St. Victor, wo er im Kreuzgang verschwand, um nicht miterleben zu müssen, wie sie den Wagen bestieg, der sie vielleicht für immer entführen sollte.

Im Château Fontainebleau war dem Brautzug eine Atempause vergönnt, wohlberechnet, um die Prinzessin noch einmal in eine ihr vertraute Stimmung zu versetzen. Tatsächlich gelang es, sie wenigstens für vier Tage aufzuheitern. Zerstreuungen voller Farbe und Vielfalt wurden geboten: Bootsfahrten mit eingestreuten Belustigungen, Jagdpartien, Aufführungen und Konzerte. Der König höchstpersönlich hatte es sich nicht nehmen lassen, mit ihr eine Bootspartie zu unternehmen. Der Hofstaat folgte in Barken, die mit Girlanden geschmückt waren, während Feuerwerkskörper und fröhliche Melodien ihren Zauber beitrugen. Gleich am ersten Abend wurde eine ergötzliche Komödie aufgeführt. Vielleicht gehörte Molière zu den Darstellern. Am folgenden Tage wurde ihr zur Ehre ein Festessen in den Gemächern der Königin veranstaltet. Es folgte ein Tanzabend, bei dem die Schönheit und Anmut der im Mittelpunkt stehenden Prinzessin allgemein bewundert wurde. »Niemals«, so schrieb Madame de Motteville, »wurde der französische Hof Zeuge so vielseitiger Feste wie in diesem Sommer zu Fontainebleau.«

Auch nach dem abermaligen Aufbruch des Hochzeitszuges gab es Ablenkungen in Fülle. Schon das reiche Aufgebot der Begleitung sorgte für vielseitige Unterhaltung. Die berittene Ehrengarde sowie die Einbeziehung des hohen Adels betonten demonstrativ das Gewicht, das diesem Bündnis Paris-Florenz beigemessen wurde. Entsprechend wurde die Prinzessin an jedem Stadttor mit Ergebenheitsadressen und vielerlei Komplimenten empfangen, und meist schloß sich noch ein festliches Mahl an. Die Braut selbst teilte ihre Kutsche mit der Herzogin-Witwe sowie der Gräfin von Belloy. Weitere Zwei- bzw. Vierspänner nahmen drei Hofdamen, die Amme der Prinzessin, den Stallmeister, einen Sekretär sowie den Leibarzt auf. Wie zu erwarten, ließ sich Marguérite-Louise nicht an die Kutsche binden. Zu Pferde aber konnte sie sich jeder mißliebigen Konversation entziehen. Einmal setzte sie sich sogar, wie es ihrem Unternehmungsdrang entsprach, mit einem kleinen Gefolge von der Karawane ab, um sich erst spät in der Nacht wieder einzufinden. Unterdes hatte Bischof Bonsi angstvolle Stunden überstehen müssen. Und niemand weiß, wieviele Stoßgebete er gen Himmel sandte, um seine Schutzbefohlene vor dem Schlimmsten zu bewahren. Denn niemand hatte mehr Anlaß als er, besorgt zu sein. Tatsächlich war sie, wie sie später lebhaft berichtete, mit ihrer kleinen Eskorte über Hecken und Gräben gesprungen. Und sie hatte umsomehr Spaß an diesen abenteuerlichen Eskapaden, als sie die Landleute auf den Feldern in Schrecken versetzt hatte. Tatsächlich waren diese angesichts der wilden Meute davongelaufen, da sie glaubten, es mit Plünderern zu tun zu haben. Die Prinzessin aber war von all diesen aufregenden Erlebnissen so erfüllt, daß sie noch bis zum Morgengrauen höchst amüsiert erzählte. Und als sie dann bemerkte, wie der von all diesem Ungestüm völlig erschlagene Bischof langsam einschlummerte, leuchtete mitleidiger Schalk aus ihren Augen. Ja, Bonsi, der verschmitzte Schönfärber, wußte spätestens jetzt, wie er ihr Temperament in Wahrheit einzuschätzen hatte. Wie konnte er nur zu diesem krassen Fehlurteil gelangen, die Prinzessin sei fügsam und anpassungsfähig. Nun konnte es für ihn keinen Zweifel mehr geben, daß sie, die in freier Wildbahn groß geworden war, ein unberechenbarer Springinsfeld war. Ohne Zweifel, ihr unbändiger Freiheitsdrang brauchte jetzt mehr denn je ein Ventil, und der nächste Seitensprung würde gewiß nicht lange auf sich warten lassen.

All ihre Eskapaden entschädigten sie für die Langeweile, die sie hinnehmen mußte, wenn die üblichen Ansprachen anzuhören oder dargebotene Zuckerwaren zu knabbern waren. Zu einem echten Leckerbissen aber wurde ihr eine abermalige Begegnung mit Prinz Charles von Lothringen, der die Dame seines Herzens noch einmal sehen wollte. Er überraschte sie eines Sonntags nach dem Gottesdienst. Zu diesem Expreßritt hatte er Paris morgens verlassen, um spornstreichs nach Fargeau zu gelangen. Völlig erschöpft konnte er dann Marguérite in seine Arme schließen. Diese war überwältigt von solchem Liebeserweis und genoß noch einmal die Wonne des tête-à-tête. Doch welches Leid wurde erneut in ihr aufgewühlt. Sie weinte während der ganzen Nacht. Am folgenden Tage kostete sie dann wehmütig die Begleitung des Prinzen, bis er sich in Cosne abermals verabschiedete, vielleicht mit einem tröstlichen »A bientôt!« – bis bald! Beide mußten ihre Gefühle sehr beherrschen, um den Abschied nicht sentimentaler, d.h. tränenreicher, zu gestalten als unter Vetter und Cousine üblich ist.

Ab Lyon gab es nun keine Überlandritte mehr, da das Brautgeleit die Reise per Schiff fortsetzte. Wo immer die Barke anlegte, der Adel und die Honoratioren versäumten nicht, ihre Aufwartung zu machen, so in Avignon der Päpstliche Legat. Als man sich Marseille näherte, verschlechterte sich das Wetter. Die schweren Gepäckwagen blieben im Schlamm stecken, und die Prinzessin klagte über Unwohlsein. Sie wurde jedoch abgelenkt durch den großartigen Empfang, den ihr die Stadt Marseille bereitete. Der Gouverneur hatte dieserhalb eine Bresche in die Stadtmauer brechen lassen. Als sie dann am 5. Juni in die Stadt einzog, schossen die Kanonen von Château d'If sowie die Galeeren des Prinzen Matthias von Toskana Salut. Dessen Flotille bestand aus neun Schiffen: drei gehörten Florenz, je drei weitere waren von der Republik Genua bzw. dem Papst entliehen worden. Prinz Matthias, ihr neuer Schwiegeronkel, kam incognito an Land, um sie in Cosimos Namen zu begrüßen. Nicht ohne Bedacht wies man darauf hin, das Zeremoniell entspreche genau dem des Jahres 1600, als Maria von Medici zur Vermählung mit Heinrich IV. fuhr.

Am nächsten Tage erschienen dann vielerlei Würdenträger beiderlei Geschlechts in goldstrotzender Livrée, um ihr die Ehre zu erweisen und sich für das weitere Geleit zu empfehlen. Marchesa Bentivoglio, Hofdame der Großherzogin Vittoria, überreichte Marguérite-Louise im Namen ihrer Herrin eine kostbare Halskette und Ohrringe aus Perlen. Auch erhielt sie einen Vorgeschmack von der reichen Ausstattung des Hofstaates, der ihr neben dem eigenen Aufgebot zur Verfügung stehen würde. Schon jetzt standen zu Diensten: ein Geheimsekretär, ein Beichtvater, 2 Kapläne, 12 Lakaien, 6 Stallmeister, 4 Pagen und 3 Zwerge zur Kurzweil. Kein Zweifel, auch Florenz verstand zu repräsentieren!

Auf See aber schwebte wie ein stattlicher güldener Schwan die für die Braut bestimmte Galeere, bereit, seine Leda zu entführen. Die Flanken waren mit geschnitzten Figuren und Girlanden verziert, natürlich auch mit dem Wappenzeichen der Medici, den Kugeln und Lilien. Die Teppiche leuchteten in rotdurchwirktem Gold, während das Heck in einen duftenden Veilchengarten verwandelt worden war. Auf jeder Seite waren 27 Ruderer im Einsatz, noch im Schongang, bei ruhiger See.

Die Prinzessin gab vor, indisponiert zu sein und verließ ihre prunkvolle Kabine nur selten. Vermutlich traf für ihr Unwohlsein die Diagnose Heimweh zu. Gegen Ende der Reise kam ein heftiger Sturm auf: für die Prinzessin ein Hoffnungsschimmer. Wenn er doch das Schiff zerschellen ließe! Oder daß eine Bande von Korsaren sich auf sie stürzen würde. Dabei dachte sie an die Heldinnen der Romane, die sie in Blois bei Kerzenlicht als junges Mädchen gelesen hatte, bis die Augen ihren Dienst versagten. Ach käme doch der dunkelhäutige Seemann, um sie in seinen starken Armen davonzutragen!

Doch nichts derartiges geschah. Der Wind erstarb, und das Schiff glitt dahin, bis am 12. Juni Livorno, der für Florenz zuständige Hafen, in Sicht kam. Livorno war damals nach Genua der führende Handelshafen Italiens, nach einer Äußerung von Montesquieu »das Meisterwerk der Medici-Dynastie«. Als die Prinzessin das Schiff über eine reich mit Teppichen belegte Brücke verließ, wurde sie von Salutschüssen ringsum eingedeckt. Die Häuser, die sie passierte, überboten sich im Schmuck der Gobelins, Gemälde und Girlanden. Nicht weniger als 4.000 Gardisten säumten den Weg zum herzoglichen Palast. Dort wurde sie allerdings nicht von Cosimo erwartet; ihm machten die Nachwehen der Masern noch zu schaffen. Marguérite-Louise nahm am Gottesdienst teil, um dann ein Feuerwerk überraschender Einfälle zu erleben. Alle Häuser waren illuminiert, und Kaskaden von Lichteffekten verzauberten die Nacht.

Am folgenden Tag traf dann der Hochzeitszug in der Villa Ambrogiana nahe Empoli westlich von Florenz ein. Die beiderseitige Anspannung erreichte ihren Höhepunkt, da es hier zur ersten persönlichen Begegnung der Ferngetrauten kommen sollte. Wer nun eine liebevolle Umarmung erwartet hatte, sah sich enttäuscht. Nicht einmal ein scheuer Kuß oder ein gewinnendes Wort kamen über Cosimos Lippen. Vielleicht hatte Marguérite ihre unverhohlene Zurückhaltung zu deutlich bekundet, um den Prinzen aus seiner Reserve locken zu können. Bestimmend aber war wohl die ihm eigene steife Etikette, deren Beobachtung spontane Gefühlsäußerungen verbot. Auch wurde angedeutet, die Ärzte hätten das Lippenbekenntnis eines Kusses wegen der gerade überstandenen Masern für nicht ratsam gehalten. Im Gefolge dieses Infektes erhob sich im übrigen die heikle Frage, wie weit das junge Paar in der ersten Nacht ihres Beisammenseins gehen dürfe. Dazu erklärte der Arzt der Prinzessin, sie habe zwar selbst schon die Masern gehabt, ein zu enger Kontakt mit ihrem Gemahl gleich zu Anfang schließe jedoch die Gefahr eines erneuten Befalls nicht aus. Entsprechend habe der Leibarzt der Prinzessin geraten, sie möge einer zu engen Fühlung im Ehebett zunächst aus dem Wege gehen. Man munkelte, Marguérite sei diesem Rat nur zu gerne gefolgt, hatte doch der erste Eindruck, den Cosimo auf sie gemacht hatte, ihre vorgefaßte Abneigung keineswegs umstimmen können. Gewiß, der ungekünstelte Applaus und die farbenprächtigen Ehrungen, die ihr allenthalben zuteil wurden, mußten sie angenehm überraschen. Doch Cosimo – ? Jeder Höfling in Paris oder Blois hätte die Rolle des Kavaliers bzw. Bräutigams besser beherrscht. Doch davon abgesehen, so sehr sich Cosimo auch anstrengen mochte – mit Prinz Charles von Lothringen würde er ohnehin nie wetteifern können, von der Entfachung eines Liebesbedürfnisses ganz zu schweigen. Zuviel hatte ihm die Natur versagt. Oder hätte sie über seine wulstigen Lippen, die mißgestalteten Ohren oder seinen untersetzten, dicklichen Körper hinwegsehen sollen? Auf ihrem weiteren Weg nach Florenz kam ihr der Großherzog bei Signa entgegen, und zwar in Begleitung seiner Brüder, des Kardinals Gian Carlo und des Prinzen Leopoldo. Ferdinando empfing die Prinzessin mit betonter Ehrerbietung, und Marguérite-Louise erwiderte diese Huldigungen »höchst anmutig«. In der Tat, sie war abermals beeindruckt von der Vielfalt der Gefälligkeiten, die man sich ihr zu Ehren ausgedacht hatte. Welche Aufmerksamkeit z.B., daß man meilenweit die Straßen besprengt hatte, um ein Aufwirbeln des gepuderten Staubes von ihr fernzuhalten.

Florenz huldigt der Braut

Erst spät abends langte die Prinzessin in ihrer zukünftigen Hauptstadt an. Dem Zauber, der sie mit dem Eintritt in Florenz empfing, konnte sie sich nicht versagen. Schon während des Weges durch dieses fruchtbare Hügelland hatte sie die Strapazen dieses brennendheißen Junitages vergessen. Mit dem verglimmenden Tageslicht ergab sich eine nochmalige Steigerung. Im Schein der untergehenden Sonne vergoldeten sich die Stadttore, Kuppeln und Paläste zu einer traumhaft schönen Harmonie, die ihr romantischer Sinn voll auskostete. Dazu der Duft aromatischer Kräuter und der Gesang der Zikaden. Wahrlich, eine Hochzeit für die sinnliche Wahrnehmung – ach hätte doch auch ihr Liebesbedürfnis in diesen Jubel einstimmen können! Die Prinzessin näherte sich jetzt, während ein prunkvolles Aufgebot von Gardisten ihren Weg säumte, durch die Boboli-Gärten dem Pitti-Palast. Die Brunnen plätscherten auf den Terrassen, und in den Alleen ergossen marmorne Faune ihren Wasserschwall in alte Sarkophage. Verhaltenes Gemurmel aus den Cypressenhainen fächerte angenehm das Ohr. War es Gelächter, Musik, eine Serenade? Wie bewußtlos schwebte sie in diesem Taumel zwischen Zauber und Befürchtung.

So war die Braut erst spät abends in aller Stille in ihrer zukünftigen Hauptstadt angelangt. Ihre offizielle Besitznahme aber sollte erst einige Tage später mit gebührendem Prunk gefeiert werden. Dieser festliche Einzug von Braut und Bräutigam fand dann am 20. Juni 1661 statt. An diesem Tage war zumal der Prinzessin eine Huldigung zugedacht, welche an Glanz alles überschattete, was Italien seit Jahrzehnten erlebt hatte. Ein ganzer Stadtteil war niedergerissen worden, um Platz für eine Prachtstraße zu schaffen. Um ein übriges zu tun, hatte man in die Stadtmauer eine Bresche geschlagen zur Errichtung einer neuen Einfahrt, die man »Tor von Orléans« nannte. Die Hauptstraßen wurden neu gepflastert, und überall erhoben sich Säulenhallen und Triumphbögen. Die Krönung all dieser Baumaßnahmen aber bildete ein Theater mit angebauter Loggia und offener Galerie, die mit scharlachfarbenem Samt ausgelegt war. Hier sollten Cosimo und Marguérite-Louise gekrönt werden.

Natürlich mußte auch die Prinzessin entsprechend herausgeputzt werden. Der silberne Glanz ihres Kleides und Kopfschmucks wurde durch ganze Gehänge aufgenähter Diamanten und Perlen bereichert. Sie fuhr bis in die Nähe der Loggia, um dann, von Cosimo zum Altar geleitet, auf einem Kissen niederzuknien. Der Erzbischof von Siena reichte ihr ein Kruzifix, das sie küßte. Dann trat der Großherzog heran, um ihr die Herzogskrone, die er aus den Händen des Erzbischofs empfing, aufzusetzen. Unterdes läuteten die Glocken aller Kirchen, begleitet vom Donner der Kanonen, von Festung zu Festung. Während nun die Prinzessin unter einem reich verzierten Baldachin saß, defilierte der Klerus von Florenz vor ihr zu den Klängen festlicher Musik.

Doch damit nicht genug. Denn jetzt folgte die Prozession zum Dom, ein weiterer farbenprächtiger Aufzug, den man dem jubelnden Volk nicht vorenthalten durfte. Zunächst die zwölf Szepterträger des Senats, alle in scharlachroten Gewändern. Ihnen folgten ganze Scharen von Pagen in der Livrée des Großherzogs. Sodann die Zeremonienmeister, die Marquis Pietro Corsini und Giovan Salviati, jeder begleitet von 20 Pagen, einige in schwarzem und himmelblauem Samt, andere in Grün und Gold. Weiter schlossen sich an nicht weniger als 13 Bischöfe und 3 Erzbischöfe zu Pferde, alle in Purpur und Gold, umgeben von Herolden und Dienern. Hinter ihnen marschierte die deutsche Leibgarde des Großherzogs, sodann die Prinzen Matthias und Leopoldo, schließlich Cosimo. Der Großprinz trug Schwarz, weil sich darauf die Edelsteine an seinem Wehrgehänge, seinem Schwert sowie auf den Ärmeln seines Brokatwams besser abhoben. Sogar seine goldenen Sporen waren mit Juwelen besetzt. Er saß auf einem prachtvollen Pferd, dem ein schneeweißer Zelter folgte. Nicht weniger als 100 Gardisten zu Fuß umgaben ihn, alle in Scharlachrot, der Farbe der Medici. Die Prinzessin folgte in einer silberfarbenen offenen Sänfte, die von weißen Mauleseln gezogen wurde, neben ihr zwei reizende Kinder in weißen Brokatkleidern, die mit goldenen Blumen bestickt waren. 32 junge Männer, ausgewählt aus den vornehmsten Florentiner Familien, trugen den goldenen, mit Perlenfransen besetzten Baldachin über ihrem Haupt. Die Herzogin von Angoulême und die Gräfin von Belloy folgten in einer Kutsche, die mit den Wappen Frankreichs und der Toskana ausgelegt war. Den Festzug beschlossen 300 Kutschen mit dem Adel von Florenz.

Der Bischof von Fiesole erwartete Prinz und Prinzessin am Eingang der Kathedrale, um sie mit Weihwasser zu besprengen. Dann führte Cosimo seine Braut an der Hand zum Altar, während zwölf Chöre das TE DEUM anstimmten. Der Bischof rief reichen Segen auf das Paar herab, wobei seine bewegende Ansprache viele Augen in Tränen versetzte. Leider erfahren wir nichts über die Gefühlsregungen der beiden Hauptbeteiligten. Sie wurden jedenfalls auch bei ihrer Rückkehr in den Palast von endlosem Jubel begleitet, wobei Marguérite-Louise höchst anmutig auf die vielfachen Beweise der Freude und Freundschaft, die ihr zuströmten, reagierte.

Robust wie sie war, benötigte sie dennoch einen ganzen Tag, um sich von den voraufgegangenen Anstrengungen zu erholen. Wenn sie überhaupt Erwartungen an den ihr zugedachten Empfang geknüpft hatte, sie wurden sicher übertroffen, auch wenn sie viele Einzelheiten nicht bewußt in sich aufnehmen konnte.

Doch trotz allem Aufwand bestand für sie, die am glanzvollen Hof des Sonnenkönigs aufgewachsen war, kein Anlaß zu überschwenglicher Begeisterung. Ja sie hätte, wie sie später einmal allzu deutlich betonte, gerne mit einer ärmlichen Hütte vorlieb genommen, könnte dort auch ihr Liebesglück zu Hause sein. Doch ach – diese Geborgenheit konnten ihr die Medici bei allem Glanz nicht bieten. Nun, da der betäubende Zauber verflüchtigt war, wurde ihr sehr realistisch und fast brutal vor Augen geführt, welche Funktion sie eigentlich zu erfüllen hatte. Nach einem üppigen Galadiner wurde sie nämlich in Begleitung Cosimos zu ihrem Schlafzimmer geführt, wo die Großherzogin ihr, gewiß nicht ohne Vorbedeutung, ein kostbares Nachtgewand überreichte. Ferdinando seinerseits hatte ein Hochzeitsbett bereitgestellt, dessen Pfosten aus massivem Silber waren, verziert mit verschiedenfarbigen Edelsteinen. Was war, bei all diesem äußerlichen Gepränge, von dem nun fälligen Vollzug der Ehe zu erwarten bei einem Paar, das politisches Kalkül, nicht aber gegenseitige Zuneigung zusammengeführt hatte, von Wesensverwandtschaft ganz zu schweigen? Für Marguérite-Louise war die Situation umso unerquicklicher, als ihr Herz längst anderweitig vergeben war. Inwieweit Cosimo an seiner Braut Gefallen fand, konnte nicht in Erfahrung gebracht werden. Der steife Begrüßungsempfang ließ jedenfalls nicht darauf schließen, daß er Feuer gefangen hatte, von Liebe auf den ersten Blick ganz zu schweigen. So müssen wir uns also wohl der Meinung Acton's anschließen, der überaus nüchtern befindet: »There was little of ecstasy in this consummation« (Ein Ehevollzug also, der jedes Überschwangs entbehrte). Mehr erfahren wir durch den zwar vorwitzigen, aber durchaus nicht immer gut informierten Bonsi, der am 18. Juli, also rund 4 Wochen nach der offiziellen Hochzeitsnacht Fouquet wissen ließ: »Der Prinz hat mit ihr erst dreimal geschlafen, und jedesmal, wenn er nicht zu ihr geht, schickt er einen Diener, um Madame zu sagen, sie solle nicht auf ihn warten. Die französischen Damen und Kammerzofen überrascht dies nicht wenig . . . Man versucht, Ihre Hoheit aufzumuntern, doch man weiß nicht wie. Im übrigen sprechen der Prinz und die Prinzessin kaum miteinander.

Madame kann sich offenbar mit dem Leben hier nicht abfinden.«

Es wäre verfehlt, für Marguérites Unbehagen allein Cosimo verantwortlich zu machen. So reserviert und wenig spontan er sich verhielt, seine Frau ging nicht eben taktvoll mit ihm um. So war durchgesickert, daß es bereits in der zweiten Nacht, da sie zusammen schliefen, zu einem bösen Auftritt gekommen war. Nicht zufrieden mit ihren prunkvollen Hochzeitsgeschenken, versuchte nämlich die Prinzessin ihren Gemahl zu drängen, ihr auch die Kronjuwelen, die zu den kostbarsten Europas zählten, zu überlassen. Und dies, obwohl ihr bereits zugestanden war, sich bei besonderen Anlässen nach Belieben damit zu schmücken. Cosimo antwortete mit der gebotenen Zurückhaltung, er sei nicht berechtigt, darüber zu verfügen. Sie seien als Erbstücke des Hauses Medici nicht sein Eigentum und müßten für künftige Generationen bewahrt werden. Doch immer wieder geriet sie dieserhalb in Rage und hörte nicht auf, ihm Vorwürfe zu machen. Schließlich nahm sie einige der Juwelen heimlich an sich, um sie Damen ihres Gefolges, die nach Frankreich heimkehrten, mitzugeben. Der Großherzog ließ die Damen jedoch abfangen und forderte die Kleinode zurück. Man kann aus diesem ungebührlichen Verhalten der Prinzessin nur schließen, daß sie von Anfang an auf Kollision, wenn nicht gar auf Flucht, hinarbeitete. Sie würde dann möglicherweise ganz auf sich gestellt sein und die Juwelen als notwendigen Rückhalt brauchen. Vielleicht plante sie insgeheim, zu ihrem lothringischen Vetter zu fliehen.

So war praktisch schon in den ersten Tagen dieser verhängnisvollen Ehe der Bruch vollzogen. Hätte doch Bonsi seinerzeit nicht immer wieder beschönigt! Wußte er wirklich nicht, daß die Prinzessin ihren Onkel, den König, kniefällig gebeten hatte, ihr diese toskanische Hochzeit zu ersparen?! Und waren für sie die Kronjuwelen nur ein Vorwand, um von vornherein deutlich zu machen, daß ihr diese von der Staatsraison aufgenötigte Ehe zuwider war?! Nicht weniger aber war Cosimo, so sonderbar er sein mochte, zu bedauern! Oder hätte er ahnen können, wie tückisch dieses trojanische Pferd bzw. diese gallische Stute war, die wohlmeinende, aber unvernünftige, nur auf

Erbfolge bedachte Architekten auf Biegen und Brechen durch die so aufwendig erschlossene »Porte d'Orléans« eingeholt hatten?!

Natürlich ließ man nach außen hin nicht erkennen, was sich hinter den Kulissen abspielte. Vielerlei Festlichkeiten wurden inszeniert, um Harmonie und Wohlbefinden vorzutäuschen. Wenn auch widerstrebend, Marguérite-Louise sah sich einstweilen an Florenz gebunden, und so war sie bemüht, den üblichen Amusements soweit wie möglich die ihr gemäße Note zu verleihen. Insbesondere wünschte sie dem tänzerischen Element, obwohl Cosimo dem abgeneigt war, mehr Gewicht zu geben. Für dieses anfängliche Defizit wurde ihr jedoch ein Ausgleich geboten durch zirzensische Darbietungen, die ihr Reiterherz höher schlagen ließen. Sie fanden jeweils am 24. Juni, dem Festtag Johannes des Täufers, des Stadtpatrons, statt. Zunächst das römische Wagenrennen auf der Piazza Santa Maria Novella. Dort starteten auf ein Trompetensignal 5 oder 6 Wagen, um wie im alten Rom mehrmals 2 Markierungsposten zu umrunden. Diese Rennen werden umsomehr zum Nervenkitzel, wenn die Wagen sich gegenseitig bedrängen oder sogar umstürzen. Verletzungen oder gar Todesstürze erhöhen den Reiz.

Am Nachmittag des gleichen Tages wurde dann ein weiteres, nicht minder aufreizendes Rennen geboten. Es wurde bestritten von Pferden, denen statt des Reiters kleine, mit Dornen gespickte Eisenkugeln zugemutet wurden. Diese baumeln von einem Gurt beiderseits der Flanken und versetzen dem Tier in der Bewegung sporenartige Stiche. Entsprechend angetrieben jagen die Pferde ihrem Ziel zu. Der Sieger wird dann mit einem kostbaren Banner, dem scharlachroten Palio, geschmückt. Die Prinzessin konnte trotz anfänglicher Begeisterung diesem in Frankreich nicht üblichen Brauch keine Sympathie abgewinnen. Ist es nicht paradox, wenn man einen Heiligen zu ehren glaubt durch Darbietungen, welche Mensch und Tier Schmerzen zufügen, im übrigen aber nur zur Anstachelung niedriger Instinkte dienen?

Andererseits entbehrte der Festtag des Heiligen nicht auch der religiösen Note, und zwar in Gestalt einer Prozession, wie sie noch heute alljährlich zu erleben ist. Sie geht von der Kathedrale aus und bewegt sich durch mit Teppichen und farbfroh gekleidete Menschen gesäumte Straßen. Kleriker im Festtagstalar tragen in diesem Festzug heilige Reliquien: einen Ellbogen des Apostels Andreas, einen Kreuzesnagel, einen Dorn der Krone Christi und als Glanzpunkt der Verehrung den Daumen des Stadtpatrons. Diesem Reliquienaufgebot folgen, begleitet von Musikkapellen, Scharen von Bürgern, welche Engel und Heilige verkörpern. Höhepunkt im eigentlichen Sinne des Wortes aber ist ein von Ochsen gezogener Prunkwagen, der sich fast 15 m hoch erhebt und auf vier Ebenen nach Art eines riesigen Hochaltars lebendige Darstellungen von Heiligen, Tugenden, aber auch lokalen Würdenträgern präsentiert.

Für die Prinzessin und ihr Gefolge fanden all diese Festlichkeiten umsomehr Beachtung, als sie in mancherlei Hinsicht abwichen von dem in Paris und Fontainebleau gepflegten Stil des Amusements. Dort die idyllische Atmosphäre des Schäferspiels, hier die derbere Art der Volksbelustigung. Doch gemeinsam war die Tendenz, die klassische Mythologie und Symbolik in den Mittelpunkt prunkvoller Aufführungen zu stellen. So wartete auch das Medici-Theater entsprechend auf, und zwar mit einem Festspiel »Il Mondo Festeggiante«, zu dem das etwa 20.000 Zuschauer fassende Amphitheater in den Boboli-Gärten einen großartigen Rahmen bildete. Für diese mit viel Symbolik befrachtete Superschau war der gesamte olympische Götterhimmel aufgeboten worden. Ob Jupiter, Herkules oder Cynthia, sie alle mußten sich natürlich gefallen lassen, in den Dienst der Hochzeits-Euphorie eingespannt zu werden. Daß aber der Bräutigam selbst agieren würde, hatte niemand erwartet. Marguérite jedenfalls wußte nicht, wie sie reagieren sollte, als sie ihren sonst eher zaghaften Gemahl ausgerechnet als Herkules in die Manege einreiten sah, gefolgt von einer ganzen Heerschar rotlivrierter Soldaten. Einbezogen in die Handlung war natürlich ein gehöriges Kampfgetümmel, in welches sowohl die himmlischen wie irdischen Heroen verwickelt waren. Wie nicht anders zu erwarten, zeigte sich Prinz Cosimo allen anderen an Kampfesmut überlegen. Das bombastische Schauspiel fand dann einen versöhnlichen

Ausklang in der Aufforderung, alle Beteiligten möchten sich wieder friedlich zusammenfinden, um mit Tanz und Gesang die Ehe Bourbon-Medici zu feiern. Und dann durfte Marguérite-Louises Herz noch einmal höher schlagen: Das abschließende Ballett zu Pferde war nämlich, wie sie neidlos gestand, selbst für die Cousine des Sonnenkönigs ein beispielloses Erlebnis. Und daß der Prinz – »mein Prinz« kam ihr nicht über die Lippen – bei den verschiedenen Figuren der Quadrille so elegant zu Pferde saß, war für sie mehr als erstaunlich. Insgesamt war »Il mondo festeggiante« eine berauschende Abfolge farbprächtiger Szenen, gipfelnd in einem turbulenten Turnier: eine Parade von Kostümen, Pferden und schimmernder Rüstung, musikalisch und tänzerisch vielseitig untermalt.

Doch damit waren die Festwochen keineswegs abgeschlossen. Abermals wurde Herkules engagiert, und zwar für die Titelpartie in dem Musikdrama »Herkules in Theben«. Erneut also Zugeständnisse an die Vorliebe der Zeit für mythologische Themen. Dabei durfte jedoch der aktuelle Bezug keineswegs fehlen. So erlebte man z.B. den Auftritt des Göttervaters Jupiter, wie er einer rosenfarbenen Wolkenbank entsteigt, um zu verkünden, daß Cosimo und Marguérite die kommenden Jahrhunderte mit einem ganzen Regiment von Heroen bereichern werden. Untermalt wird diese Prophezeiung durch strahlende Personifizierungen des Ruhms und der Tugend, die auf verschiedenen Wolken thronen und sich überbieten im Lobpreis der Braut und des Bräutigams.
Was mag sich wohl die Prinzessin gedacht haben bei dieser Zuweisung ihrer Rolle als Stammutter eines heroischen Geschlechtes?! Sie, die später so entschieden Kindersegen zu verhindern suchte – jedenfalls mit diesem Prinzen, mochte er auf der gekünstelten Bühne von Florenz noch so göttergleich emporgehoben werden. Wahrscheinlich hat sie den ganzen Trug dieses prahlenden Theaters durchschaut, da auch in Fontainebleau ähnliche Ausflüge in eine heroische Traumwelt an der Tagesordnung waren. Und gefiel sich nicht zumal ihr Onkel, der König, in der sieghaften Pose des Sonnengottes? Doch damals war sie noch zu jung, um Anstoß an all dieser Lob-

hudelei zu nehmen. Inzwischen aber hatte sie hinter die Kulissen geschaut und war mehr als ernüchtert. Und es war ihr wohl ehrlich gemeint, wenn sie immer wieder betonte, sie würde sich in der ärmlichsten Hütte Frankreichs wohler fühlen als in dieser höfischen Welt der Phrasen.

Ob die Prinzessin sich auch darüber wunderte, daß man sowohl in Paris wie auch Florenz keine Bedenken trug, den heidnischen Götterhimmel des Olymps mit der doch vielfach andersartigen christlichen Welt in Einklang zu bringen? Zwar ließen sich Reliquien- und Heroen-Verehrung einigermaßen miteinander verbinden, denn nicht umsonst spricht man von »Helden und Heiligen«. Weit weniger ließ sich jedoch die christliche Auffassung von Ehe und Familie mit den lockeren Sitten der olympischen Freigeister vereinbaren. Doch deren Verhalten nahm man gerne als Freibrief für eigene Seitensprünge. Hatten nicht selbst Kardinäle ihre Mätressen? Für die Frau leider die einzige Chance, um sich Einfluß zu verschaffen und zur Geltung zu kommen. Wie heuchlerisch war doch im Grunde die rein äußerliche Verbeugung vor der Frau! Marguérite-Louise konnte ein Lied singen von dieser Mißachtung fraulicher Würde, war sie doch ohne Rücksicht auf ihre persönlichen Gefühle aus dynastischer Geltungssucht verkuppelt worden! Wie tröstlich, daß wenigstens die Kirche Raum ließ für unangefochtene weibliche Hoheit in Gestalt der Donna Maria!

Im August kam Florenz wieder zur Ruhe. Die auswärtigen Besucher reisten ab, während sich die wohlhabenden Kreise der Stadt in das kühlere Hügelland zurückzogen. Die Prinzessin aber wurde bekannt gemacht mit den Jagdschlössern und Gärten der Medici: Poggio Imperiale, Poggio a Caiano, Pratolino und Castelle. Die Wasserspiele von Pratolino ergötzten sie, nicht zuletzt die versteckten Springbrunnen, deren unsichtbarer Mechanismus den Besucher unversehens besprühte. Gewöhnen mußte sich Marguérite auch an die andersartige Landschaft mit ihren minarettförmigen Zypressen, den hügeligen Weingärten, den silbrig schimmernden Olivenhainen, dazu die vom Gesang der Zikaden erfüllte Sommerglut, nicht vergleichbar dem eher ozeanischen Klima über den flachen Getreidefeldern bei Blois oder Paris.

König Ludwig indes zeigte sich höchst befriedigt ob all des Aufwandes zu Ehren seiner Cousine und bedankte sich bei dem Großherzog, dem er durch die Anrede »Mein lieber Vetter« zu schmeicheln suchte. Immerhin hatte dieser sich den Hochzeitsrummel rund 500.000 Kronen kosten lassen.

Doch schon wenige Tage später erhielt die gute Stimmung des Königs einen empfindlichen Dämpfer durch den vertraulichen Bericht des Venetianischen Botschafters, der ihm zugespielt wurde:

»Während der Hochzeitsfeiern gab die junge Prinzessin dem Großherzog und seinen Angehörigen vielerlei Anlaß zu Mißbehagen. Offenbar ist sie darauf bedacht, die ihrer königlichen Abstammung zukommende Geltung zu demonstrieren. So entdeckte man, daß sie zahlreiche Wertgegenstände, die ihr zu ihrem persönlichen Bedarf überlassen wurden, an ihre Hofdamen weitergegeben hat. Die Großherzogin war dieserhalb sehr bekümmert, und der Großherzog verübelte ihr dies so sehr, daß es zu ernsthaften Zerwürfnissen kam, die noch nicht ausgeräumt sind. Ihr Gemahl, der Prinz, ist gleichfalls betroffen, zumal er seiner Frau viel Freiheit läßt. Eine solche Nachsicht mag in Frankreich üblich sein, für Italien ist sie jedoch höchst ungewöhnlich. Jedenfalls hatte man die Prinzessin dieserhalb vorher gewarnt. Zusätzlichen Ärger hat es wegen des außergewöhnlich hohen Aufwandes ihres Haushaltes gegeben. Sie mußte sich deshalb damit abfinden, daß ihr nur solche Dienstboten französischer Herkunft belassen werden, die mit Maß zu wirtschaften verstehen; alle anderen wurden auf Anweisung des Großherzogs entlassen und durch einheimische Kräfte ersetzt.«

Zu allem Überfluß kam es dann auch noch zu einem Zusammenstoß mit dem höfischen Protokoll. Die Braut weigerte sich nämlich, bei einem Banquett des Kardinals Gian Carlo zu erscheinen, da sie nicht gewillt war, der Herzogin von Innsbruck die Hand zu reichen. Die Anweisungen nämlich, die der König ihr vor Verlassen Frankreichs gegeben habe, sähen dies nicht vor. Sie willigte jedoch schließlich ein unter der Bedingung, daß Seine Majestät der König über ihren Vorbehalt gebührend unterrichtet werde.

All diese Dissonanzen ließen keinen Zweifel daran, daß man mit Marguérite-Louise eine sehr eigenwillige junge Frau an den Hof geholt hatte. Dennoch gab man die Hoffnung nicht auf, daß die Prinzessin sich mehr und mehr anpassen würde, ging ihr doch immer noch der Ruf voraus, daß sie von Natur aus gutmütig und liebenswürdig sei.

Nach den Festwochen und der anschließenden Sommerfrische kehrte der Hof zu der gewohnten bedächtigen Gangart zurück. Ferdinando wandte sich wieder seinen wissenschaftlichen Experimenten zu, Cosimo zu seinen beliebten Andachtsübungen, während Vittoria sich theologischen und karitativen Anliegen widmete. Cosimo zeigte sich weiterhin reserviert und meist nachdenklich gestimmt, dennoch gutartig und in der Unterhaltung aufgeschlossen. Die ehelichen Beziehungen zu seiner Frau entbehrten jedoch nach wie vor der Spontaneität, wie wir einer Äußerung der Prinzessin Sophia von Hannover aus dem Jahre 1664 entnehmen können: »Er sucht nur einmal in der Woche das Zimmer seiner Frau auf, und dann unter Kontrolle seines Arztes, der ihn aus dem Bett holen läßt, wenn die Gefahr besteht, daß er zum Nachteil seiner Gesundheit dort zu lange verweilt.«

Daraus geht hervor, daß das junge Paar, entgegen allen Gewohnheiten der Zeit, getrennte Schlafzimmer hatte: offenbar auf Anordnung der Großherzogin, die es ebenso hielt. Jedenfalls war Cosimo nicht der Mann, der Leidenschaft zu wecken vermochte. Die Rolle eines feurigen Liebhabers lag ihm durchaus nicht. Seiner Werbung fehlte jedes Ungestüm. Seine Liebkosungen blieben plump. »Er war sinnlich, ohne zärtlich zu sein.« Andererseits war Marguérite-Louise durchaus keine kühle Klosterlilie. In Prinz Charles von Lothringen war ihr das Ideal männlicher Schönheit begegnet, und man darf wohl annehmen, daß sie sich für seine Liebeserweise durchaus empfänglich gezeigt hatte. Doch davon abgesehen, beide Hoheiten waren auch in fast allen anderen Bereichen durch Erziehung und Milieu so gegensätzlich geartet, daß sich nahezu alles gegen ihr Glück verschworen hatte.

Ergänzen wir die bereits angedeutete Charakteristik durch weitere zeitgenössische Schilderungen, so ergibt sich für den 23jährigen Cosimo etwa folgendes Bild:

Er verfügt über eine robuste Natur und ist den Tafelfreuden durchaus zugetan. Vergnügungen anderer Art weist
er jedoch von sich, zumal wenn sie christlichen Grundsät-
zen widersprechen. Er ist der Astrologie ergeben und
maßlos abergläubisch. Er lächelt selten und ist humorlos.
Er träumt gerne und versenkt sich in mystische Betrach-
tungen. So ist er meist ernst gestimmt und wenig zugän-
gig, ohne jedoch unhöflich zu wirken. Was politische und
geographische Kenntnisse anbelangt, so ist er gut unterrichtet, und er vermag sich zumal in diesem Themenbe-
reich gescheit zu unterhalten. Verständnislos aber begegnet er jedem Gesprächsstoff, der sich auf Gegenstände bezieht, welche seiner asketischen Natur zuwider sind.
Im Gegensatz dazu das übersprudelnde Temperament
seiner Gattin, die sich in lustigen Einfällen überbietet, sofern sie nicht gerade Veranlassung hat, ihrem Ärger Luft
zu machen. Ihr Vergnügen konzentriert sich weniger auf
gute Küche als auf Gesang, Tanz und aufwendige Unterhaltung – nicht zu vergessen die Jagd und den mitreißen-
den Schwung eines vibrierenden Pferderückens, wie
überhaupt geistige und körperliche Beweglichkeit. Hätte
es damals schon einen Fünf- oder Siebenkampf für Frauen
gegeben, so hätte sie gewiß hervorragend abgeschnitten.
Treffend dürfte die Kennzeichnung eines Diplomaten
sein, der sie als geistig überaus regsam, beherzt und ein-
satzfreudig schildert, im übrigen ungebunden und jedem
Zwang widerstrebend. Auch in religiöser Hinsicht darf
man sie als Freigeist bezeichnen.
Diese knappe Charakterisierung mag genügen, um darzu-
tun, daß selten zwei Menschen so wenig aufeinander ab-
gestimmt waren. Schon ihre Jugend war, was Erziehung
und Umwelt anbelangt, völlig konträr verlaufen.
Cosimo war eigentlich zu bedauern. Er konnte weder sein
Temperament noch sein Aussehen ändern noch Florenz
in ein Fontainebleau verwandeln. Im übrigen war auch er
mehr Opfer als Initiator einer ehrgeizigen Heiratspolitik.
Und so sah sich in erster Linie Vater Ferdinando verpflichtet, Marguérite-Louise's Zuneigung zu gewinnen
und ihre Gedanken von Versailles abzulenken. Entsprechend bot man ihr ein reiches Unterhaltungsprogramm.
Doch das Erleben des Neuartigen verlor schon bald sei-

nen Reiz. Letzthin gab es keine Ablenkung, die sie hätte vergessen lassen, daß sie nicht mehr in Frankreich lebte, und eben das war für sie immer wieder ein Anlaß zur Klage. Geradezu ausweglos aber war die Situation geworden, nachdem sich erwiesen hatte, daß Cosimo niemals der Mann sein könnte, dem es gelingen würde, Marguérite-Louise's Sehnsucht nach dem Prinzen Charles von Lorraine zu betäuben. Er ließ sich aus den Träumen der Prinzessin nicht mehr verdrängen.

Und nun sollte es gar ein Wiedersehen geben, und zwar hochoffiziell, mit politischem Hintergrund. Mittlerweile hatte nämlich Charles' Onkel, dessen Erbe er war, seine Länder an Ludwig XIV. verkauft. Als der Prinz dagegen protestierte, wurde er kurzerhand des Landes verwiesen. Erstaunlicherweise aber war von der Liebesbeziehung zwischen ihm und Marguérite nichts durchgesickert. So wurde er im Palazzo Pitti ohne Vorbehalt empfangen. Entsprechend konnte er sich gegenüber Ferdinando und Cosimo in aller Offenheit über seine schwierige Lage äußern. Diese ihrerseits bekundeten höflich ihr Mitempfinden, nahmen allerdings zu seinen weiteren Plänen nur zurückhaltend Stellung.

Natürlich war er mit der Prinzessin wiederholt privat beisammen. Selbst Cosimo hatte dieserhalb keine Bedenken. Daß die beiden mehr als verwandtschaftliche Beziehungen pflegten, war wohl auch seinem Vertrauten Bischof Bonsi entgangen. Oder hatte dieser bewußt die Augen verschlossen, um das angestrebte Bündnis Bourbon-Medici nicht zu gefährden? Doch diese Fehleinschätzung bzw. bewußte Täuschung sollte nun unliebsame Folgen haben. Wir dürfen annehmen, daß Marguérite-Louise dem Prinzen ihr Herz ausschüttete und keinen Hehl machte aus ihrer Abneigung gegenüber Cosimo und dem Florentiner Hofstaat. So hatten sie allen Anlaß, sich gegenseitig zu bemitleiden, und zweifellos wurde das Band zwischen ihnen nur noch fester geknüpft, zumal sie das gemeinsame Geschick verband, im Exil leben zu müssen. Mehr denn je war die Prinzessin nunmehr entschlossen, der Toskana den Rücken zu kehren, koste es, was es wolle. Florenz war für sie ein Gefängnis, in dem die Medici sie unter Verschluß hielten. Sie würde ausbrechen, auch wenn Jahre darüber vergingen. An Überlegungen, wie sie diese Flucht einfädeln könnte, fehlte es jedenfalls nicht. Inwieweit man Verdacht schöpfte, daß Charles bei der Vorbereitung eines solchen Komplotts beteiligt sei, läßt sich nicht nachweisen. Jedenfalls legte man ihm – aus welchen Gründen auch immer – nahe, Florenz baldmöglich zu verlassen. So reiste er nach Rom weiter und von da nach Wien zum Kaiser, in dessen Dienste er trat, womit die historische Verbindung der Häuser Lothringen-Habsburg bekräftigt wurde.

Als Prinz Charles Marguérite-Louise verließ, bot sie ein Bild des Jammers. Glühende Liebesbriefe wechselten hin und her. Einer wurde abgefangen. Für den Großherzog und Cosimo gab es nun keinen Zweifel mehr, daß sie der Prinzessin nicht trauen konnten. Doch nichts von all dem gelangte an die große Glocke, einmal wegen der Peinlichkeit der Entdeckung, andererseits, um bei der Aufspürung weiterer Verdachtsmomente die Prinzessin und ihre Umgebung in Sicherheit zu wiegen. Dabei ging die Überwachung so weit, daß man selbst die Briefe ihrer Mutter öffnete.

Im übrigen zeigte sich Cosimo durchaus beherrscht, da er während des Sommers gemeinsam mit seiner Frau dem Jagdvergnügen nachging, ohne durchblicken zu lassen, daß er ihr nicht mehr trauen könne. Auch die Prinzessin war klug genug, ihre Gefühle nicht preiszugeben. Doch nicht zu verheimlichen war, daß die nunmehr 19jährige nicht umhin kommen würde, der verhaßten Medici-Dynastie zu einem neuen Sproß zu verhelfen. Oder würde es ihr doch noch gelingen, die Erwartung ihrer Zwingherren zu vereiteln? So setzte sie ihre stundenlangen Ritte über Stock und Stein absichtlich fort, um eine Fehlgeburt zu erwirken. Und als man ihr das Jagdreiten untersagte, bestand sie auf ausgedehnten Fußmärschen. Doch ihre robuste Natur ließ sich einfach nicht schwächen, und so gebar sie am 9. August 1663 einen Sohn namens Ferdinando. Und wieder erklangen die Glocken und salutierten die Kanonen. Wein sprudelte aus den Fontänen. Im Dom stieg das TE DEUM zum Himmel, und eine Amnestie gab 106 Gefangenen die Freiheit. Marguérite-Louise selbst aber fühlte sich weiterhin isoliert, zumal bei ihr von Mutterglück nicht die Rede sein konnte. Sie hatte dieses Kind nur unwillig zur Welt gebracht, mußte sich außerdem wegen eines Tumors an der Brust einer Operation unterziehen und erfuhr dann zu allem Überdruß, daß man ihr auch noch die wenigen französischen Diener entzogen hatte. Cosimo hatte dies veranlaßt, um ein für allemal den Verleumdungen den Nährboden zu entziehen, die im Hinblick auf ihn und seine Familie in Frankreich die Runde machten. Die Prinzessin aber reagierte auf diese zunehmende Einengung, indem sich ihre Abneigung gegenüber Cosimo bis zu beleidigenden Äußerungen über das Haus Medici steigerte.

Inzwischen war dem friedliebenden Ferdinando das gespannte Verhältnis mehr als unliebsam geworden. Eine weitere Verheimlichung konnte nicht dienlich sein, und so schenkte er König Ludwig, einem der Protektoren dieser unglücklichen Ehe, reinen Wein ein. Dieser zeigte sich ob des ungeahnten Ausmaßes der Verstimmung bestürzt, ohne jedoch Verständnis für seine Cousine aufzubringen. Vielmehr entsandte er den Grafen von Sainte-Même, der seit langem im Dienst der Eltern der Prinzessin stand, nach Florenz, um Marguérite-Louise zur Raison zu bringen. Doch entgegen seiner Mission wurde dieser nicht zum Richter der Prinzessin, sondern zu ihrem Verbündeten. Mit Charme und Argumenten wußte ihn nämlich Marguérite so für sich einzunehmen, daß er fortan ihre Partei ergriff, selbst auf die Gefahr hin, bei dem König in Ungnade zu fallen. Nicht zuletzt beklagte sie sich über die Gängelei seitens ihrer Schwiegermutter, unzumutbar für eine Prinzessin aus königlichem Geblüt. Unerhört in ihren Augen z.B. das ihr während der Schwangerschaft auferlegte Reitverbot! Der Graf empfand Mitleid mit ihr und setzte sich mit Nachdruck bei dem Großherzog für sie ein. Bei Louis aber hatte er verspielt. Jedenfalls Hut ab vor der Ritterlichkeit und dem Mut dieses Mannes zu einer Zeit, da die Frau meist den unteren Weg zu gehen hatte und nur selten Fürsprecher in ihrer Bedrängnis fand! König Ludwig aber sah sich jetzt veranlaßt, persönlich einzuschreiten, für ihn umso dringlicher, als seine Cousine auch ihm gegenüber nachdrücklich den Wunsch geäußert hatte, nach Frankreich zurückzukehren, koste es was es wolle. Nun, da sie dem Hause Medici zu einem Stammhalter verholfen hatte, rechnete sie mit einem halbwegs gewogenen Klima für ihr Verlangen. Der König aber erteilte ihr eine entschiedene Absage, indem er schrieb: »Der Inhalt Deiner Briefe, die Du an mich und einige Freundinnen gerichtet hast, hat mich erstaunt und über alle Maßen beleidigt, da Du Dich bei den Hirngespinsten, die Du Dir in den Kopf gesetzt hast, auf die Zuneigung berufst, die ich für Dich empfinde. Besinne Dich und denke an Deine Abstammung. Entsprechend erwarte ich, daß Du diese verrückten Ideen aufgibst!«

Ludwig kannte derartige Wünsche unglücklich verheirateter Damen zur Genüge. Doch hatten sie nie etwas von dem Gebot der Staatsraison gehört? Und gerade von den engsten Familienangehörigen erwartete er in dieser Hinsicht unbedingte Disziplin. Die solide Existenz des Bündnisses Bourbon-Medici durfte und konnte nicht aufs Spiel gesetzt werden durch das mangelnde Einfühlungsvermögen einer eigenwilligen Prinzessin. Doch das Unglaubliche geschah: eine erst 19jährige Prinzessin wagte es, das unerbittliche »Je veux« des Königs in den Wind zu schlagen! Sie dachte nicht daran, ihr persönliches Glück der Staatsraison zu opfern.

Während des Sommers nun wurde sie unter verschärfter Bewachung auf einen Landsitz abgeschoben. Dort ging sie ihrem Jagdvergnügen nach, freundete sich in ihrer kontaktfreudigen Art mit der Landbevölkerung an und tanzte nach Herzenslust mit den Dorfburschen. Frische Luft und fröhliche Entspannung im Freien überspielten ihren Kummer. Ihre italienischen Hofdamen aber stöhnten ob der physischen, ihnen ungewohnten Anforderung. Sie waren mehr auf gemessenes Zeremoniell als auf sportliche Betätigung eingestellt.

Der Sonnenkönig aber sah sich genötigt, weitere Abgesandte nach Florenz zu schicken, um diesen widerspenstigen Querkopf gefügig zu machen. Welches Gewicht er der Angelegenheit beimaß, mag man dem hohen Rang des Aufgebotes entnehmen, das am 16. Mai 1664 in Florenz eintraf: Sieur d'Aubéville, der Marquis de Bellefonds und der Herzog de Créqui als Wortführer der Delegation. Er hatte mehrere Unterredungen mit der Prinzessin. Eine zog sich über vier Stunden hin und endete wie schon früher bei dem Marquis von Sainte-Même mit einem eindrucksvollen Sieg der im diplomatischen Schachspiel wohlgeübten Dame. Ihr war das kaum Glaubliche gelungen, erneut eine Delegation des Königs zu ihren Gunsten umzustimmen. Diese hatte zwar eine entschiedene Weisung im Sinne der Parteinahme für Seine Majestät erhalten. Andererseits glaubte Marguérite-Louise voraussetzen zu können, daß diese Herren, die als Kavaliere aufgewachsen waren, sehr wohl empfänglich sein würden für den Charme und Esprit einer anmutigen Prinzessin. Entscheidend war nicht zuletzt, daß sie gute Gründe für ihre unnachgiebige Einstellung ins Feld führen und auch mit handfesten Beweisen aufwarten konnte. Tatsächlich wußte sie für ihre beklagenswerte Situation so überzeugend Mitleid zu erwecken, daß die Delegation bei dem Großherzog eine Vereinbarung durchsetzte, welche sich auf nicht weniger als 12 Beschwerden der Prinzessin bezog. Diese betrafen u.a. den beanstandeten Aufwand ihrer Hofhaltung, die schikanöse Behandlung bzw. Entlassung ihrer französischen Diener sowie ihren Wunsch nach einer besseren Besetzung ihres Kammerorchesters. Auch diesmal hatte sie diese Forderungen plausibel zu machen gesucht durch den Hinweis, es stehe Parvenus wie den Medici nicht zu, ihr als Repräsentantin des angesehensten Königshauses Europas hinsichtlich ihrer Hofhaltung Vorschriften zu machen.

Hiervon abgesehen, wird die Prinzessin nicht verfehlt haben, ihre Abneigung gegenüber einem ihr zudiktierten Gemahl verständlich zu machen. Wohlweislich wird sie dabei ihre Romanze mit dem Prinz von Lothringen verschwiegen haben, war doch dieser seitens des Königs des Landes verwiesen worden. Sie war auch taktisch gut beraten, zum gegenwärtigen Zeitpunkt nicht auf einer Rückkehr nach Frankreich zu bestehen. Einstweilen genügte es ihr, durchzusetzen, getrennt von Cosimo zu leben. Sie nahm dieserhalb mancherlei Unbequemlichkeiten in Kauf. So lebte sie, um ihm aus dem Wege zu gehen, zur Winterzeit in den Sommerhäusern des Großherzogs. Dieser fand sich – von dem eher phlegmatischen Cosimo abgesehen – zähneknirschend damit ab, revanchierte sich aber, indem er sie praktisch hinter Schloß und Riegel verbannte. Einmal drohte er sogar, sie in einem Kloster einzusperren. Darauf meinte sie schnippisch, das würde er bald bereuen, denn es würde ihr nicht schwer fallen, alle Nonnen in Aufruhr zu versetzen. Im übrigen fahre sie lieber ohne Cosimo zur Hölle als mit ihm ins Paradies. Überhaupt suchte sie ihren Mann bei jeder nur denkbaren Gelegenheit verächtlich zu machen. Ja, sie steigerte sich in ein derartiges Mißtrauen, daß sie ihre Küche verschlossen hielt und jede Speise, die ihr vorgesetzt wurde, vorher von ihrem französischen Steward kosten ließ aus Furcht, sie könnte vergiftet sein.

Während des Herbstes stand ihr wieder das selbstgewählte Exil der Villa Lappeggi zur Verfügung, abermals unter strenger Bewachung. Nicht weniger als 40 Soldaten waren beordert, sie im Auge zu behalten. Dennoch machte sie das Beste aus dieser Situation. Und abermals wanderte und ritt sie so forsch, daß ihre Begleitung erschöpft zurückblieb. Auch als Jägerin war sie erfolgreich. Die einfachen Leute der Umgebung schätzten sie, zumal wenn sie darum bat, man möge vor ihr aufspielen und sie durch ländliche Tänze erfreuen.

Ludwig XIV., der den wohlweislich entschärften Bericht seiner illustren Delegation nur unwillig angehört hatte, drang weiterhin darauf, daß sich die Prinzessin mit ihrem Mann aussöhne. Inzwischen hatte sie sich jedoch eine neue Ausflucht ausgedacht. Sie berief sich nämlich darauf, daß sie zu dieser Ehe genötigt worden sei und sich deshalb nicht als die legitime Gemahlin des Prinzen betrachten könne. Wenn sie sich trotzdem bereitgefunden habe, mit ihm zusammen zu leben, so sehe sie darin den Tatbestand des Konkubinats, der ihr Gewissen schwer belaste. Um für dieses Vergehen zu sühnen, verlange sie danach, die ihr verbleibende Lebenszeit in einem Kloster zu verbringen – natürlich nur in einem französischen. Als Cosimo diese Version zu Ohren kam, war er entsetzt, und die Vorstellung, sein Sohn könne ein Bastard sein, verfolgte ihn wie ein Alptraum. Damit erhielt der von der Prinzessin geschickt zugespitzte Konflikt einen theologischen Aspekt, mit dem sogar der Papst befaßt wurde.

Auf den Sonnenkönig aber machte dieser neueste Schachzug seiner Cousine nicht den geringsten Eindruck. Vielmehr ließ er sie unmißverständlich wissen: Eine Prinzessin königlichen Geblüts kann, wenn sie zurückkehrt, nur die Bastille wählen, nicht aber das Kloster. Immerhin wandte er sich, da die Diplomaten versagt hatten, nunmehr an den Klerus, da neuerdings religiöse Skrupel ausgespielt wurden. So entsandte er Père Cosme Feillet, einen der fähigsten und behutsamsten Seelenhirten aus dem Orden des Hl. Bernard, nach Florenz.

Der Mönch wandte sich in eindringlichen Ansprachen an die Prinzessin, und er vermochte sie so zu beeindrucken, daß sie ehrlich zerknirscht war und Tränen der Reue vergoß. Doch der Sinneswandel sollte nicht von Dauer sein. Bei Bedarf eruptiv wie ein Vulkan, war sie nicht minder prompt auch zu Tränen gerührt. Eine zu Herzen gehende Melodie rührte sie ebenso an wie ein bewegender Abschied. Bei Père Cosme hatte sie gar nicht erst versucht, ihren Charme auszuspielen. Vielmehr sie selbst erlag den wohlgesetzten Tönen seiner melodischen Sprache. Sobald aber dieser eindringliche Rausch verklungen war, erfaßte sie erneut der nüchterne Alltag, der ihr stets von neuem Anlaß gab, sich zu bemitleiden. So war schließlich auch diese Mission fehlgeschlagen. Der Mönch aber unternahm, um nicht mit leeren Händen vor den König treten zu müssen, einen letzten Schritt, indem er diesen so verzwickten Fall in Rom zur Sprache brachte. Ja der Papst persönlich (Alexander VII., 1655–1667) schaltete sich ein, indem er der Prinzessin ein sehr ernstes Mahnschreiben zugehen ließ, sie sollte sich nun endlich fügen.

Doch sie hielt stand. Sie trotzte der Drohung der Exkommunikation, dem Machtwort des Königs und dem Zorn der Medici. Güte, Schmeichelei, Strenge – alle Mittel versagten. Das gegenseitige Mißtrauen war nun auf den Siedepunkt gelangt. Selbst Briefe des Königs an die Prinzessin wurden abgefangen und ungeöffnet nach Paris zurückgeschickt.

Eine zumindest zeitweilige Aussöhnung erreichte dann schließlich als Abgesandte des Königs die Marquise du Deffand. Tatsächlich verließ die Prinzessin im Oktober 1665 ihr Exil und fand sich überraschend wieder in Florenz ein. Sie wahrte ihr Gesicht, indem sie vorgab, ihr

Kind sehen zu wollen. Doch in erster Linie ging es ihr darum, eine Aussprache mit dem Großherzog herbeizuführen. Diesem erklärte sie, nicht ohne Verlegenheit, sie wünsche ihre Stellung am Hofe wieder einzunehmen. Der Großherzog antwortete ihr höflich, sie sei dieser Funktion nie enthoben worden, und er habe ihrer Rückkehr stets entgegengesehen. Andererseits könne er nicht verhehlen, daß sie ihren Gatten zu Unrecht in große Gewissensnot gebracht habe. Sodann brachte die Prinzessin abermals die Sprache auf die Garantien, die im Hinblick auf ihre Stellung bei Hofe zu respektieren seien. Ferdinando aber lehnte es ab, mit ihr darüber zu sprechen. Daraufhin blieb für einige Tage alles in der Schwebe. Schließlich aber ließ Marguérite-Louise wissen, daß sie bereit sei, ohne Vorbedingungen zurückzukehren.

Cosimo vergaß die Gewissensbelastung, die sie seinem frommen Sinn auferlegt hatte, und beeilte sich, sie willkommen zu heißen. Alle waren sich, wie immer man ihren Charakter beurteilen mochte, darin einig, daß sie es verstand, durch ihre hübsche Erscheinung und ihren gewinnenden Charme für sich einzunehmen. Umsomehr fühlte sich Cosimo nach der strengen Abstinenz der langen Trennung zu ihr hingezogen. So erwartete er sie am Portal des Palastes mit einer bei ihm ungewohnten Aufgeschlossenheit. Er küßte sie, man tauschte liebevolle Worte aus, und die Prinzessin stellte mit Befriedigung fest, daß man ihr selbst am Hofe von Versailles nicht galanter hätte begegnen können.

Auch der König zeigte sich hocherfreut, wie aus einem Schreiben an die Prinzessin vom 23. November 1665 hervorgeht: »Welch glückliche Nachricht, daß Du Dich mit meinem Vetter, dem Prinzen der Toskana, und seiner ganzen Familie ausgesöhnt hast. Und meine Freude ist umso größer, als dieser Sinneswandel auf Deine eigene Entscheidung zurückgeht, ohne daß ich genötigt war, ein Machtwort zu sprechen.«

Sucht man nach einer Erklärung für diese überraschende Wendung, so dürfte in erster Linie der Umstand mitsprechen, daß ein erst zwanzigjähriges lebenslustiges Geschöpf die Langeweile der Einsamkeit einfach nicht mehr zu verkraften vermochte. Dazu kam gewiß auch das in ihr veranlagte Bedürfnis, im Rampenlicht zu stehen, nicht minder ein Anflug von Ehrgeiz. Aber es lagen auch Anzeichen dafür vor, daß sie unter dem Deckmantel einer versöhnlichen Stimmung einen Fluchtversuch vorbereitete. Insgeheim wird sie jedenfalls die These, ihre Ehe sei ungültig, wach gehalten haben.

Am Hofe jubilierte man. Noch nie hatte sich Marguérite-Louise liebenswürdiger gezeigt – so bezaubernd zugleich. Es fehlte dann auch nicht an Banquetten, Tanzfesten und Aufführungen, um eine so strahlend wieder aufgeblühte Prinzessin nach all den Monaten des Defizits, des hämischen Getuschels und der Abstinenz wieder gebührend in Erscheinung zu bringen. Doch so sehr man sie neuerdings verwöhnte und sich von ihr entzücken ließ, sie war nach aller Erfahrung zu unberechenbar, um ihr unbedenklich vertrauen zu können. So wurde all ihr Tun und Lassen nach wie vor argwöhnisch beobachtet. Ja, man sah sich sogar veranlaßt, zwei Vertraute ihres Hofstaates, Monsieur et Madame de Monty, auszuweisen, weil sie verdächtigt wurden, der Prinzessin heimlich Briefe übermittelt zu haben.

Anna Maria ertrotzt sich das Licht der Welt

Marguérite-Louise registrierte diese zwiespältige Reaktion auf ihre Rückkehr nicht ohne Mißbehagen. Sie war nun abermals schwanger, ein Zustand, der bei ihr erneut äußerste Hektik, nicht aber Schonung auslöste. Wilde Ritte waren nun wieder an der Tagesordnung mit dem offensichtlichen Ziel, eine Fehlgeburt auszulösen. Als man ihr dann die Pferde abermals an die Kette legte, suchte sie in Gewaltmärschen einen Ausgleich. Im übrigen tat man alles, um sie durch Vergnügungen jeder Art abzulenken. Doch sie ließ sich nicht umgarnen, sondern bestand darauf, selbst über ihren Tageslauf bestimmen zu können. Ja, ihr Protest ging diesmal so weit, daß sie in den Hungerstreik trat. Zu allem Unglück – für sie selbst vielleicht erwünscht – wurde sie dann im achten Monat von der in Florenz grassierenden Influenzawelle erfaßt. Vier Ärzte bemühten sich um sie. Doch mehr noch als deren Medikamente verhalf ihre robuste Konstitution zur Überwindung der Krise.

Am 11. August 1667 brachte sie dann, allen Abwehrmaßnahmen zum Trotz, im Pitti Palast eine gesunde Tochter zur Welt. Diese hatte sich also, ebenso wie ihr Bruder Ferdinando, in ihrem offenbar unbändigen Lebensdrang nicht von den rigorosen Kraftakten ihrer Mutter beirren lassen. Getauft wurde sie auf den lateinischen Namen der »Grande Mademoiselle«, ihrer Patentante: Anna Maria Louisa. Doch niemand ahnte damals, daß dieses von seiner Mutter so wenig erwünschte Mädchen dereinst die ausklingende Zierde des Hauses Medici sein würde. Zunächst lagen der kleinen Prinzessin jedoch Versprechungen anderer Art in der Wiege. Ihre Großmutter, die Herzogin von Orléans, verband nämlich mit ihren Glückwünschen die Prophezeiung, dieses Kind werde das beträchtliche Vermögen ihrer Patentante erben und dereinst Königin von Frankreich werden.

Was nun den Namen der kleinen Prinzessin von Toskana anbelangt, so möge der Leser damit einverstanden sein, daß wir sie wie bereits zuvor auch weiterhin nur Anna Maria nennen. Der zusätzliche Taufname Louisa ist zwar beziehungsreich, hat jedoch eine unterschiedliche Schreibweise erfahren. Eindeutig ist der Zusammenhang mit der Mutter Marguérite-Louise sowie der Patentante, doch ist auch eine Anspielung auf König Ludwig naheliegend. Young (52) spricht von Anna Maria Ludovica, verweist aber auch auf die Benennung Anna Maria Aloysia in manchen Urkunden. Dazu heißt es bei Loup (26): Die latinisierte Form des Namens Ludovica findet sich in der Stiftungsurkunde der Abtei Düsseldorf vom Jahre 1707, in der Grabschrift des Kurfürsten und in anderen Dokumenten der Zeit. Rapparini schrieb Aloysia. In der Literatur begegnet man außerdem den Namensformen Loisia, Louise und Luise. Im »Wiener Diarium« vom 21. Februar 1739 liest man sodann eine weitere Variante: Anna Ludovica.

Es ist anzunehmen, daß Mutter Marguérite-Louise bei der Namengebung bewußt ihre französische Linie Bour-

Duchesse de Montpensier

Anne-Marie-Louise, *1627–1693, Herzogin von Montpensier,*
»Grande Mademoiselle«, Tochter Gastons aus 1. Ehe, Stief-
schwester von Marguérite-Louise. Hier in jungen Jahren. Sie
war bereits 40, als sie Anna Marias Patin wurde.
Kupferstich in der Bibl. Nationale, Paris. Photo Giraudon, Paris

bon/Orléans zur Geltung bringen wollte, nachdem die Medici den Namen des Erstgeborenen Ferdinando für sich in Anspruch genommen hatten. Im übrigen war ihre Stiefschwester eine namhafte Persönlichkeit. Von ihrer Mutter Marie de Bourbon-Montpensier hatte sie ein bedeutendes Vermögen geerbt. Ihr Vater Gaston de France, Duc d'Orléans, trug als Bruder des Königs den Ehrentitel »Monsieur«. Entsprechend ging seine älteste Tochter als »Grande Mademoiselle« in die Geschichtsbücher ein. Überhaupt machte sie in vielerlei Hinsicht auf sich aufmerksam. Davon geben nicht zuletzt ihre »Mémoires« Kunde.

Auch dieser abermalige Familiennachwuchs trug keineswegs zur Verbesserung des ehelichen Klimas bei. Für Cosimo war nach der Geburt des Stammhalters ein Mädchen ohnehin nur zweitrangig. Im übrigen hatten ihn die ständigen Auseinandersetzungen mit seiner mißliebigen Frau noch mürrischer gestimmt als seiner von Natur schwermütigen Veranlagung entsprach. Auch Marguérite-Louise durchlitt erneut eine Phase des Unbehagens, angefüllt mit Wutanfällen und einem Sturzbach von Tränen. Großherzog Ferdinando aber war nicht willens, seinen Sohn abermals durch die Launen einer unberechenbaren Frau in Bedrängnis zu sehen. Er verordnete deshalb diesmal nicht seiner Schwiegertochter, sondern seinem Sohn Luftveränderung, indem er ihn auf Reisen schickte. In der Tat brachte diese Tour d'Europe Cosimo auf andere Gedanken, wenn ihm auch die Antwort auf die Frage, weshalb seine Frau nicht dabei sei, immer wieder peinlich war. Doch wußte ohnehin nicht längst alle Welt, daß die Ehe Medici-Bourbon Schiffbruch erlitten hatte?

Folgen wir nun dem Prinzen auf den wichtigsten Stationen seiner Reise, um zu erfahren, wie er außerhalb der Einengung durch Etikette und häusliche Schwierigkeiten in Erscheinung trat. Der erste Halt erfolgte in Innsbruck, wo ihn seine Tante, die Erzherzogin, willkommen hieß. Die zweite Etappe führte ihn dann rheinabwärts nach Amsterdam, vorbei an Düsseldorf, nicht ahnend, daß sein erst 2 Monate altes Töchterchen 25 Jahre später dort als Kurfürstin residieren würde. Doch vorrangig war für ihn Holland, das sich in diesen Jahren in Wohlstand und

Machtfülle sonnte. Alle großen Gelehrten, die zu dieser Zeit hier wirkten, legten Wert darauf, dem Medici-Prinzen vorgestellt zu werden. Sie waren beeindruckt von seinen guten Lateinkenntnissen, welche die gegenseitige Verständigung sehr erleichterten. Er wurde in diesen Kreisen umso freudiger empfangen, als sein Vater einen bedeutenden Ruf als Mäzen und Förderer der Wissenschaften genoß. Allenthalben fühlte er sich in seiner Eitelkeit, die seine Frau so oft madig gemacht hatte, geschmeichelt. Er war auch Gast Wilhelms von Oranien. Später in Hamburg begegnete er Christine von Schweden, einem amazonenhaften Typ, der ihn nicht eben vorteilhaft an Marguérite-Louise erinnerte. Nach 8monatiger Abwesenheit traf er dann wieder in Florenz ein.

Offenbar hatte sich die Reise für ihn als wohltätig erwiesen. Er war selbstsicherer und robuster geworden, und seine Familie sah sich veranlaßt, ihn zu beglückwünschen zu dem guten Eindruck, den er allenthalben hinterlassen hatte. Nur seine Frau zeigte sich weiterhin unversöhnlich. Sie legte keinen Wert darauf, ihn wiederzusehen. Man munkelte, daß sie zwischenzeitlich einige Fluchtversuche unternommen habe. Ja, es wurde sogar behauptet, sie habe Verbindung zu einer Zigeunertruppe aufgenommen, um verkleidet in deren Gesellschaft unterzutauchen. Auch lerne sie Deutsch, um in Tirol oder Bayern in einem Kloster Aufnahme zu finden.

All diese Gerüchte und Verdächtigungen konnten natürlich nicht zur Verbesserung der Umwelt-Bedingungen beitragen, um den ohnehin trübsinnigen Cosimo auf andere Gedanken zu bringen. So wurde erneut ein Klimawechsel verordnet. Auch über den Verlauf dieser 2. Etappe der Tour d'Europe sei kurz berichtet, um noch genauer zu erfahren, welchen Eindruck der Vater unserer kleinen Prinzessin außerhalb seiner heimischen Umgebung hinterließ.

Diesmal war Barcelona das erste Ziel. Im Oktober 1668 sah er dann Madrid, wo der König ihm gar die Ehre erwies, einige Schritte auf ihn zuzugehen. Weitere Stationen waren Cordoba, Lissabon und Compostela, dem nach Rom und Jerusalem bedeutendsten Pilgerziel des christlichen Mittelalters. Von Coruna setzte er sodann nach England über. Unter den ersten Briten, die ihn zu Gesicht bekamen, war Samuel Pepys, dessen Tagebuch weltberühmt werden sollte, zumal er als guter Beobachter und origineller Stilist galt. Seinem Diary entnehmen wir (vol. VIII, p. 267), daß ihn ausgerechnet das Antlitz des Prinzen, das Marguérite-Louise so abstoßend fand, vorteilhaft beeindruckte. Im übrigen beschreibt er ihn als behäbig, schwarzgewandig und dickleibig.

In London wurde er von Charles II. und seiner Frau sehr warmherzig empfangen. Ähnlich aufgeschlossen zeigten sich die Universitäten Oxford und Cambridge. Allerdings berührte ihn peinlich, daß er, der betont Kirchentreue, dort als Thronerbe des Landes gefeiert wurde, das angeblich Galilei gegen den Papismus verteidigt habe. Andererseits nahm er gerne die Huldigungen der Lords entgegen, weigerte sich jedoch, auf seinen Rang pochend, den ausländischen Gesandten die Hand zu geben. Auch Mr. Colbert, den Legaten des französischen Königs, nahm er nicht aus. Dieser ließ sich die berechtigte Verstimmung zunächst nicht anmerken und lud ihn durch seine Frau zu einem Beisammensein ein. Als Cosimo dann eintraf, zeigte er ihm die Tür mit dem Bemerken, Madame sei ausgefahren.

Dieser beiderseitige Affront führte zu einer diplomatischen Verwicklung, die vor allem den Großherzog belastete. Jedenfalls blieb, als Cosimo London verließ, der französische Gesandte der Verabschiedung demonstrativ fern. Notgedrungen machte nun der Prinz, der sich ursprünglich direkt nach Paris begeben wollte, solange die Angelegenheit nicht beigelegt war, einen weiten Umweg über Holland und Spa. Als er dann endlich riskieren konnte, sich in Paris sehen zu lassen, begegnete ihm der König überaus huldvoll, indem er jede Anspielung auf die vorausgegangenen Dissonanzen vermied. Paris als Heimat seiner Frau und seiner Schwiegermutter war ohnehin die heikelste Station seiner Reise. Wieviele unliebsame Gerüchte über ihn und seine Familie mochten hier in Umlauf sein – allerdings überwiegend selbstverschuldet, da sein Vater Ferdinando wiederholt enge Vertraute des Hofstaates seiner Frau ausgewiesen hatte. Kein Wunder, daß diese nach Rückkehr in die Heimat Klatsch und

Tratsch aus erster Quelle verbreiteten.

Schon bald nach seiner Ankunft begab sich Cosimo zu seiner Schwiegermutter, der Herzogin von Orléans und damit in die Höhle der Löwin. Das ist erstaunlich, da es wohl ratsamer gewesen wäre, das für ihn so riskante Parkett erst einmal abzutasten. Allerdings hatte er auf das Angebot verzichtet, bei der Herzogin zu wohnen. Diese Distanz schien angebracht, da er sehr wohl wußte, daß er seinen Ehekummer weitgehend der Einmischung dieser Dame zuzuschreiben hatte. Wir können nur vermuten, daß die Aussprache nicht eben herzlich verlief. Im übrigen verlautete: Kein Kommentar!

Der König aber war offensichtlich darauf bedacht, frühere Seitenhiebe, die er dem Hause Medici verpaßt hatte, wieder gut zu machen. So geleitete er den Prinzen im offenen Wagen zu einer Truppenparade, führte ihn zu seinen Schlössern, Parkanlagen und Gedenkstätten. Auch wurde er durch eine Sondersitzung des Parlaments geehrt. Er erlebte Molières Tartuffe als großen Bühnenerfolg dieser Saison. Zum eigentlichen Höhepunkt aber wurde ein Gartenfest in Versailles mit Darbietungen, von denen seine Frau so oft mit Wehmut geschwärmt, die er jedoch zu Unrecht verächtlich abgetan hatte. Und welche Ehre für den Gast: der König selbst brachte sein Geschick und seine Eleganz in einem Ballett zur Geltung, das eigens für diesen Anlaß einstudiert worden war. Cosimo erfuhr bei dieser Gelegenheit, daß der König bei manchen Stücken, so der Hochzeit von Thetis und Peleus, in nicht weniger als fünf verschiedenen Rollen auftrat, indem er Apollo, Mars, eine Furie, eine Dryade und einen Kammerhern der Reihe nach darstellte. Am liebsten aber trat er in der Gestalt des Apollo auf.

Gegen Ende des Besuches schrieb Louis seiner Cousine Marguérite: »Schon im Hinblick auf Dich hätte ich mich veranlaßt gesehen, meinem Vetter die Fülle der Gunst zu erweisen, die ihm protokollarisch zusteht. Seitdem ich aber auch seine menschlichen Qualitäten kennengelernt habe, muß ich sagen, er hat diesen Aufwand verdient.« Auch »Mademoiselle« sah sich zu positiver Äußerung veranlaßt. »Er sprach sehr gewandt zu jeglichem Thema und schien durchaus vertraut mit der Eigenart der so unterschiedlichen europäischen Fürstenhöfe. Was unser Versailles anbelangt, so schien er bestens informiert. Äußerlich wirkt er allerdings ziemlich plump, wenn man bedenkt, daß er erst 25 ist. Sein Kopf mit schwarz-gelocktem Haar ist gut geformt. Er hat einen großen roten Mund, gute Zähne und einen gesunden rosigen Teint. Er ist ein geistreicher und angenehmer Gesprächspartner. Weshalb eigentlich erfüllte schon seine äußere Erscheinung meine Schwester mit Widerwillen?« Weniger wohlwollend urteilte die Pfalzgräfin Charlotte Elisabeth: »Mademoiselle erwähnt keinen einzigen der Mängel, die auf allen Porträts von ihm so offenkundig sind: die wulstigen Lippen, die unnatürlich ausgeprägte Stirn, das spitze Kinn, die mißgestalteten Ohren und seinen aufgedunsenen Leib.«

Am 1. November 1669 traf der Prinz wieder in Florenz ein. Er war von seinem Frankreich-Erlebnis recht angetan. Allerdings bemängelte er, daß man ihm allenthalben hochnäsig und stolz begegnet sei. Eine rühmliche Ausnahme bilde der König, der durchaus zugänig sei.

Marguérite-Louise lebte offenbar in gutem Einvernehmen mit seinen Eltern, die ihr während seiner Abwesenheit mancherlei Abwechslung geboten hatten. »Und sie tanzte mit unvergleichlicher Grazie«, wie anläßlich eines Festes im Palais Marucelli berichtet wurde. Es schien, daß sie zumindest halbwegs mit ihrem Schicksal versöhnt war, zumal der Prinz, beeindruckt durch die Freundlichkeit des Königs, nicht mehr so viele Vorurteile gegenüber Frankreich hegte, die zuvor nicht wenig zu ihrer Disharmonie beigetragen hatten. Überhaupt schien Cosimo geneigt, der französischen Geschmacksrichtung seiner Frau mehr Zugeständnisse zu machen. So gestaltete sich der Frühling des Jahres 1670 recht aufgelockert. Der Prinz selbst inszenierte ein Ballett in Anlehnung an eine von ihm in Versailles erlebte Aufführung. Im Mittelpunkt stand die Ankunft des Aeneas in Latium. Marguérite-Louise spielte dabei, wie es sich gehörte, die Hauptrolle der Lavinia, und abermals pries man ihre Anmut.

Insgesamt verlief jetzt das Hofleben beschwingter und einfallsreicher als früher. Doch versickerten alle guten Vorsätze wieder im Sande, als Ferdinando plötzlich ernsthaft erkrankte. Er neigte schon länger zur Wassersucht. Die damals üblichen Medikamente fruchteten nicht, und so starb der Großherzog im Alter von 59 Jahren nach langer Regierungszeit. Er war als gütiger Landesvater nicht unbeliebt gewesen, hatte jedoch seine Untertanen durch Aufbürdung einer zu hohen Steuerlast gelegentlich verstimmt. Sein persönlicher Aufwand war allerdings höchst bescheiden. Er trank nicht und schränkte Vergnügungen auf das unumgängliche Maß der Repräsentation ein. Wie alle Medici ließ er sich jedoch die Liebe zur Kunst etwas kosten. So hatte er mit seinen Brüdern die Galerien von Florenz bemerkenswert bereichert. Wertvolle Kunstschätze hatte auch seine Ehe mit Vittoria della Rovere von Urbino eingebracht: Tizians »Liegende Venus«, Raffaels Porträt des Papstes Julius II. Zu den bemerkenswertesten Erwerbungen an Skulpturen gehörten die Hermaphrodite, der Idolino, der Kopf des Cicero und die Etruskische Chimära. 1640 war Pietro da Cortana beauftragt worden, die 5 großen Säle im ersten Geschoß des Palazzo Pitti al fresco zu gestalten.

Der Großherzog hatte als junger Mensch die Vorlesungen Galileis gehört und ihn gegen das Vorgehen Roms zu schützen versucht. Er und seine Brüder waren wissenschaftlich sehr aufgeschlossen; insbesondere widmeten sie sich der Mathematik und Astronomie. Das Verhältnis zu seiner Frau Vittoria war in seltsamer Weise getrübt. Die Großherzogin umgab sich nämlich in übertriebenem Maße mit Priestern und Mönchen. Sie fürchtete die ewige Verdammnis, und um nichts mit der vermeintlich ketzerischen Wissenschaft ihres Mannes zu tun zu haben, schloß sie sich nach der Geburt Cosimos hermetisch ab. Sie erschien erst wieder, als die Heiratsverhandlungen mit den Orléans begannen. Später hätte sie sich am liebsten abermals zurückgezogen, aber die französische Schwiegertochter hielt sie in Atem. Zur Ehre Ferdinandos sei noch angemerkt: Während der Pest von 1630, als alle wohlhabenden Bürger sich in ihre Landhäuser zurückzogen, blieb der damals 20jährige mit seinen Brüdern in der Stadt. Dabei bemühte er sich nach Kräften, die Not zu lindern. Die Bevölkerung hat dies nie vergessen.

Nun also war der junge Cosimo zur Fortsetzung des Medici-Erbes berufen. Wer ihm als Großherzogin zur Seite stehen würde, stand für ihn außer Frage. Marguérite hatte ihn zu sehr gedemütigt; zudem war sie charakterlich zu leichtfüßig; mit seiner Mutter aber, die ihn aufgezogen hatte, war er, was Politik und Religion anbelangt, einer Meinung. Cosimo übernahm seine neuen Funktionen mit Eifer. So befaßte er sich gleich zu Anfang mit verschiedenen Anregungen und Klagen seiner Untertanen, die seit Jahren unbeachtet geblieben waren. Er ermutigte sie, sich persönlich an ihn zu wenden, und er war darauf bedacht, gerechte Entscheidungen zu treffen. Auch auswärtigen Besuchern begegnete er stets zuvorkommend. Viele von ihnen rühmten seinen Hof als den glänzendsten in Italien. Die reichen Kunstschätze, die vornehmen Paläste wie überhaupt der ganze Hofstaat seien rühmenswert. Im übrigen finde man nur selten einen so welterfahrenen Prinzen wie Cosimo.

Marguérite-Louise, an Enttäuschungen aller Art gewöhnt, schien ihr turbulentes Temperament inzwischen auf Sparflamme gesetzt zu haben. Sie hielt sich zurück mit dem Hinweis, die Erziehung ihres 7jährigen Sohnes habe jetzt Vorrang. Auch bestand sie offenbar nicht mehr auf der Trennung von Tisch und Bett. So gesellte sich zu Ferdinando bald ein Brüderchen. Er kam am 24. Mai 1671 zur Welt und wurde Giovanni Gastone getauft, in Erinnerung an ihren Vater Gaston d'Orléans. Damit hatte die Prinzessin die ihr als vorrangig zugewiesene Funktion, nämlich die Medici-Nachfolge zu sichern, nach menschlichen Ermessen gebührend erfüllt.

In den folgenden Jahren erhielten die wieder auflebenden Vorwürfe neue Nahrung durch die Tatsache, daß ihre Schwiegermutter mehr und mehr die Zügel der Regierung an sich riß und sie von jedem Mitspracherecht ausschloß. So nahm sie an den Sitzungen des Geheimen Rates, der Consulta, teil, während der Prinzessin, nunmehr Großherzogin, der Zutritt versagt blieb. Für weiteren Zündstoff sollte dann 1672 der Tod ihrer Mutter sorgen. Diese hatte vermutlich Beihilfe geleistet zu der Liaison zwischen ihrer Tochter und Karl von Lothringen. Jedenfalls besaß sie einen wesentlichen Teil des diesbezüglichen Briefwechsels und hatte verfügt, daß nach ihrem Tod die ge-

Marguérite-Louise d'Orléans, *1645–1721. Gemahlin Cosimos, Mutter der Kurfürstin, Cousine Ludwigs XIV., Großherzogin der Toskana.*
Uffizien, Florenz. Photo Giraudon, Paris

samte Korrespondenz vor den Augen eines toskanischen Repräsentanten verbrannt würde. Und so geschah es dann auch. Cosimo hätte gewiß eine hohe Summe bezahlt, um dieses Beweismaterials habhaft zu werden.

Auch die leidigen Auseinandersetzungen wegen Cosimos neuerlicher Eingriffe in die Privatangelegenheiten seiner Frau sollten wieder aufleben. So hatte der Großherzog einen französischen Ballettmeister wegen zu vertrauten Umgangs mit seiner Herrin entlassen. Außer ihm wurden von böswilligen Florentiner Bürgern zwei Lakaien angeschwärzt. Diese seien während einer Ausfahrt der Herzogin unziemlich nahe an das Fenster der Equipage herangeritten, um mit ihrer Herrin zu plaudern. Noch verwerflicher aber sei, daß sie sich dazu erniedrigt habe, den Koch zu kitzeln, um sich über dessen Gekreische und Gekicher zu amüsieren. Anschließend habe sie ihn mit einem Kissen traktiert, bis er sich unter ihr Bett verkrochen habe. Sie sei dann, nachdem sie sich bei dem Gebalge halb tot gelacht habe, erschöpft in ihren Sessel gesunken.

Dieses derbe Amusement setzte sich fort, bis eines Tages Cosimo aufmerksam wurde. Eines Abends war nämlich der Koch betrunken und schrie noch lauter als sonst. Als nun der Großherzog, dessen Appartement 5 oder 6 Räume von dem der Herzogin entfernt lag, den Lärm hörte, ging er der Sache auf den Grund. Doch er traute seinen Augen nicht, als er das Gemach betrat: Rund um das Bett der Großherzogin war nämlich eine wilde Kissenschlacht im Gange. Cosimo war darüber so entsetzt, daß er den Koch auf der Stelle zu den Galeeren verbannte. Die Dame aber fuhr er mit äußerster Schärfe an, als wäre sie irgend eine Kammerzofe, nicht aber seine Frau. Die Herzogin ihrerseits aber war erbost, von ihm in Gegenwart des Personals und einiger Musiker derart zur Rede gestellt zu werden. Hatte er wirklich keinerlei Respekt mehr vor ihrem Rang? So fragte sie, ohne jedoch zu bedenken, daß sie selbst durch ihr würdeloses Verhalten diesen Rang in Mißkredit gebracht hatte! Selbst in der lockeren Atmosphäre von Versailles hätte sie sich Amusements dieser Art nicht erlauben können. Der kleine Gian Gastone aber schlummerte friedlich im Nebenzimmer, ohne zu ahnen, daß in seinem Blut die tollen Spässe, die er sich später erlaubte, durch seine extravagante Mutter vorprogrammiert waren.

Die Atmosphäre im Palazzo Pitti wurde immer unerträglicher, so daß Marguérite-Louise so oft wie möglich diesem gespannten Verhältnis zu entgehen suchte. Dabei bedurfte sie jeweils der Zustimmung ihres Mannes. So erlaubte er ihr im Dezember 1672, an einer Wallfahrt nach Prato teilzunehmen. Dort holte sie sich den Segen für einen seit langem erwogenen Schritt. Sie setzte sich nämlich in die nahegelegene Villa Poggio a Caiano ab und gab Cosimo davon wie folgt Kenntnis: »Ich habe alles Erdenkliche getan, um Eure Freundschaft zu gewinnen, aber ohne Erfolg. Je mehr Aufmerksamkeit ich Euch erwies, desto größer die Verachtung Eurerseits. Lange Zeit habe ich versucht, mich damit abzufinden; doch es geht über meine Kraft. Ich habe deshalb einen Entschluß gefaßt, der Euch kaum überraschen wird, wenn Ihr bedenkt, wie schäbig Ihr mich seit nunmehr 12 Jahren behandelt. Noch länger mit Euch zu leben, vermag ich nun nicht mehr.

Ich bin die Quelle Eures Unglücks, nicht minder seid Ihr die Ursache meines Kummers. Ich bitte Euch deshalb, einer Trennung zuzustimmen, damit unsere Gewissen zur Ruhe kommen können. Mein Beichtvater wird mit Euch darüber sprechen. Im übrigen erwarte ich die Anweisungen Seiner Majestät, den ich um die Erlaubnis gebeten habe, in Frankreich in ein Kloster eintreten zu dürfen ...

Ich glaube, daß mein Vorschlag die sicherste Gewähr bietet, uns für den Rest unserer Tage Frieden zu geben. Ich empfehle Euch meine Kinder.

Marguérite-Louise d'Orléans, Großherzogin der Toskana.«

Cosimo antwortete unverzüglich auf diesen für eine so impulsive Natur recht gemäßigten Brief:

»Ich weiß nicht, ob Euer Unglück größer ist als meines. Obwohl man allgemein zu würdigen weiß, wieviele Beweise der Achtung, Rücksichtnahme und Liebe ich Euch gegenüber in all diesen Jahren erbracht habe, so wurden sie Eurerseits nur mit äußerster Gleichgültigkeit beantwortet ... Ich erwarte nun Euren Beichtvater, um zu erfahren, was er in Eurem Namen vorbringen wird. Ich werde ihm dann auch meine Empfindungen darlegen. Jedenfalls werde ich dafür sorgen, daß Eurer Hoheit an dem jetzigen Aufenthaltsort der gebührende Respekt erwiesen wird . . .«

Auch dieser Brief beweist, daß Cosimo stets darauf bedacht war, die Etikette zu wahren. Innerlich aber kochte er. Und was den ihr zugesicherten »gebührenden Respekt« anbelangt, so wurde dieser ad absurdum geführt durch die Anordnung strenger Überwachung. Nun gut, sie möge ihr selbstgewähltes Exil auskosten. Er aber würde alles tun, um ihr diese Kost gehörig zu versalzen. Schon bald merkte sie, daß von einem Gehege der Freiheit, in das sie sich versetzt zu haben glaubte, nicht mehr die Rede sein konnte. Die von Cosimo verfügten Maßnahmen erlaubten ihr nämlich kaum noch, Herrin ihrer selbst zu sein. So setzte er, scheinheilig Fürsorge vortäuschend, Malvezzi als Kammerherrn ein mit dem Auftrag, die Großherzogin auf Tritt und Schritt zu begleiten, um sie auf ihren Wanderungen vor Fallstricken zu bewahren. Und wenn sie ausritt, fand sie sich in Gesellschaft von vier Ordonnanzen niederen Ranges, so wie es der Respekt, wie er heuchlerisch befand, gegenüber einer Großherzogin erfordere.

Schon bald aber stellte er diese angebliche Achtung auf den Kopf, in dem er sie unmißverständlich seine Verachtung spüren ließ. So wurden ihr alle Reitpferde entzogen. Zudem verfügte er, daß zur Nachtzeit alle Räume der Großherzogin verschlossen und überwacht würden. Die harmlosen Tanzfeste, zu denen sie die Landbevölkerung einlud, sowie sonstige Zerstreuungen wurden untersagt. Die Verfügung aber gipfelt dann in der grausamen Ironie: »Wir wünschen, daß die Großherzogin sich völlig frei bewegen und nach Belieben zerstreuen kann. Alle Diener sind ihr zu Gehorsam verpflichtet, und es steht ihr frei, zu jeder Zeit Besuch zu empfangen.« Ringsum aber waren Soldaten postiert, um jeden Fluchtversuch zu verhindern. In den kommenden Monaten waren nun beide Seiten bemüht, König Ludwig für sich zu gewinnen. »Ihre Majestät«, schrieb Cosimo, »werden das Ausmaß der Bedrängnis, in welche ich mit meiner ganzen Familie geraten bin, ermessen. Einzig Ihre Majestät können in dieser Notlage weiterhelfen.«

Auch Marguérite äußerte sich unmißverständlich:
»Sire, ich bitte Ihre Majestät kniefällig, mir zu vergeben, daß ich den Großherzog verlassen habe, da es mir unmöglich ist, weiter mit ihm zusammenzuleben. Ich habe diesen Entschluß so unauffällig wie möglich vollzogen, und zwar mit Rücksicht auf Ihre Majestät. Bitte befreien Sie mich aus diesem Elend. Am liebsten würde ich in ein französisches Kloster eintreten. Wenn Sie dem aus Rücksicht gegenüber dem Großherzog jedoch nicht zustimmen können, so wollen Sie meine Übersiedlung nach Bayern zulassen. Dort könnte mich die Kurfürstin in einem Kloster in Nähe ihres Schlosses unterbringen. Sie ist, wie Sie wissen, mit uns verwandt, und ihr Gemahl zählt zu Ihren Verbündeten . . . Für mich ist es einerlei, wo ich unterkomme, wenn ich nur den Händen meines Peinigers entkommen kann. Ich bin gewiß, daß er sich selbst sehr bemitleidet, während die eigentlich Leidtragenden stumm bleiben. So möchte auch ich nicht näher eingehen auf all das, was er mir angetan hat . . .«

Wie die Großherzogin auch den Bischof mundtot machte!

Am Hofe zu Versailles erregte der kühne Handstreich der Prinzessin beträchtliches Aufsehen. Der König selbst war in großer Verlegenheit. Einerseits wollte er seine Cousine nicht im Stich lassen; andererseits mochte er sich nicht eingestehen, daß die Heirat, die er so nachdrücklich befürwortet hatte, ein Fiasko war. So waren die an Cosimo gerichteten Briefe in freundlichem Ton gehalten, dennoch unverbindlich. Er drängte ihn, alles Erdenkliche zu tun, um sie zu einem Sinneswandel zu bewegen. Sonderbar aber ist, daß er trotz der negativen Erfahrung wieder auf die alte Methode verfiel. Viele ehrenwerte Botschafter und Prälaten waren in Florenz mit ihrer Mission gescheitert. Nun sollte auch noch der Bischof von Marseille sein Glück versuchen. Dieser sei, wie er in einem Brief an den Großherzog betonte, bestens geeignet, die Ursachen der beiderseitigen Verstimmung zu ergründen mit dem Ziel, einen Ausgleich herbeizuführen.

Bevor nun der Bischof persönliche Verhandlungen mit der Großherzogin aufnahm, bemühte er sich, in vertraulichen Gesprächen ein möglichst objektives Bild zu gewinnen. So ergab sich für ihn die zunächst überraschende Erfahrung, daß hier von der sonst üblichen Ursache ehelicher Verstimmung nicht die Rede sein konnte: Eifersucht oder Untreue waren nicht im Spiel. Marguérite-Louise hatte in dieser Hinsicht nie den leisesten Verdacht geäußert, und auch der Großherzog bestätigte, daß er dieserhalb seiner Frau keine Vorwürfe machen könne. Deren Beziehung zu dem fernen Karl von Lothringen war für ihn offenbar nur eine mehr oder weniger undurchsichtige Episode geblieben.

Weiterhin fand der Bischof heraus, was bisher noch niemand so deutlich konstatiert hatte: Ausschlaggebend für die Entfremdung sei der völlig unterschiedliche Charakter ihrer Temperamente und Lebensweise. Der Großherzog, von Natur aus melancholisch und schwerblütig, lebe zurückgezogen in seiner privaten Sphäre, während die meist heiter gestimmte Großherzogin voller Unternehmungsfreude stecke. Eine ausgesprochene Disharmonie sei deshalb nicht verwunderlich. Entsprechend war sein Vorgehen zunächst von der Überzeugung bestimmt: man mache ihren kapriziösen Neigungen einige Zugeständnisse, und ihre Antipathie gegenüber Cosimo werde bald verflogen sein. Mit diesem Rezept begab er sich nun nach Poggio, wo die Großherzogin mehr schlecht als recht residierte. Seine erste Information bestätigte sich: Sie verfügt über einen erfrischenden Witz und eine lebhafte Phantasie. Sie ist überaus robust und tatendurstig, dazu durchaus liebenswürdig.

Entsprechend ging er von der richtigen Taktik aus, zunächst einmal das Wohlwollen der Herzogin zu gewinnen. Folglich sollte man, so meinte er, ein gewisses Verständnis für ihre manchmal absonderlichen Launen aufbringen, wozu sich in der Tat schon bald Gelegenheit bieten würde. Auch dürfte es nützlich sein, ihrem oft so betonten Standesbewußtsein, zu dem sie ihr königliches Geblüt verpflichtete, zu schmeicheln. Nachdem auf diese Weise ihr Zutrauen gewonnen war, würde man im geeigneten Moment behutsam und wie beiläufig zum eigentlichen

Anlaß der Mission übergehen.

Des Bischofs Taktik war zweifellos wohl durchdacht. Schon bald aber sollte sich Marguérite-Louise als noch bessere Regisseurin erweisen, hatte sie doch eine vielfältige Erfahrung im Umgang mit Abgesandten des Königs gesammelt. Zunächst also tat der Bischof so, als habe er keinen bestimmten Auftrag. Vielmehr suchte er die Sympathie der Herzogin zu gewinnen, indem er sich für die von ihr bevorzugten Vergnügungen interessierte. Marguérite ging sofort auf diese vorgetäuschte Neigung des Bischofs ein, in dem sie Seine Excellenz durch ein raffiniert inszeniertes Spektakel im wahrsten Sinne des Wortes sprachlos machte. Sie improvisierte nämlich einen Galaabend für ihn. Man führte eine Komödie auf, musizierte, und ihre Hofdamen tanzten graziös vor den entzückten Augen Sr. Excellenz, wobei sie sich selbst höchst anmutig einreihte. Der Bischof fand dieses Intermezzo nach Überwindung des anfänglichen Schocks überaus ergötzlich. Nach der Aufführung setzte sie sich dann im Kostüm ihres Auftritts zu ihm, wobei entgegen aller Etikette das Gefolge mitspeiste. In dieser gelösten Stimmung war es natürlich sinnlos, ein ernsthaftes Gespräch zu führen.

Er wartete deshalb bis zum folgenden Tage, um die Herzogin möglichst früh ins Gebet zu nehmen. Und sie schien tatsächlich gewillt, ihm zuzuhören. Doch kaum hatte er seine sorgsam durchdachte Ansprache eingefädelt, als ihm – wie fatal! – Musiker ins Wort fielen. Doch vollends blieb ihm das Wort im Munde stecken, als sich ein Reigen entzückender Damen zugesellte, um zu den Klängen der Musik ein reizendes Menuett zu tanzen. Völlig ins Wanken aber geriet des Bischofs Konzept, als sich nun auch seine vermeintliche Gesprächspartnerin erhob, um sich wie selbstverständlich in die beschwingte Matinée einzureihen. So war auch dieser zweite Versuch, ein seriöses Gespräch zu führen, nicht mehr zu retten.

Er nahm dann an einem der nächsten Tage einen dritten Anlauf. Doch auch diesmal konnten sie nur kurz unter vier Augen sprechen, da unvermutet oder bestellt – man weiß es nicht – der Hofmaler Sustermans aufkreuzte. Dieser schien eilig zu sein, und so bat die Herzogin in ihrer unbekümmerten Art den Bischof um eine kurze Unterbrechung ihres Gesprächs. Es gehe um ein Porträt von ihr, worauf sie ungeniert, im Beisein des Bischofs, dem Meister posierte. Anschließend schmeichelte sie Seiner Excellenz, in dem sie meinte, die Gelegenheit sei günstig, um auch von ihm ein Porträt anzufertigen. Man könne das Verfahren abkürzen, in dem man nur Kopf und Schultern einbeziehe. Unterdes gab es Tanzeinlagen und jede Art lautstarker Ablenkung.

So durchkreuzte Marguérite-Louise auch diesmal die so überlegt eingefädelte Mission eines hohen Würdenträgers. Dieser bestätigte ihr zwar außergewöhnliche Willensstärke und Wendigkeit, andererseits aber kam er nicht umhin, eine Lebensweise zu beanstanden, die gegen göttliches und menschliches Gebot verstoße. Dennoch wolle er sich bemühen, für eine Bereinigung ihrer zum Teil berechtigten Klagen einzutreten.

Als nun die Herzogin merkte, daß der Bischof durchaus nicht einseitig Partei ergriff, verzichtete sie auf weitere Ablenkungsmanöver. Sie hatte ohnehin eine noch nicht voll ausgespielte Trumpfkarte in der Hand: das Argument der religiösen Gewissensbedenken. So betonte sie noch nachdrücklicher als zuvor, sie könne nicht zum Großherzog zurückkehren, ohne ihn und sich der Sünde des Konkubinats auszusetzen. Zusätzlich unterstrich sie die Bedeutung dieses Schachzuges, indem sie Cosimo erneut auf seine Verantwortung verwies. Dieser sah sein Gewissen abermals in äußerster Bedrängnis und wandte sich erneut an die Theologen. Deren Meinung war unterschiedlich, was ihn umso unsicherer machte. Würde er nicht tatsächlich eine schwere Sünde begehen, wenn er seine Frau nötige, zu ihm zurückzukehren? Jedenfalls ließ er den Bischof wissen, er möge keine weiteren Versuche unternehmen, die Großherzogin umzustimmen. Diese Wendung aber konnte dem Vermittler des Königs nur willkommen sein. Dennoch regte sich über Nacht sein Gewissen, da eine derartige Lösung des Dilemmas den klaren Weisungen seines Herrn widersprechen würde. Tatsächlich verständigte er Cosimo aufgrund dieser Gewissenserforschung, er könne nicht nach Paris zurückkehren, ohne einen letzten Versuch unternommen zu haben.

Er weilte dann erneut volle elf Tage in der Villa der Her-

Marguérite-Louise, *Anna Marias Mutter. Dieses Gemälde des
Hofmalers Sustermans dürfte noch vor Rückkehr der Prinzessin
nach Frankreich, also im Alter von etwa 29 Jahren, entstanden
sein und könnte sich auf den nebenstehend geschilderten Anlaß
beziehen.*
Uffizien. Photo: Kunsthistor. Institut Florenz

zogin. Und wieder spielte sie ihm auf, ja sie provozierte ihn, in dem sie jegliche Konvention in den Wind schlug und ihn inmitten des gesamten Haushaltes tafeln ließ. Der Bischof war schockiert, daß der Stallbursche ebenso wie das jüngste Stubenmädchen in seinem Beisein als gesellschaftsfähig angesehen wurden. Fast noch mehr aber ärgerte ihn, daß Marguérite-Louise ihn sitzen ließ, während sie selbst stundenlang über Land galoppierte und dabei die Pferde nicht minder strapazierte als ihre erschöpfte Begleitung. War dies der Dank dafür, daß er sich zu ihren Gunsten u.a. für die Rückgabe der ihr entzogenen Pferde eingesetzt hatte?

Wahrscheinlich war auch dieses betont unbeherrschte und burschikose Verhalten der Großherzogin wohlüberlegt, um ihre Unfähigkeit und ihre Weigerung, sich höfischem Zeremoniell zu fügen, noch einmal drastisch vor Augen zu führen. Tatsächlich war der Bischof nun endgültig davon überzeugt, daß nichts auf Erden eine Versöhnung herbeiführen könne. Dennoch verließ er sie nicht, ohne nochmals an ihr Gewissen zu appellieren, nicht zuletzt im Hinblick auf ihre Kinder, die sie mutterlos zurücklassen würde. Er ließ auch keinen Zweifel daran, daß sich der König entschieden ihrer Rückkehr nach Frankreich widersetze und auch zu verhindern wisse, daß ihr anderswo Asyl gewährt werde. Verärgert brach er dann auf. Er hatte gegen eine Wand gesprochen. Doch davon abgesehen, die Herzogin hatte ihm unter Mißachtung seiner Würde übel mitgespielt.

Wieder in Paris konnte der Bischof dem König zwar keine Erfolgsmeldung erstatten, aber er hatte doch weit aufschlußreicher hinter die Kulissen leuchten können als alle Botschafter zuvor. Nicht zuletzt erhielt Ludwig nun erstmalig Kenntnis von der Romanze seiner Cousine mit Prinz Charles von Lothringen. So wußte der Bischof zu berichten, Cosimo habe mehrere feurige Liebesbriefe des Prinzen abgefangen, besitze aber keine Beweise für den Verdacht, daß die Prinzessin diese damals erwidert habe. Auffallend sei jedoch, daß sie zeitweise intensiv Deutsch gelernt und auch wiederholt den Wunsch geäußert habe, ins Exil zu gehen. Der König aber maß diesen Vermutungen keine Bedeutung bei. Ihn interessierte allein der Fortbestand der Ehe. Würde sie seitens der Kirche annulliert, so könnte der Tadel nicht zuletzt auf ihn zurückfallen. Schließlich könnte die Gültigkeit der meisten Ehen, welche Mitglieder des Königshauses betrafen, angefochten werden, eben weil sie vorrangig auf dynastischen Erwägungen, nicht aber auf Zuneigung gründeten!

Nun aber wollte es die Ironie des Schicksals, daß einzig der König, nicht aber die beiden Betroffenen selbst, den Fortbestand der Ehe wünschte. Allerdings nahm Cosimo den Wunsch seiner Frau, in ein Kloster einzutreten, nicht ernst, war sie doch, wie er meinte, in der Erfüllung ihrer religiösen Pflichten oft nachlässig gewesen. Doch setzte sie auch im Hinblick auf diese Bedenken ihr schauspielerisches Talent nicht ohne Erfolg ein. Um Cosimos Meinung Lügen zu strafen, war sie nämlich in einem unübertrefflichen Verwandlungsakt von der ungebärdigen Amazone in die Rolle einer frommen Eremitin geschlüpft. Plötzlich kommunizierte sie häufiger, besuchte eifrig den Gottesdienst und vertiefte sich in religiöse Meditationen.

Das Zusammenwirken all dieser Schachzüge einer klugen und unerbittlichen Gegenspielerin setzte Cosimo endgültig matt. Und dennoch: Endlich durfte er sich jetzt frei von Gewissenspein fühlen, hatte er doch alles getan, um seine Frau zur Rückkehr zu bewegen. Oder hätte er den Fortbestand eines vielleicht sündhaften Konkubinats erzwingen sollen auf die Gefahr hin, sein ewiges Heil aufs Spiel zu setzen? Nein, dazu würde er sich weniger denn je bereit finden, nur um dem König Ärger zu ersparen?!

Ludwig aber blieb weiterhin hartnäckig. Wenn schon Eintritt in ein Kloster, weshalb nicht in Italien? Darauf erging die für den König schmeichelhafte Antwort: Die Großherzogin möchte sich einzig in die Obhut Seiner Majestät stellen; auch Cosimo sähe dies gerne. Schließlich gab der König nach. Man war sich einig, daß beide Seiten nur dann einigermaßen ihr Gesicht wahren würden, wenn Marguérite-Louise, ihrem eigenen Vorschlag entsprechend, in ein Kloster eintreten würde. Man wollte ihr auch zugestehen, daß es in Paris gelegen sei. Und sie sollte, worauf Ludwig bestand, seitens des Hauses Medici mit einer ihrem Rang entsprechenden Pension ausgestattet werden.

Triumph des Willens! Marguérite-Louise erzwingt ihre Rückkehr nach Frankreich

Die Herzogin erfuhr am 7. Juni 1674 von des Königs Sinneswandel. Sie war damals 29 Jahre alt. Mit einer Zähigkeit und Zielstrebigkeit ohnegleichen hatte sie eine für damalige Zeiten wohl einmalige Emanzipation durchgesetzt. In einem langjährigen, taktisch überaus geschickten Feldzug hatte sie die Befreiung aus einer ihr aufgenötigten Ehe erstritten. Wahrlich ein Triumph des Willens! Kaum faßbar, daß sie, Marguérite von Orléans, eine junge Prinzessin, sich letzthin behauptet hatte gegen den mächtigsten König und eines der angesehensten Herrscherhäuser Europas sowie eine ganze Heerschar von Kundschaftern und Diplomaten! Und dies, weitgehend auf sich selbst gestellt! Ohne Rückhalt, ohen Hilfstruppen! Verständlich, daß ihre Freude keine Grenzen kannte . . . – Frankreich, Paris, der Hof des Sonnenkönigs! Welch ein Wiedersehen nach all den Jahren der Entsagung in einer ihr mißgünstigen Umgebung!

Doch wie würde sie sich mit dem Klosterleben abfinden? War ihr diesbezüglicher Wunsch nicht nur eine Ausflucht gewesen, um ihre Heimkehr besser durchsetzen zu können? Immerhin, wie oft hatte sie geäußert: Lieber in der ärmlichsten Hütte Frankreichs . . . Nun, es würde sich zeigen. Einstweilen galt nur: Weg aus Florenz!

Offen blieb noch, welches Kloster sie aufnehmen würde. Man entschied sich für die Benediktinerinnen auf dem Montmartre. Es unterstand einer Äbtissin aus dem Hause Lothringen. Diese ahnte sehr wohl, was mit dieser jungen Frau, der alles andere als ein klösterliches Leben auf den Leib geschrieben war, auf sie zukam. Im übrigen war Marguérite eine leibliche Cousine des Königs, der auch als Klosterfrau einige Privilegien, die ihrem Status entsprachen, zuzubilligen waren. Verständlich, daß sich die Äbtissin dieser heiklen Aufgabe zu entziehen suchte. So wies sie u.a. auf das Problem der Unterbringung hin. Es kämen nur zwei Räume in Betracht: der eine über dem Krankensaal, der andere mit dem Blick auf eine laute, etwas verrufene Straße. Schließlich gab die Oberin nach. Die Herzogin, wohlgeübt in der Taktik vorläufiger Zugeständnisse, hatte ihr einen sehr ergebenen Brief geschrieben. Entsprechend fixierte man folgende Übereinkunft:

»Die Großherzogin ist zu dem Entschluß gelangt, zukünftig zurückgezogen im Kloster von Montmartre zu leben. Sie verpflichtet sich, dieses Kloster niemals ohne Zustimmung des Königs zu verlassen und der Äbtissin Gehorsam zu leisten. Sie verzichtet auf alle Privilegien als Prinzessin aus königlichem Geblüt. Sie wird nur solche Bedienstete einstellen, welche von der Äbtissin genehmigt sind. Nach ihrem Tode erben die Kinder ihren Besitz. Sie verspricht feierlich, ein untadeliges Leben zu führen.«

Finanziell war sie gut abgesichert, da der Großherzog ihr eine jährliche Rente von 80.000 französischen Livres zusagte. Dazu Gobelins und Silber. Über persönliche Habe verfügte sie kaum. Sie war immer sehr freigebig gewesen. Selbst das Reisegeld, das ihr zugebilligt wurde, verschenkte sie großzügig. Sie legte jedoch Wert darauf, eine kostbare Halskette, die ihr Cosimo nach der Geburt des ersten Kindes geschenkt hatte, mitzunehmen. Andererseits verbuchte der Großherzog mit Genugtuung, daß eine mit Diamanten besetzte Schatulle, die er seinerzeit seiner Braut verehrt hatte, in Florenz verblieb.

Im Juni 1674 nahte dann für Marguérite-Louise die Stunde der Befreiung, auf die sie in ihrer abgelegenen Villa dreißig Monate lang gewartet hatte. Verständlich, daß sie der Wunsch beseelte, vor der Abreise ihre Kinder noch einmal zu sehen. Cosimo aber meinte, es sei unklug, diese der Beklemmung einer so unerquicklichen Situation auszusetzen. Marguérite bestand jedoch darauf und schrieb am 31. Mai an Cosimo: »Ich warte ungeduldig auf Nachricht, wann meine Kinder nach Castello kommen; ich hoffe frühzeitig, damit ich ihnen mehr Zeit widmen kann.« Als sie dann eintrafen, erbat sie sich zum Abschied ein Tänzchen. Sodann trennte sie sich abrupt. Obwohl sie sich ihren Kindern nicht sonderlich verbunden fühlte – sie waren bekanntlich durchaus keine Wunschkinder – liegt die Annahme nahe, daß sie diese überstürzte Form des Abschieds wählte, um nicht von schmerzlichen Gefühlen überwältigt zu werden. Wußte sie doch, daß ihr Abschiedsszenen meist sehr zu Herzen gingen. So war sie seinerzeit bei dem Adieu von ihrer Mutter und dem Prinzen Charles fast in Tränen erstickt.

Bemerkenswert ist, daß ihre Schwiegermutter Wert darauf legte, bei der Verabschiedung dabei zu sein. Vielleicht bewegte sie zuguterletzt eine gewisse Sympathie, war doch auch ihre Ehe von manchem Kummer begleitet gewesen. Im übrigen imponierte ihr wohl der Entschluß der Herzogin, fortan als Klosterfrau zu leben. Überhaupt war die Familie Medici recht zahlreich vertreten, woraus man wohl entnehmen darf, daß man nicht ohne Mitgefühl voneinander schied. Nur Cosimo hielt sich fern. Und das war wohl auch gut so, wollte er nicht das Risiko eines Mißklangs eingehen.

Sympathisch berührt, daß Marguérite-Louise vor ihrer Abreise Cosimo eine Botschaft zugehen ließ, in der sie sich entschuldigte für alle Beleidigungen, die sie ihm zugefügt habe. Sie erwarte jedoch, daß auch er sein Gewissen in dieser Hinsicht bereinige. (38, 225)

So verließ also die Herzogin am 10. Juni 1675 Poggio a Caiano, eine sonst eher geruhsame Villa, die sie jedoch, während ihrer Bleibe dort, mit viel Betriebsamkeit erfüllt hatte. In ihrem Gefolge befanden sich noch 26 Diener gegenüber mehr als 100 bei ihrer Ankunft in der Toskana. Auf ihre Bitte hin ging ein italienischer Soldat mit auf die Reise, weil er so meisterhaft die Laute spielte. Ebenso begleitete sie ein Sänger, dessen hervorragende Stimme sie auch in Montmartre nicht missen wollte.

Insgesamt wurde die zwiespältige Stimmung der Abschiedsszene gemildert durch die Tatsache, daß sie ohne ausgesprochenen Mißklang über die Bühne ging. In der Bevölkerung regte sich jedoch erhebliches Unbehagen. Die junge Großherzogin hatte sich nämlich so geschickt als Märtyrerin propagiert, daß die Florentiner in erster Linie ihren Gemahl für diese Trennung verantwortlich machten. Tatsächlich hatte Cosimo sie vielfach verstimmt durch seine mürrische Rechthaberei. Er ließ zu sehr den Buchstaben des Gesetzes sprechen, und zu wenig das Herz. Marguérite andererseits hatte manche Sympathien erworben. Gewiß, sie war nicht untadelig, aber sie glich manches Versagen wieder aus durch ihre ungekünstelte, beschwingte Lebensart.

Man schiffte sich in Livorno ein. Die Überfahrt verlief

nicht ohne Zwischenfälle. Man begegnete zwar keinen feindlichen Galeeren. Doch wurde die Flotille wegen widriger Winde nicht weniger als dreimal in den Hafen von Monaco zurückgeworfen.

Der König legte Wert darauf, daß der Etikette Genüge getan und seine Cousine überall mit den gebührenden Ehren begrüßt werde. Das geschah in Marseille in wahrem Überschwang. Der Empfang war so stürmisch, daß man meinte, die halbe Stadt sei auf den Beinen. Es kam zu zahlreichen Unfällen, als die Menge auf das Schiff drängte, um die Großherzogin zu begrüßen. Landebrücken stürzten ein, und Pferde scheuten. Abends veranstaltete man ihr zu Ehren ein Banquett. Am folgenden Tage wünschte sie zwei Klöstern einen Besuch abzustatten. Die dort praktizierte Strenge ließ sie erschauern und veranlaßte sie zu der Bemerkung, Galeerensklaven hätten weniger zu leiden als diese Nonnen. Wie würde es ihr wohl im Kloster Montmartre ergehen?

Am 20. Juni ging Marguérite-Louise noch einmal an Bord, um sich von den nach Italien zurückkehrenden Damen zu verabschieden, die ihr das Geleit gegeben hatten. »Nie«, so heißt es in einem Bericht, »seien so viele Tränen geflossen, habe man sich doch von der schönsten und liebenswürdigsten Prinzessin der Welt trennen müssen.« Diese Tränen waren, so heißt es bei Rodocanachi (38, 230), durchaus nicht gekünstelt. Tatsächlich hatten ihre Schönheit, ihr Mißgeschick und ihre Liebenswürdigkeit das Herz der Untertanen gewonnen.

Es wird übrigens berichtet, die Herzogin habe dreimal den Erdboden geküßt, aus Freude darüber, wieder in Frankreich zu sein. Dieses überströmende Glück äußert sich auch in einem spontanen Brief an den König, in dem sie sich bedankt für die gütige Erlaubnis, in sein Königreich zurückkehren zu dürfen, und für den großartigen Empfang, den er ihr bereiten ließ.

Sie unterzeichnet diesen Brief vom 21. Juni 1675:

... ie suis, Sire, De Votre Majesté,
Très-humble et très obéissante servante,
M.L. D'Orléans

Die Großherzogin hatte ihrem Manne gerne Geiz nachgesagt. Nach ihrer Abreise aber suchte Cosimo diesen Vorwurf zu entkräften durch übermäßigen Aufwand für Tafelfreuden und exotischen Luxus. Nunmehr hielt man ihm vor, er predige anderen Abstinenz und laste seinen Untertanen schwere Steuern auf, während er selbst im Überfluß schlemme. In der Tat sorgten Kapaunen sowie raffinierte Desserts für ein erhebliches Übergewicht, so daß er sich manchmal nicht auf den Beinen halten konnte.

Auch an großartiger Prachtentfaltung ließ er sich nicht überbieten. Jeder Botschafter oder Prinz, der nach Florenz kam, wurde mit orientalischem Prunk unterhalten und bei seiner Abreise mit Geschenken überhäuft. Das Volk aber langweilte er durch Verlagerung des unterhaltsamen Schwergewichtes auf pseudo-religiöse Paraden und Prozessionen, während er freizügigere Bräuche als unmoralisch verwarf. Geradezu fanatisch wandte sich seine religiöse Engherzigkeit gegen die Juden. So stellte er jeglichen Umgang mit ihnen unter Strafe. Verbohrt war auch sein Verhältnis zu Wissenschaft und Forschung, da er peinlich darauf bedacht war, Anzeichen von Häresie aufzuspüren. Auf dem internationalen Parkett machte er sich eher lächerlich als glaubwürdig durch großspurige Ambitionen. So bemühte er sich bei dem Kaiser um den Titel »Königliche Hoheit« bzw. »König von Jerusalem«.

Leidtragende des ehelichen Zwistes waren natürlich insbesondere die drei Kinder, die Marguérite-Louise zurückgelassen hatte. Was läßt sich in diesem Zusammenhang über die heranwachsende Prinzessin Anna Maria sagen? Ihre Kindheit dürfte keineswegs sonnig verlaufen sein, da ihre frühen Jahre unter der gespannten Atmosphäre bei Hofe leiden mußten. Sie war sieben, als ihre Mutter Florenz auf Nimmerwiedersehen verließ. Gouvernanten übernahmen darauf ihre Erziehung, wobei insbesondere ihre Begabung für Musik und Sprachen gefördert wurde. Dank ihrer guten Stimme fand sie vornehmlich Freude am Gesang. Ihre Großmutter Vittoria nahm natürlich jede Gelegenheit wahr, ihre Vorstellungen von standesgemäßer Moral und Kultur anzubringen.

Das aufgeweckte, auch zu allerlei Streichen aufgelegte Mädchen vermochte selbst den von Natur aus schwerblütigen Cosimo aufzuheitern. Zu ihren Gespielen gehörte neben ihren Geschwistern Ferdinando und Gian Gastone

Im Pitti Palast kamen die Kinder von Cosimo und Marguérite-
Louise zur Welt. Hier Ferdinando (rechts) und Anna Maria
(links) mit ihrer Gouvernante. Man erkennt bei allem Reichtum
der Gewänder der Fürstenkinder den beherrschten Stil einer
strengen Erziehung. Bezeichnend dafür ist, daß Anna Maria
am Gängelband gehalten wird. Dieses Gemälde von Hofmaler
Sustermans dürfte etwa 1670, also zu der Zeit, da die Mutter
frohlockend von Florenz Abschied nahm, entstanden sein.
Museum Stibbert, Florenz

auch der jüngere Bruder ihres Vaters. Es ist der spätere Kardinal Francesco Maria, mit dem sie auch während ihrer Düsseldorfer Zeit in Verbindung blieb. Im Unterschied zu ihren Brüdern erfreute sie sich der besonderen Zuneigung ihres Vaters, dem sie sich anzugleichen suchte. Sie war jedoch, soweit sich das jetzt schon sagen ließ, intelligenter als er, und ihre religiösen Gefühle waren ausgewogener, Eigenschaften, die sie gewiß ihrer Mutter zu verdanken hatte. Deren robuste Natur sowie Jagdleidenschaft hatten nicht minder auf sie abgefärbt. Schon früh wurde sie sich mit einem gewissen Hochmut ihrer Abstammung und ihrer vielseitigen Begabung bewußt. Dazu hatte neben dem seitens der Mutter vererbten Selbstbewußtsein auch der Vater beigetragen, da er zeitig ihre Selbständigkeit und ihre Urteilskraft förderte, in dem er sie immer mehr dem Einfluß ihrer Lehrer und auch der Großmutter Vittoria entzog. Und was die ihr gleichfalls in die Wiege gelegte Eitelkeit anbelangt, so berechtigte ihre äußere Erscheinung durchaus dazu, sich selbstgefällig im Spiegel zu betrachten.

Marguérite-Louise war am 21. Juli 1675 in Montmartre eingetroffen. Natürlich erwartete man sie dort mit größter Neugierde. Als nunmehr 30jährige paßte sie sich zunächst mit Anstand dem ihr so wenig gemäßen Klosterleben an. Allgemein überraschte ihre bescheidene Zurückhaltung und eine gewisse Melancholie, die man sonst bei ihr nicht kannte. Offenbar bedrückte sie die bittere Erkenntnis, daß sie Paris voraussichtlich nur noch als Gefangene erleben durfte, der man zwar gestatten würde, gelegentlich am Freudenbecher der Vergnügungen zu nippen, der insgesamt aber eine wenig schmackhafte Askese auferlegt war. Dem jubelnden Aufschrei der Befreiung von Cosimo und seiner Sippe folgte nun unweigerlich der Katzenjammer einer andersartigen, wenn auch kaum weniger aufreibenden Bindung.

Man bemitleidete sie – nicht zuletzt der König, der ihr darüber hinaus die so schwierige Phase der Umstellung zu erleichtern suchte. Solange seine Cousine fernab in Florenz weilte, war ihm daran gelegen, sie durch seine Anweisungen streng am Zügel zu halten. Die Staatsraison und das Ansehen des königlichen Hauses verlangten dies. In Paris aber, so meinte er, könne sie schwerlich Schaden anrichten. Im übrigen fand er sie überaus attraktiv; sie hätte ein Schmuckstück seines Hofes sein können. Und so wurde er immer nachsichtiger im Hinblick auf das Bestreben der Prinzessin, die klösterliche Askese nicht zu ernst zu nehmen.

Natürlich wurde das Parfüm der Pariser Luft zunächst nur fein dosiert, etwa indem der König mit ihr nach Versailles fuhr, um ihr die neuen Brunnenanlagen zu zeigen – doch stets zeitlich so bemessen, daß ihr pünktliches Eintreffen zur Vesper in Montmartre gewährleistet war. Schon bald aber nahm man es dieserhalb nicht mehr so genau, wie folgender Vorfall zeigt. Bei gegebenem Anlaß machte der König sie nämlich darauf aufmerksam, es sei Zeit aufzubrechen, damit sie pünktlich um 8 Uhr zur Vesper in Montmartre eintreffe. Als er sie dann um 9 Uhr beim Kartenspiel mit der Königin fand, hielt er ihr vor: Nun, Ihr seid immer noch hier? Was wird die Äbtissin sagen? Darauf erwiderte sie mit entwaffnendem Lächeln, es sei früh genug, wenn sie um Mitternacht einträfe, also rechtzeitig zur Matutin. Eben jetzt hätten die Nonnen sich zur Ruhe begeben, und es widerstrebe ihr, die armen Mitschwestern zu wecken. Der König fand diese schlagfertige Reaktion so originell, daß er ihr erlaubte, zu bleiben. Von nun an wußte sie, daß sie den König mit anmutigem Witz leicht für sich einnehmen könne.

Schließlich wurde sie dann offiziell in ihrer Eigenschaft als Großherzogin auch bei Hofe vorgestellt. Gleichzeitig wurde bekanntgegeben, daß ihr die Comtesse de Sainte-Mesme als Ehrendame zugeteilt sei. Wiederholt speiste sie mit dem König und dem Dauphin an der Familientafel. In der Tat, man konnte sich mit ihr sehen lassen. Man fand sie bezaubernd und verglich sie gar mit der Venus von Arles, einem wiederentdeckten Kunstwerk der Antike. Nur Madame de Sévigné meinte: Der Kummer hat sich tief in ihr Gesicht eingegraben; sie wirkt sehr gereift, aber auch traurig und bemitleidenswert.

Und so war bei des Königs Bemühen, sie aufzuheitern, gewiß auch Mitleid im Spiel. Nicht verwunderlich also, daß er ihr zunehmend Urlaub gewährte – selbst für die

Tanzfeste zur Karnevalszeit. Aus diesem Anlaß durfte sie vier Tage in Versailles verweilen – ein Zugeständnis, das, wie zu erwarten, die Äbtissin von Montmartre völlig fassungslos machte. Doch sie mußte sich fügen, und so schrieb sie Cosimo, dem sie sich für das Verhalten seiner Frau mitverantwortlich fühlte: »Wenn es Seiner Majestät gefällt zu befehlen, dann bleibt für uns nur Verneigung und Gehorsam. Doch ich fürchte, nach diesen vier Tagen in Versailles wird sie ihre Einsamkeit nur noch mißmutiger tragen.« (17. Januar 1676)

Und die Äbtissin behielt recht: Nun, da Marguérite vom Freudenbecher der Metropole mehr als nur einen Schluck gekostet hatte, war sie geradezu trunken von den Genüssen, von denen sie damals als 16jährige nur einen kindlichen Vorgeschmack erhalten hatte. Und wie herrlich, daß dies alles mit Billigung, ja sogar auf Veranlassung des Königs geschah, sozusagen als Wiedergutmachung seiner früher so unerbittlichen Strenge. Wer wollte es ihr verwehren, daß sie ihre Rolle als Klosterfrau jetzt nur noch als zweitrangig ansah. In erster Linie war sie nun wieder die Prinzessin von königlichem Geblüt. Und so stattete sie sich entsprechend aus: mit Pferden, Mobiliar und Karossen. Um diesem Aufwand auch die gemäße Entfaltung geben zu können, ließ sie das Kloster durch einen pavillonartigen Anbau erweitern, einen privaten Flügel, der ein Schlafzimmer, verschiedene Vorzimmer, zwei Salons, Stallungen sowie Räume für das Gefolge aufnahm. Dabei lag einer der Salons wohl mit Bedacht außerhalb der Klostermauern.

Davon abgesehen gelang es ihr, sich bei dem König so einzuschmeicheln, daß er ihr sozusagen als zweiten Wohnsitz eine Bleibe in Versailles zugestand. Dort umwarb man sie zunehmend und rühmte sie gar als »Schmuckstück des Hofes«. Täglich sah man sie jetzt im Bois de Boulogne zu Pferde, oft von einem ganzen Schwarm junger Adliger umgeben. Nach Herzenslust gab sie sich diesem Vergnügen hin, das sie so lange hatte entbehren müssen. Die Wiederbelebung ihrer Extravaganz äußerte sich auch in ihrer Vorliebe für ausgesprochene Modegags. So hatte sie sich ein elegantes Reitkostüm im engen Herrenschnitt anfertigen lassen, dazu entsprechende Perücken und Krawatten. Sie folgte damit der Prinzessin von Monaco und der Herzogin von Bouillon, die beide in nicht allzugutem Rufe standen. Ob sie übrigens jemals in Ordenstracht zu sehen war, ist nicht überliefert.

Abbé Gondi, toskanischer Geschäftsträger, der über Mittelsmänner stets informiert schien, wußte Cosimo darüber zu berichten: »Wenn man sie in ihrem Reitdress sieht, weiß man nicht, ob man eine Frau oder einen Mann vor sich hat. Jedenfalls ein Auftritt, der wohl schwerlich einer Person angemessen ist, die ihre Absicht erklärt hat, den Rest ihrer Tage in klösterlicher Abgeschiedenheit zu verbringen!«

Immerhin war auch Marguérite-Louise klar, daß sie Montmartre nicht völlig den Rücken kehren dürfe. Dort aber hörte man sie nur noch von Kutschen, Pferden, Jagden und Lakaien reden. Und anstelle religiöser Bücher, die man ihr gab, verschlang sie, wie schon zu ihrer Jugendzeit, Romane, die sie heimlich kaufte. Wenn sie sich, was immer seltener geschah, im Kloster sehen ließ, dann vornehmlich bei Anlässen, welche zum höfischen Zeremoniell zählten – so bei der Einkleidung von Mademoiselle d'Harcourt, die sieben Jahre später hier Äbtissin werden sollte.

Gelegentlich besuchte Marguérite ihre Jugendgespielin Louise, die Herzogin de la Vallière, bei den Karmeliterinnen. Sie verweilten lange beieinander und weinten sich aus über ihre verunglückte Vergangenheit. Beide waren zu fragwürdigen Ehren aufgestiegen: Marguérite als Großherzogin der Toskana und Louise als »Maitresse en titre« des Königs, und beide hatten sich, allerdings aus recht unterschiedlichen Beweggründen, dem Klosterleben verschrieben – Louise aus Reue und Scham darüber, daß sie dem König zum Leidwesen seiner angetrauten Gemahlin als Mätresse gedient hatte, während bei Marguérite, wie wir wissen, das Ordensversprechen nur eine Ausflucht gewesen war. Und sie machte auch kein Hehl daraus, daß sie nicht nach Paris gekommen sei, um sich, wie ihre Freundin, in einem Kloster begraben zu lassen.

Marguérite unterhielt zeitweise ein halbes Dutzend Reitpferde. Ihr Jagdfieber und ihr Wagemut steigerten sich derart, daß man fürchtete, sie könne sich ernsthaft verletzen. Tatsächlich ereigneten sich damals viele Unfälle durch die grobe Reitweise junger Edelmänner. Diese brachten ihren sogenannten Adel in Mißkredit, da sie sich gegenüber den Damen oft wenig ritterlich verhielten. Sie machten sich nämlich ein Amusement daraus, die Amazonen in Gefahr zu bringen, in dem man sie, zumal im Sprung, bedrängte und zu Fall brachte. Für Marguérite wurde dieser Sport umso riskanter, als man ihr mit Absicht schwierige Pferde zuteilte, um ihr das Jagdfieber zu verleiden. Zeitweise gab sie dann tatsächlich den Reitsport auf, um sich als Balletteuse schadlos zu halten. Viermal wöchentlich nahm sie in einem Saal, der dem Kloster benachbart war, und den sie auf Kosten des Großherzogs hatte anlegen lassen, Tanzunterricht. Der stets auflauernde Gondi erfuhr, daß sie sich dort auch für Maskenbälle umkleidete, um sich dann, nur von einem Stallknecht begleitet, auf den Weg zu machen.

Bei Hofe wurde sie zunehmend als exzentrische Bohemienne angesehen, die zwischen Montmartre und Versailles pendelte, und zwar meist in fragwürdigem Aufzug. Auch war sie im Hinblick auf ihren alltäglichen Umgang nicht gerade wählerisch. So neigte sie dazu, sich mit Leuten aus den unteren Ständen einzulassen, nur um jemand zu finden, der ihr zuhörte. Dem König und seinem Hofstaat war nämlich ihre übertriebene Beredsamkeit längst lästig geworden, obwohl sie aus dem nie versiegenden Brunnen ihrer Toskana-Erlebnisse gewiß viel Unterhaltsames und Amüsantes zu schöpfen vermochte.

Es kam auch das Gerücht auf, sie sei in eine Liebesaffäre mit dem Comte de Louvigny verwickelt. Unbestritten aber war, daß sie sich gerne mit einem Gardisten des Marschalls von Luxemburg die Zeit vertrieb, den sie gelegentlich sogar im Kloster übernachten ließ. All dies entging Gondi, dem Schnüffler des Großherzogs, nicht. Er hätte zu gerne dem König über derlei Romanzen berichtet. Doch man riet ihm ab: »Dessen Nachsicht gegenüber Frauen ist derart, daß er nur zu gerne alles, was sie tun, entschuldigt. Von seiner Seite ist nicht mit Druck zu rechnen.« Tatsächlich sah er nicht nur über die Schwächen seiner Cousine hinweg; er fand ihre originellen Späße und Seitensprünge sogar unterhaltsam.

Versöhnlich wirkte auch, daß sich die Prinzessin gelegentlich die Laune erlaubte, durchaus erbaulich zu leben. Sie suchte Krankenhäuser und Klöster auf, tröstete die Unglücklichen, ließ Gefangene freisetzen und erfüllte mit Eifer ihre religiösen Pflichten. Allenfalls gönnte sie sich abends ein Tänzchen mit ihren Damen.

Im übrigen hatte sie bisher immer noch von der Hoffnung gelebt, daß der Papst ihre Ehe mit Cosimo für ungültig erklären werde und sie Charles von Lothringen heiraten könne. In den verbrannten Briefen, von denen oben die Rede war, mag dieser Plan erörtert worden sein. 1678 (sie war damals 33) aber mußte sie diese Hoffnung endgültig begraben, da der Herzog Eleanor von Österreich, die Schwester des Kaisers Leopold, heiratete. Einige meinten, diese Enttäuschung habe dazu beigetragen, vermehrt fragwürdigen Umgang zu suchen, um sich abzulenken. Tatsächlich wurde das vertraute Verhältnis zwischen ihr und dem Gardisten Merincourt immer enger. So war er stets an ihrer Seite, wenn sie ausritt. Auch raunte man, er sei ihr morgens beim Ankleiden behilflich.

Die Äbtissin gab ihr daraufhin behutsam zu verstehen, sie möge Merincourt nicht länger in ihrem Dienst belassen. Doch sie antwortete schroff: wenn man ihre Wünsche durchkreuze, werde sie sich revanchieren. Ja, sie ließ sich sogar zu der Drohung hinreißen, sie werde das Kloster in Brand stecken. Verständlich, daß für die Äbtissin, der das Treiben der ihr Anempfohlenen ohnehin längst zu bunt geworden war, der Krug nun überlief. Sie wandte sich an den König und schlug ihm vor, er möge die Großherzogin nicht mehr bei Hofe zulassen. Auch möge er untersagen, daß sie in fragwürdiger Gesellschaft ausreite und bestimmten Gardisten Zutritt gewähre. Dieser aber zeigte eine erstaunliche Nachsicht, indem er betonte, die von ihr vorgeschlagenen Maßnahmen würden selbst bei bestmöglicher Geheimhaltung im Ausland Aufsehen erregen und nur Anlaß zu weiteren Skandalen geben.

Entsprechend sorgte man dafür, daß die Gazetten Stillschweigen bewahrten. Überhaupt wäre uns die Lebensweise der Großherzogin weitgehend unbekannt geblieben, hätte nicht der rastlose Gondi alles in Bewegung gesetzt, um hinter die Kulissen zu schauen. Im übrigen handelte er im Auftrag des Großherzogs, der Wert darauf legte, allen Seitensprüngen seiner Frau auf die Spur zu kommen. Dennoch konnte die Äbtissin von ihm keinen Rückhalt erwarten, da er der Rückkehr Marguérite-Louises nach Frankreich zugestimmt und damit jedes Recht, sich in ihr Verhalten einzumischen, verwirkt hatte. Zur Erleichterung des gespannten Verhältnisses trug jedoch bei, daß der König seine Cousine häufiger auf Reisen schickte, um ihn bei Empfängen, Vermählungen usw. zu vertreten. Auf diese Weise sollte sie auf andere Gedanken gebracht werden. Mit dieser Berufung war zur allgemeinen Überraschung ein erneuter Gesinnungswandel verbunden. Sobald sie nämlich nach Erfüllung einer höfischen Mission wieder im Kloster weilte, widmete sie sich in allem Ernst Werken der Caritas. Sie besuchte Hospitäler und Armenhäuser, besonders das Hôtel de Dieu, oft in Begleitung ihrer Schwester, der Herzogin von Guise. Auch nahm sie pünktlich an den Gottesdiensten teil, beichtete und fastete. Diese betonte Strenge hinderte sie jedoch nicht daran, sich zwischendurch auch bei Hofe einzufinden, wo sie sich nur zu gerne an Glücksspielen beteiligte. Einmal spielte sie gegen Madame de Montespan, die Mätresse des Königs, verlor 30 Doublons und vergaß darüber die Zeit. Als man sie daran erinnerte, daß sie neulich bei ihrer Rückkehr die Klostertore geschlossen vorgefunden habe und die ganze Nachbarschaft aufwekken mußte, gab sie zur Antwort, erst müsse sie ihre Verluste wettmachen, gleichgültig, wie spät es werde.

Wie unberechenbar sie sein konnte, erwies sich dann erneut, als sie eines Tages ernsthaft das Verlangen äußerte, sich mit dem Großherzog auszusöhnen. Sie war wieder einmal mißgestimmt und beklagte sich, daß sie in Frankreich nicht mit dem gehörigen Respekt beachtet werde. Hinter diesem Sinneswandel aber stand wahrscheinlich ein anderer Beweggrund:

Bei Hofe war nämlich inzwischen die Überlegung akut geworden, welche Prinzessin dem Dauphin als Gemahlin angemessen sei. Schon bei der Geburt von Anna Maria Louisa, der einzigen Tochter Marguérite-Louises, waren diesem Mädchen entsprechende Aussichten verheißen worden. Der Gedanke lag so nahe, daß er später auch seitens des Königs ernsthaft aufgegriffen wurde. Verständlich deshalb, daß Marguérite über die Vorteile nachdachte, die sich nicht zuletzt für sie aus einer solchen Verbindung ergeben könnten.

Zu dem Zeitpunkt (Mai 1679), da entsprechende Verhandlungen aufgenommen wurden, welche zwangsläufig auch eine Aussöhnung mit dem Großherzog einbezogen, war die kleine Prinzessin erst 12 Jahre alt. Zunächst wurde Sainte-Même zu einem Meinungsaustausch nach Florenz entsandt. In dessen Verlauf verhielt sich Cosimo, was die Verlobung seiner Tochter mit dem Dauphin anbelangt, ausweichend. Offenbar hatte ihn seine eigene Erfahrung im Hinblick auf »marriages à la française« stutzig gemacht. Entschieden lehnte er deshalb auch eine Rückkehr seiner Frau ab. Einerseits fürchtete er, sich lächerlich zu machen, andererseits hatte er Bedenken, sie könnte einen ungünstigen Einfluß auf seine Kinder ausüben. In diesem Zusammenhang kam auch das vertraute Verhältnis der Großherzogin zu ihren Dienern Merincourt und Gentilly zur Sprache. Cosimo riet dazu, die Prinzessin bei dieser Laune zu belassen. Würde sie ihre Gunst anderweitig, zumal Personen höheren Ranges, zuwenden, so werde der Skandal noch mehr Aufsehen erregen.

Nach dieser sehr zurückhaltenden Reaktion aus Florenz heiratete der Dauphin im nächsten Jahr Maria Anna von Bayern. Marguérite aber verfiel wieder in ihre mißgünstige Haltung gegenüber Cosimo. Als man ihr bedeutete, sie möge doch Rücksicht auf den Großherzog nehmen, antwortete sie: »Auf diesen Narren? Dem habe ich so lange vorgeredet, ich wolle Nonne werden, bis er es glaubte!«

Dieser Cosimo aber war doch wohl gewitzter und ehrgeiziger als sie annahm. So war er u.a. darauf bedacht, Ansprüche auf Lothringen geltend zu machen. Als zuständiger Herzog aber galt eben jener Charles, der Marguérite geliebt und inzwischen die Schwester des Kaisers geheiratet hatte. Deren Ehe aber würde vermutlich kinderlos bleiben, so daß bei seinem Tode seine Cousine Marguérite in der Erbfolge nächstberechtigt sein würde und nach ihr deren ältester Sohn Ferdinando.

Auch Marguérite sprach, wie Cosimo erfuhr, im Kloster

offen über diese Aussicht. Ob sie die Heirat des Herzogs, den sie so sehr in ihr Herz geschlossen hatte, inzwischen verkraftet hatte? Immerhin war es kurios, daß sich Cosimo bzw. sein Sohn Hoffnung machten auf ein Erbe, das gegebenenfalls seiner abtrünnigen Frau zu verdanken sein würde.

Aus Gondis Geheimberichten nach Florenz entnimmt man, daß das nach außen hin so stille Kloster von Montmartre ein Labyrinth tuschelnder Zungen und Agenten war. Inzwischen hatte, wie bereits angedeutet, der zu vielerlei Gerede Anlaß gebende Kammerdiener Merincourt seinen Vortritt eingebüßt zu Gunsten des Gardisten Gentilly. Auch er überschlug sich förmlich in der Dienstleistung gegenüber seiner Herrin. Er knüpfte die Strumpfbänder, zog ihr die Schuhe an, steckte ihre Kappen, Kragen sowie Schleier und ordnete ihr Haar mit einem Kamm, den er stets bei sich trug, als wäre er ihre Kammerzofe. Bei Tisch mußte Gentilly für sie mit den Zähnen die Nüsse und Mandeln knacken – sonst aß sie diese nicht. Bis spät in die Nacht spielte sie mit ihm Karten, wobei sie es oft so einrichtete, daß er gewann. Auch versprach sie ihm testamentarisch eine bedeutende Rente. Wenn sie ausritt, setzte sie einen Fuß in Gentillys Rocktasche und sprang dann, während sie sich an seinem Nacken festhielt, in den Sattel. Da Gentilly, wie Gondi anzumerken wußte, ungeschickt, ein wenig mißgestaltet und schon älteren Datums war, dürfte eine amouröse Beziehung unwahrscheinlich sein. Und so war es wohl mehr ein mütterlicher Instinkt, der Marguérite veranlaßte, den ihr so ergebenen Gentilly während eines Krankenlagers fürsorglich zu pflegen. Die Ärzte meinten, er trinke zuviel. Prompt untersagte sie ihm den Alkoholgenuß; andererseits ließ sie ihm Delikatessen zukommen, um ihn wieder zu Kräften zu bringen.

Am 3. Januar 1680 brach in den Räumen der Großherzogin ein Feuer aus. Es hatte sich entzündet an dem Körbchen ihres Lieblingshundes, das in Nähe der Feuerstätte stand. Jetzt kam ihre Drohung in Erinnerung, sie werde, wenn die Äbtissin sie weiterhin unberechtigt bei dem König anschwärze, das Kloster in Brand setzen. Tatsächlich schien ihr Verhalten diesen Verdacht zu nähren, zumal das Körbchen wohl absichtlich zu nahe an die Feuerstätte gerückt worden war. Auch war verdächtig, daß sie nichts unternahm, um die Flammen zu löschen. Dennoch gelang es, dem Feuer Einhalt zu gebieten. Die Äbtissin aber war wirklich zu bedauern. Sie sprach, um nicht zu dramatisieren, von einem durch Fahrlässigkeit verursachten Schadenfeuer, bestand aber bei ihrem Bericht an Cosimo darauf, daß dieser die Kosten für einen Brandweiher auf sich nehme, um einem zukünftigen Vorkommnis dieser Art vorzubeugen. Daraufhin sah sich Cosimo veranlaßt, bei dem König abermals über die Launen seiner Cousine Klage zu führen. Diesmal kam Ludwig nicht umhin, seinem Ärger deutlichen Ausdruck zu verleihen und sie einstweilen vom Hofe fernzuhalten. Marguérite war darüber so erbost, daß sie ihrer Verstimmung und Verzweiflung unmißverständlich Luft machte, indem sie nach Florenz schrieb (8. 1. 1680):

»Ich kann Ihr ungebührliches Verhalten nicht länger hinnehmen. Ich weiß, daß sie alles nur Erdenkliche tun, um den König gegen mich aufzubringen. Mit Ihrem Begehren, daß ich Versailles fernbleibe, nehmen Sie den König und den ganzen Hof gegen mich ein. Diese Verbindung zum Hof ist für mich jedoch ein lebenswichtiges Bedürfnis. Im übrigen schaden Sie Ihren eigenen Kindern. Mein ungebrochener Kontakt mit dem königlichen Hofe dürfte nämlich Ihren Söhnen jetzt und in Zukunft nur zum Vorteil gereichen.

Sie bringen mich derart in Konflikte, daß ich nicht länger zu den Sakramenten gehen kann. So setzen Sie mich der Verdammnis aus. Sie selbst aber werden sich bei all Ihrer Frömmigkeit der Hölle ausliefern. Denn wer die Seele eines anderen aufs Spiel setzt, wird seine eigene nicht retten können . . .

Ich erwarte nun von Ihnen, daß Sie dem König mitteilen, Sie würden sich in Zukunft nicht mehr in meine Angelegenheiten einmischen. Überlassen Sie Ihrer Majestät, mich nach seinem Gutdünken zu lenken, und bitten Sie ihn, mich wie eine Tochter zu beschützen. Wenn Sie dies tun, so verspreche ich Ihnen, mich ganz dem Dienste Gottes zu weihen. Andernfalls werde ich mich gehörig rächen, denn Sie werden mich niemals ändern können. Lassen Sie mich also in Frieden während der kurzen Zeit, die Ihnen auf dieser Erde noch verbleibt. Ich möchte gerne Anlaß haben, für Sie nach Ihrem Tode zu beten. Genug! Ändern Sie Ihre Tonart! Ich warne Sie!«

Eine harte Sprache! Doch hatte Marguérite nicht das Recht, sich diese andauernde Einmischung aus dem fernen Florenz zu verbitten? Dennoch ließ sich Cosimo nicht belehren. Das war umso unverständlicher, als all diese unerquicklichen Auseinandersetzungen seine Gesundheit erheblich belasteten. Ja, einmal war er dem Tode nahe, worauf Marguérite sogleich ihre Absicht kundtat, nach Florenz zurückzukehren, um nach seinem Ableben in ihrer Eigenschaft als Großherzogin Reformen durchzusetzen, die sie schon immer für notwendig erachtet hatte. Bisher war man stets der Meinung gewesen, daß sie die Toskana auf Nimmerwiedersehen abgeschrieben hatte. Andererseits, wer sie genauer kannte, wußte: Sie war in ihrem Tun und Lassen völlig unberechenbar. Und so ließ sie allen Ernstes verlauten, sie liebe Florenz und die Toskana und lege Wert darauf, die Lebensbedingungen ihrer Bewohner zu verbessern. Doch Cosimo machte ihr einen Strich durch die Rechnung, indem er wieder gesundete.

Mehr denn je bedrückte ihn nun das Problem der Nachfolge. Er träumte von machtvollen Bündnissen für seine Kinder. Vor allem aber war ihm an einer zahllosen Nachkommenschaft gelegen, welche seinen Ruhm verewigen würde.

Was durfte man vom Thronfolger, dem Kronprinzen Ferdinando, erwarten? Er war sieben, als seine Mutter die Toskana endgültig verließ. Man sagte, von ihren drei Kindern habe sie allein für ihn, den Ältesten, eine gewisse Zuneigung empfunden. Tatsächlich sollen sich Mutter und Sohn nicht nur äußerlich sehr ähnlich gewesen sein. Zweifellos hatte ihm Marguérite ihre Rastlosigkeit, den Freiheitsdrang, die Freude am Reitsport und auch die musikalische Begabung vererbt. Wenn es auch nicht zu einem Wiedersehen kam, so ist doch von geheimer Korrespondenz die Rede, die zweifellos auf der gemeinsamen Frontstellung gegen Cosimo beruhte.

Tatsächlich bestand zwischen Vater und Sohn meist ein

gespanntes Verhältnis. Gegensätzlich war insbesondere die Einstellung zu religiösen, politischen und sozialen Fragen. Überhaupt geriet er als aufsässiger junger Mann in fast allen Bereichen zu seinem Vater in Widerspruch. Die Natur hatte sein Äußeres begünstigt: er war ansehnlich, ein eleganter Reiter und ein talentierter Musiker – ganz in Übereinstimmung mit seiner Mutter. Er sang melodiös und spielte die Harfe überaus anmutig.

Als nun Ferdinando merkte, daß es keinen gemeinsamen Nenner mit seinem Vater geben konnte, resignierte er und wandte sich zur Zerstreuung einer lockeren Lebensweise zu. Schon in früher Jugend hatte ein gewisser Petrillo, ein Musikus, der wegen seiner Schönheit berühmt war, den ersten Platz in seinem Herzen gewonnen. Vergeblich, so heißt es, war der Wettbewerb der Courtisanen, denn Ferdinando liebte nur seinen Petrillo. Diese Zuneigung wurde jedoch durch eine Unbesonnenheit gestört. Eines Tages sang nämlich Petrillo eine so hinreißende Melodie, daß sich der Prinz vergaß und seine Nachtigall wie ein glühender Verehrer umarmte. Der glückliche Sänger hielt dann seinerseits den Prinzen eng umschlossen und küßte ihn. Um nicht Ferdinando und sich in nochmalige Verlegenheit zu bringen, verließ er dann eilends Florenz.

Trotz der Unstetigkeit seiner Lebensweise war Ferdinando wie fast alle Medici ein großzügiger und kundiger Förderer der Künste. Er vermehrte die Sammlung von Selbstporträts, die sein Onkel Kardinal Leopoldo angelegt hatte. In einer Zeit, da Prunk mehr galt als künstlerisches Feingefühl, bewies er bei all seinen Erwerbungen guten Geschmack, mochte es sich um eine Lithographie oder um eine Majolikavase handeln. Er kaufte Madonnen von Raffael und Andrea del Sarto, förderte aber auch zeitgenössische Maler. Im übrigen war es Ferdinando, der die erste öffentliche Kunstausstellung in Florenz arrangierte, und zwar 1705 im Kreuzgang von Annunziata.

Besonders ausgeprägt aber waren seine Fähigkeiten im musikalischen Bereich. Er selbst beherrschte neben der Harfe mehrere Instrumente, komponierte und unterhielt ein eigenes Theater. Unter den Musikern, die er nach Florenz einlud, waren Alessandro und Domenico Scarlatti sowie Friedrich Händel. Alljährlich kam wenigstens eine

Oper heraus. Alessandro Scarlatti komponierte für sein Theater in Pratolino, das zu den renommiertesten in Europa zählte, nicht weniger als fünf Opern. Man wird in diesem Zusammenhang, um es vorwegzunehmen, an seine Schwester Anna Maria in Düsseldorf erinnert, die sich in ähnlicher Weise um die Musikkultur ihrer Zeit verdient machte. Während jedoch die ehrgeizige Kurfürstin diese Bestrebungen in erster Linie dem Ansehen ihres Hofes schuldig zu sein glaubte, entzog sich Ferdinando mit diesen Ausflügen in die heitere, manchmal auch melancholische Welt der Musik der ihm so unbehaglichen Engstirnigkeit seiner Zeit. So lebte er in einem künstlichen Paradies, in dem er nicht zuletzt Venus folgenschwere Opfer entrichtete.

Die Bevölkerung nahm trotz der herrschenden Armut seine aufwendigen Neigungen hin, da er als Mensch für sich einzunehmen wußte und so ganz anders geartet war als sein oft mürrischer Vater. In seiner Begleitung befanden sich meist liederliche junge Männer, die Gefallen daran fanden, den Unwillen der klerikalen Günstlinge seines Vaters zu erregen. Diese mußten jedoch wohl oder übel ein Auge zudrücken, da auch Francesco Maria, der 18 Jahre jüngere Bruder des Großherzogs, zu den Zechkumpanen seines Neffen Ferdinando gehörte.

Seit seiner Kindheit war Francesco dazu ausersehen, die Stelle seines Onkels, Kardinal Leopoldo, auszufüllen, da die Medici Wert darauf legten, stets wenigstens einen Kardinal zu stellen, um bei den Papstwahlen mitsprechen zu können. Doch Francesco zeigte wenig Sinn für den ihm zugedachten Purpur; er zog es vor, weiterhin seinen weltlichen Freuden nachzugehen. Mit Ferdinando hielt er sich meist in einem der zahlreichen Landhäuser der Medici auf, wo sie die schläfrige Nachbarschaft elektrisierten. Stets umgeben von einer Schar leichtfertiger Jugendlicher, höhnten sie jeglicher Etikette und Konvention. In Cosimos Abwesenheit verlegten sie dann ihr Quartier gerne nach Florenz, um dort ihr oft gesetzwidriges Treiben fortzusetzen. Cosimo versuchte, den Einfluß seines Bruders auf Ferdinando zu mindern, indem er ihn 1682 zum Gouverneur von Siena ernannte, was Francesco Maria jedoch nicht daran hinderte, häufig auch in Florenz aufzukreuzen. So war es für Cosimo schwierig, sich bei dem Prinzen entsprechend durchzusetzen. Auch sein Wunsch, er möge bald heiraten, fand wenig Gegenliebe. Der Großherzog aber drängte, um die Nachfolge zu sichern.

Zunächst aber galt es, die Errettung Wiens von den Türken im Jahre 1683 gebührend zu feiern, wenn auch Cosimos Anteil an diesem Sieg kaum nennenswert war. Er hatte lediglich einige Galeeren für eine Flotte abgestellt, welche die Küste von Dalmatien verteidigte bzw. zur Vertreibung der Türken beitrug.

So sehr Wien nach dieser fürchterlichen Bedrohung auflebte, Florenz sowie Siena und Pisa verloren immer mehr an Bedeutung. Davon gibt ein Reisebericht des Bischofs von Salisbury, Gilbert Burnet, im Jahre 1685 Kunde. Er spricht von einem ständigen Rückgang der Bevölkerung, von ärmlichen Wohnverhältnissen und von Mißwirtschaft.

In diesem für Europa so schwerwiegenden Schicksalsjahr 1683 starb in Paris die Königin. Schon bald hieß es, Ludwig XIV. wolle erneut heiraten. Und abermals kam Anna Maria, die nun 17jährige Tocher Marguérite-Louises, in die engere Wahl. Die Entscheidung fiel jedoch – nicht zuletzt wegen des oft skandalösen Lebenswandels der Mutter – zu Gunsten von Madame Maintenon. Sie war neunundvierzig, also drei Jahre älter als der König, und zeichnete sich durch hohe Bildung und fromme Haltung aus. Durch sie gewann der Hof an Würde; die leichtlebigen Vergnügungen traten zurück, und die Konjunktur der Mätressen flaute ab.

Auch Marguérite paßte sich wohl oder übel diesem Stimmungsumschwung an. Sie ging nur noch aus, um Kranke in den Spitälern zu besuchen, und versicherte, den Rest ihres Lebens wolle sie hinter Klostermauern zubringen. Dort aber war sie, ob sie wollte oder nicht, nach wie vor fehl am Platze.

Im gleichen Jahr wie die Königin war auch die Äbtissin, Madame von Montmartre, gestorben. Nicht zuletzt hatte wohl auch der Ärger über die ständigen Affären der Prinzessin zu ihrem Tode beigetragen, insbesondere deren angeblich wiederholter Versuch, das Kloster in Brand zu stecken. Nachfolgerin wurde die noch jugendliche Frau von Harcourt. Auch mit ihr kam es schon bald zu Spannungen, die ein bedrohliches Ausmaß annahmen, als Marguérite ihre junge Vorgesetzte im Kloster vor sich hertrieb, um ihr, mit Hackebeil und Pistole bewaffnet, nach dem Leben zu trachten. Auch diesmal glaubte sie sich für vermeintlich böswillige Vorhaltungen revanchieren zu müssen. Im übrigen beschuldigte sie die Äbtissin moralischer Verkommenheit und brandmarkte das Kloster als verseuchtes Fiebernest.

So war Montmartre, zunächst ersehnte Zufluchtsstätte, für sie zum Alptraum geworden. Sie ersuchte deshalb den König sowie Cosimo, sie in ein anderes Kloster zu versetzen, da hier in Montmartre ihr Feingefühl und Gewissen gröblich beleidigt werde. Im übrigen betonte sie, daß sie jede nur freie Minute Akten der Frömmigkeit und dem Krankendienst widme, so wie es stets ihre Absicht gewesen sei. Der Großherzog, immer noch darauf bedacht, den Ruf seines Hauses nicht durch die Eskapaden einer ungezügelten Frau in Verruf bringen zu lassen, wollte dem nur zustimmen, wenn sie sich abermals ausdrücklich verpflichte, keine Nacht außerhalb des Klosters zu verbringen und nur mit genehmigter Begleitung auszugehen. Andernfalls gehe sie ihrer Pension von 20.000 francs verlustig. Tatsächlich stellte Cosimo die Zahlung ein, als sie sich weigerte, derart diffamierende Bedingungen anzunehmen. Da auch der König nicht gewillt war, ihr entgegenzukommen, willigte sie schließlich zähneknirschend ein mit dem Bemerken, damit habe sie sich selbst den Todesstoß versetzt.

So geschehen im Jahre 1692, also im siebenundvierzigsten Lebensalter der Prinzessin, einstmals Großherzogin der Toskana.

Während all dieser für sie so unerquicklichen Jahre hatte auch ihr Sohn Ferdinando nicht eben rühmlich von sich reden gemacht. Entsprechend suchte nun Cosimo nach einem Heilmittel für dessen abwegige Veranlagungen, indem er sich auf dem Heiratsmarkt für ihn umschaute. Schließlich durfte er, um ihm die Ehe einigermaßen schmackhaft zu machen, unter nicht weniger als fünf Prinzessinen wählen: der Infanta, Prinzessin von Portugal; einer bayerischen Prinzessin; zwei Töchtern des Kurfürsten von der Pfalz und einer Prinzessin von Parma. Ferdinando aber war viel zu apathisch, um sich für oder gegen die eine oder andere auszusprechen. Er konnte, was sein Wohlergehen und seine Vergnügungssucht anbelangt, bei einer ehelichen Bindung, so unverbindlich er sie auch auslegen mochte, nur verlieren. Natürlich wünschte auch Luwig XIV. in dieser Angelegenheit ein Wort mitzusprechen. Er entschied sich für die Infantin Maria Isabella, die Tochter des Königs von Portugal Pedro II., der vermutlich die Thronfolge zufallen würde. Doch der König stellte Bedingungen, die nicht akzeptabel schienen.

Darauf konzentrierte sich Cosimos Heiratsvermittlung auf Prinzessin Violante von Bayern, die Schwester der französischen Kronprinzessin. Eine solche Ehe würde ihm ein Bündnis mit einem der mächtigsten Höfe Deutschlands vermitteln und zugleich seine Beziehungen zu den Bourbonen stärken. Entsprechend versuchte er, Ferdinando diese Verbindung schmackhaft zu machen. Es kam dann zwischen Vater und Sohn zu einem für die Braut in spe höchst unwürdigen Agreement. Ferdinando wollte nämlich der Ehe nur dann zustimmen, wenn der Vater ihn für einige Wochen nach Venedig beurlauben würde. Offenbar wollte er sich dort noch einmal gehörig ausleben. Cosimo sah sich genötigt, dieses Zugeständnis zu machen, nicht ohne seinen Sohn ernstlich zu Wohlverhalten gemahnt zu haben. Insbesondere warnte er ihn vor einem Umgang mit dem übel beleumundeten Herzog von Mantua. Entsprechend wies er ihn schriftlich an:

»Vor meinem Gewissen fühle ich mich verantwortlich, Dich zu ermahnen. Venedig ist zumal während der Karnevalszeit sehr frei, und ich erwarte Dein Versprechen, Dich aller Zerstreuungen zu enthalten, welche der Seele Schaden zufügen, dem göttlichen Gebot widersprechen und dem Ansehen eines Prinzen, der anderen ein Beispiel geben sollte, nicht gemäß sind. Pflege auch nicht allzu vertrauten Umgang mit Musikern, Komödianten, und beteilige Dich nicht an der Unterhaltung oder gar an einer Einladung der Courtisanen. Vor allem warne ich Dich vor dem Umgang mit dem Herzog von Mantua. Er hat den seiner Geburt und seinem Rang zustehenden Ruf weitge-

hend aufs Spiel gesetzt durch anstößige Beziehungen.«
Wir wissen nicht, inwieweit Ferdinando diese Mahnungen zur Kenntnis nahm. Jedenfalls brach der damals
24jährige 1687 mit glänzendem Gefolge nach Venedig auf.
Der Senat empfing ihn mit vielerlei Ehrenerweisen. Insbesondere der Adel umwarb ihn, so daß er wie betäubt von
einem Vergnügen ins andere taumelte. Auch seine homosexuellen Neigungen fanden bald einen Ersatz für Petrillo, von dem oben die Rede war. Denn wieder war seine
Leidenschaft für Musik mit einer abartigen Passion für
rassige Jünger dieser Kunst verbunden.
Nachdem er sich auf diese Weise noch einmal gründlich
ausgetobt hatte, heiratete er dann 1688 vereinbarungsge-
mäß in München Violante Beatrix, die Tochter des Kurfürsten Ferdinand von Bayern und Adelaides von Savoyen. Sie war erst sechzehn, als sie dem 25jährigen in
München per Ferntrauung ihr Jawort gab. Ganz anders
als Marguérite-Louise ging sie mit Begeisterung nach Florenz, der Stadt der Künste und Wissenschaften, um einen
Prinzen zu heiraten, der wie sie Musik und Literatur
liebte. Sie wurde in Florenz freudig empfangen, nur nicht
vom Bräutigam selbst. Er fand Violante, so liebenswürdig
sie sich auch vorstellte, zu bieder. Im übrigen war er seinen Lastern bereits so sehr verfallen, daß ihm an ehelicher
Geborgenheit durchaus nicht gelegen war. Homosexuell
veranlagt, hatte er sich schon früh eine Syphilis zugezogen, die zu seinem vorzeitigem Tod führte. Kein Wunder
also, daß sich auch diese so kurzsichtig angeknüpfte Ehe
als unfruchtbar erwies. An Violante dürfte es nicht gelegen haben, denn die fast noch kindliche Prinzessin aus
Bayern hatte sich auf der Stelle in Ferdinando verliebt.
Der aber behandelte seine Braut zwar nicht unhöflich,
fühlte sich aber mehr zu einem jungen Kastratensänger,
den er in Venedig kennengelernt hatte, hingezogen.

Doch zurück zu Marguérite-Louise, deren ganzes Leben
in ähnlicher Weise verpfuscht war.
Das Kloster Saint-Mandé, in das sie nach dem Zwist mit
Montmartre inzwischen übergesiedelt war, bestand aus
einem kleinen Gebäudekomplex vor den Toren von Paris.
Ein paar Benediktinerinnen, aus allen Windrichtungen

zusammengeweht, taten offenbar, was ihnen gefiel. Es gehörte fast zur täglichen Routine, daß sie über die Klostermauern sprangen, um sich mit ihren Liebhabern zu treffen – kein Wunder bei einer Oberin, die oft monatelang, als Mann verkleidet, unterwegs war, und der man nicht weniger als fünf unversorgte Kinder nachsagte. Kein Wunder auch bei einer Pförtnerin, die wegen Altersschwäche kaum noch etwas sah und hörte!

Marguérite aber war mit siebenundvierzig und ersten Anzeichen der Wechseljahre nicht mehr der Springinsfeld und das enfant terrible, das allzuoft ihre Umgebung in Verlegenheit und Aufregung versetzt hatte. Vielmehr hatte sie inzwischen eine bedächtigere Gangart angenommen. In einem Anflug von Moral – vielleicht auch, um von eigenen Verfehlungen abzulenken – sah sie sich plötzlich bemüßigt, in ihrem neuen Zuhause, das sie als »geistliches Bordell« klassifizierte, aufzuräumen.

Die Oberin dagegen verbat sich strikt jegliche Einmischung in ihre Befugnisse und ließ ihr auf dem Höhepunkt dieser Auseinandersetzung eine gerichtliche Klage zustellen mit der Anweisung, die von ihr im Kloster belegten Räume unverzüglich zu räumen. Diese für eine Prinzessin aus königlichem Geblüt unerhörte Beleidigung mußte der Äbtissin teuer zu stehen kommen. Tatsächlich wurde sie in ein Kloster versetzt, das ihr wegen seiner strengen Zucht so sehr zusetzte, daß sie bald darauf starb.

Für Saint-Mandé wurde nunmehr eine neue Oberin ernannt. Diese trat jedoch ihren Dienst nicht an, nachdem sie erfahren hatte, daß die Großherzogin ihr unterstehen würde. Wer überhaupt würde sich vor der Bevormundung dieser aufsässigen Dame retten können, die nun selbst die Zügel in die Hand nahm. Sie verfügte über alle Schlüssel und predigte Tugenden, über die sie sich selbst allzu großzügig hinwegsetzte. Nicht alle Schlupflöcher waren nämlich vermauert worden; eines hatte sie vorsorglich offen gelassen – und zwar für einen ehemaligen Soldaten, der nun Maler zu sein vorgab, in Wirklichkeit aber Fra Bonaventura hieß – ein abtrünniger Mönch.

Doch dies war nur eine kurzlebige Episode – wie überhaupt das Intermezzo Kloster Saint-Mandé. Zur Abrundung ihres klösterlichen Doppellebens fand Marguérite

nämlich schließlich Aufnahme bei den Augustiner-Stifts-
damen in Picpus, einem Vorort von Paris.

Trotz gedrosselter Energie blieb sie weiterhin in vielfacher Hinsicht aktiv. »Sie hat eine eiserne Gesundheit«,
meinte der Conte Sainte-Même melancholisch, den sein
Amt verpflichtete, ihr möglichst überallhin zu folgen.
»Sie würde alle Unannehmlichkeiten der Welt auf sich
nehmen, ohne sich zu beklagen; sie ist von einem einmaligen Naturell.«

In diesem Zusammenhang sei positiv hervorgehoben, daß
sie sich auch bei ihren Krankenhaus-Besuchen uner-
schrocken zeigte, indem sie selbst höchstinfektiöse
Kranke ohne Rücksicht auf mögliche Ansteckung be-
treute.

Mittlerweile war Marguérite fünfzig geworden. Und wieder war in dieser so impulsiven Natur eine seltsame Ver-
änderung vor sich gegangen. Sie schickte sich nämlich an,
einen Lampenschirm für ihren sonst so verächtlich behan-
delten Gemahl zu fertigen. Die Zeit der Torheiten schien
nun überwunden, und es war nicht mehr die Rede von
Tambour, Postillon oder Gardisten. Plötzlich gefiel sie
sich nun in der Rolle der ehrerbietigen Gattin. Ihre Briefe,
früher voller Drohungen und Sarkasmen, wurden nun
sanft und zutraulich. Der Großherzog seinerseits bedankte sich für diese unvermuteten Erweise ihrer Verbun-
denheit, indem er ihr liebenswürdige Neujahrswünsche
zukommen ließ. (1695)

Anna Marias glücklichste Zeit als Kurfürstin in Düsseldorf (1691–1716)

Nachdem wir den verwandtschaftlichen Umkreis ausgiebig durchleuchtet haben, kann nun Anna Maria als die tragende Säule inmitten der Dekadenz umso eindrucksvoller in Erscheinung treten.

Wie wir uns die heranwachsende Prinzessin vorzustellen haben, mag eine Schilderung des französischen Gesandten am Hofe zu Florenz verdeutlichen. Foucher schreibt u.a.:

»Die Prinzessin gewinnt, je älter sie wird, immer mehr an Liebreiz. Sie ist von großem Wuchs; ihre Haare sind tiefschwarz. Ihre Augen – früher ziemlich ausdruckslos – sprühen voller Leben und Esprit. Sie schreitet sehr graziös, manchmal vielleicht ein wenig hochmütig. Auch tanzt sie sehr gut, reitet wie ein Mann und ist bei der Jagd so treffsicher, daß sie es mit jedem aufnehmen kann. Sie ist kerngesund und von großer Ausdauer. Nichts beunruhigt oder verstimmt sie, und nie haben ihre Diener einen Laut der Klage aus ihrem Munde vernommen. Sie ist geistreich, liebt die Literatur und ist sehr musikalisch. Neben dem Lateinischen beherrscht sie auch mehrere moderne Sprachen.«

Denkt man bei dieser Beurteilung nicht unwillkürlich an ihre Mutter Marguérite-Louise, der man, als sie noch nicht verheiratet war, ganz ähnliche Wesenszüge zuschrieb? Zu diesem Vergleich paßt auch die weitere Charakterisierung:

Sie gewann jedermann's Sympathie dank ihrer Lebensfreude und der lebhaften Art, wie sie sich mitteilte. Im übrigen haben die Porträtisten sie betont vornehm gemalt, als ein Schönheitsideal ihrer Zeit.

Eine mit solchen Gaben ausgestattete Prinzessin durfte also mit gutem Recht auf eine eheliche Verbindung hoffen, die nicht nur den machtpolitischen Ambitionen des Hauses Medici, sondern auch ihrer Herzensneigung entsprechen würde. Jedenfalls war sie wie geschaffen für die ehrgeizigen Pläne ihres Vaters, und man konnte nur wünschen, daß sie nicht wie ihre vielversprechende Mutter auf dem Altar dynastischer Interessen geopfert würde. So sehr Cosimo seiner Tochter zugetan war, so bleibt doch fraglich, ob ihm ernstlich daran gelegen war, bei der Suche nach einem geeigneten Bräutigam auch das persönliche Glück seines Kindes zu bedenken. Eigentlich hätte ihn die Erfahrung mit Marguérite-Louise einsichtig machen müssen. Doch er betrachtete wohl in erster Linie sich selbst als das Opfer dieser mißglückten Ehe. Für die bemitleidenswerte Situation seiner Frau, der man wider ihre Herzensneigung diese von den Machthabern arrangierte Heirat zugemutet hatte, fehlte ihm wohl immer noch das rechte Einfühlungsvermögen. Ja, so merkwürdig es klingen mag, auch seine Tochter, von der hier die Rede ist, zeigte später als Kurfürstin wenig Feingefühl für die Belange der jungen Frauen, die sie an den Mann zu bringen suchte. Doch davon wird später noch die Rede sein.

Jedenfalls zählte Anna Maria zu den begehrtesten Damen auf dem Schachbrett des europäischen Heiratsmarktes, zumal der Name Medici für eine gute Mitgift zu bürgen schien. Schon zweimal waren Medici-Töchter Königinnen geworden, und auch auf unsere Prinzessin mochte eine Krone warten. Ja, es bot sich sogar eine dreifache Chance. So waren mit den Königen von Spanien und Portugal Verhandlungen aufgenommen worden (sie heirateten später Schwestern des Kurfürsten Johann Wilhelm), nicht zuletzt aber, wie wir bereits hörten, mit dem verwitweten König Ludwig bzw. seinem Sohn. Wäre diese Verbindung zustandegekommen, so hätte Anna Maria die dritte Medici-Königin von Frankreich werden können. Doch diese und andere Anbahnungsversuche scheiterten aus politischen Gründen – nicht zuletzt aber auch deshalb, weil die Prinzessin mit dem Verdacht belastet war, sie könnte das Wesen ihrer exzentrischen Mutter geerbt haben. Im übrigen ist sehr zu bezweifeln, ob Anna Maria als »Königin« tatsächlich glücklich geworden wäre. Jedenfalls war es gut so, daß sich der Traum vom spanischen Königsthron nicht erfüllte, denn dadurch blieb ihr viel Leid erspart.

Und dennoch sollte wenigstens Vater Cosimos Wunsch in Erfüllung gehen, »Königliche Hoheit« genannt zu werden. Schon immer hatte das Haus Medici danach verlangt, in den Rang eines königlichen Geschlechtes aufzusteigen (ähnlich wie seinerzeit Karl der Kühne von Burgund – vgl. 49). Immerhin war es Cosimo I. gelungen, den Papst zu veranlassen, aus dem Herzog von Florenz einen »Großherzog« zu machen. Dieser Titel, der zuvor nirgends existierte, war eigens für die Medici geprägt worden.

Königlichen Rang hatten außer den europäischen Königen nur die sieben deutschen Kurfürsten. Unter ihnen nahm Johann Wilhelm als Kurfürst von der Pfalz die ranghöchste weltliche Stellung ein. Darüber hinaus konnte er sich der engsten Verbindung zum Kaiserhaus rühmen. Leopold war nämlich mit seiner Schwester Eleonore verheiratet, während umgekehrt der Kurfürst die Schwester des Kaisers Ferdinand III. zur Frau hatte. Zudem war er der Bruder der Königinnen von Spanien und Portugal.

Für Cosimo kam nun wie gerufen, daß kürzlich die Gemahlin Johann Wilhelms kinderlos verstorben war, was den relativ jungen Fürsten veranlassen würde, erneut auf Brautschau zu gehen. Was also lag, nachdem andere Anbahnungsversuche gescheitert waren, näher, als diese hervorragende Chance sogleich beim Schopfe zu ergreifen. Denn wer würde im Hinblick auf seine Ambitionen einflußreicher sein als eben dieser Kurfürst von der Pfalz, der in Düsseldorf am Rhein residierte. Er war im dortigen Schloß geboren und zwar als Sohn des Herzogs Philipp Wilhelm von Jülich-Berg, dem später als Erbgut auch die Pfalz zufallen sollte. Mit dem Pfälzer Kurhut aber war das Recht verbunden, beim Tode eines Kaisers als Reichsverweser zu fungieren. Tatsächlich fiel dieses hohe Amt Johann Wilhelm im Jahre 1705 und 1711 zu.

So ließ sich also Cosimo – kaum war die neuerliche Brautschau eingeläutet – auf diesem verlockenden Heiratsmarkt blicken, um sein Schmuckstück zu präsentieren. Diese einmalige Chance, königlichen Rang in greifbarer Nähe zu sehen, beschwingte ihn, der sonst so schwerfällig operierte, ungemein. Seiner nicht minder ehrgeizigen Tochter aber suchte er diese von ihm angepeilte Liaison noch schmackhafter zu machen durch die Verheißung, sie werde als »Zweite Dame des Reiches« unmittelbar hinter der Kaiserin rangieren.

Cosimo wußte, daß diese Ambitionen mit einem nicht

ungefährlichen politischen Kurswechsel verbunden sein würden. Die Bindung an das Kaiserhaus in Wien würde ihn nämlich zwangsläufig zur Parteinahme gegen den Sonnenkönig verpflichten, zumindest aber zur Neutralität. Andererseits hätte eine eheliche Verbindung der Prinzessin mit dem Dauphin ihn unweigerlich auf die Habsburg-feindliche Politik Ludwigs XIV. festgelegt.

Es fügte sich gut, daß auch Johann Wilhelm einer Orientierung nach Florenz durchaus gewogen war. Als junger Prinz war er in Düsseldorf von einem Hofmeister aus Albano bei Rom, und von dem italienischen Jesuiten Adam Pinelli erzogen worden. Sein späterer Sprachsekretär war der Italiener Rapparini, der in seiner berühmten Handschrift die Taten seines Herrn festgehalten hat. Während seiner großen Bildungsreise in den Jahren 1674 bis 1676 hatte der junge Fürst außer den Niederlanden, England und Frankreich auch Italien besucht. Nicht zuletzt behielt er den Medicihof in guter Erinnerung. Die Prinzessin war zu der Zeit seines dortigen Aufenthaltes ein Kind von acht Jahren, während der Prinz gerade 18 Lenze zählte. Ob das reizende Mädchen schon damals Eindruck auf ihn machte? Kordt (17) meint dazu: »In solchen Jahren pflegen junge Männer einem Mädchen im Kindesalter keine große Aufmerksamkeit zu schenken. Wahrscheinlich ist ihm das Kind Anna Maria kaum zu Gesicht gekommen.« Andererseits nimmt Loup (26) sich die Freiheit, der Prinzessin anzudichten, sie habe den schmucken Prinzen vom Rhein in fast schwärmerischer Erinnerung bewahrt. So legt er in seinem Festspiel »Jan Wellem« der Kurfürstin folgende Verse in den Mund:

»Durch ihn, der schon dem Kinde in Florenz
Beim ersten Treffen brüderlich vertraut –
Fand ich den Weg, als wandle ich im Traum . . .

Ja, alle Pforten waren aufgetan:
Es prägte mir sich jeder Wesenszug
Des Frühgeliebten unauslöschlich ein.
Er kam auf seiner Reise, die ihn weit
Sein Vater Philipp Wilhelm, Fürst vom Rhein
Als eine Schule der Beständigkeit
zu unternehmen hieß . . .

Versailles, Ludwigs Prunkhof bei Paris,
Begrüßte Jan wie einen Königssohn
Und zeigte lockend ihm den Glanz der Macht . . .

Mein Johann Wilhelm, da er aufmerksam
Europas Höfe reisend aufgesucht.
Denn ehe Cosimo ans Herz ihn nahm
Wußt er zu wägen, hatte Maß und Zucht,
Und dem Verstand entsprach die Wohlgestalt.«

Inwieweit nun, unabhängig von poetischer Verklärung,
diese Eigenschaften »Maß und Zucht und Wohlgestalt«
dem jungen Kurfürsten tatsächlich zuzuschreiben waren,
mag aus dem von Cosimo angeforderten Bericht seines
Gesandten Montauti in Wien hervorgehen. Bei seinem
Urteil berief er sich, um die Wahrheit zu bekräftigen,
nicht zuletzt darauf, daß er vollkommen unabhängige
Leute befragt habe. Demnach sei Johann Wilhelm ein
»sehr gewissenhafter, gütiger und gottesfürchtiger Fürst,
dazu klug, gerecht und liebenswürdig, fröhlich, jovial
und gutherzig, der leicht jemand liebgewinnt und seine
verstorbene Gattin herzlich geliebt hat, trotzdem sie ihm
nichts sein konnte, da sie immer krank und daher einsam
und melancholisch war. Er hat dem Gesandten selbst ge-
sagt, daß, wenn die Prinzessin von Toskana seine Werbung annähme, sie zu Anfang etwas Geduld haben
müßte, bis die Dinge sich besserten, daß sie aber nie
Grund zur Klage haben werde.« (22, 12)
Diese überaus wohlwollende Beurteilung hatte nur den
einen Nachteil, daß sie über Schattenseiten, wie etwa die
angebliche Wohlgestalt, großzügig hinwegsah. So lesen
wir bei Blainville (6): Er ist von mittlerer Größe, stark ge-
bauet, hat einen weiten, großen Mund und eine sehr auf-
geworfene dicke Unterlippe. Und auch Cleugh darf nicht
unterschlagen werden. Unter Berufung auf ältere Autoren schreibt er: Unglücklicherweise hatte sich der Bräutigam kurz zuvor die Syphilis zugezogen, was man aber erst
später entdeckte (10,423). Inwieweit dies zutrifft, soll
weiter unten behandelt werden.
In diesem Zusammenhang sei die Anmerkung erlaubt,
daß es doch eigentlich erstaunlich ist, wie sich bis zum
heutigen Tage die öffentlichen »laudationes« darin gefal-

len, nur die positiven Seiten eines Menschen herauszustellen. Sie würden nämlich viel glaubwürdiger sein, wenn auch die Schwächen, von denen sich niemand freisprechen kann, in feinfühliger Andeutung anklängen. In der Tat, wieviel Unheil wäre den Beteiligten erspart geblieben, hätte der Medici-Gesandte in Paris damals glaubhafter über die Prinzessin Marguérite-Louise berichtet. Doch »mundus decipi vult«. Immerhin, Anna Maria brauchte in dieser Hinsicht glücklicherweise kein Lehrgeld zu bezahlen.

Zu dieser durchaus günstigen Konstellation gesellte sich dann noch die Kunde, die deutsche Kaiserin habe ihren Bruder in Düsseldorf persönlich animiert, das Bündnis mit den Medici einzugehen. In Wien erhoffte man nämlich von dieser Verbindung, daß sie Cosimo fester an die Politik des Reiches binden würde. Tatsächlich bat dann Johann Wilhelm am 15. November 1690 in einem eigenhändigen Brief um die Hand der Prinzessin. Damit war die Bahn frei für die Ausarbeitung des förmlichen Ehekontraktes, dem umsoweniger im Wege stand, als Cosimo bereits mündlich die erstrebte Rangerhöhung als »conditio sine qua non« zugesichert worden war.

Auch die Liaison zwischen Johann Wilhelm und Anna Maria war zunächst kaum mehr als eine politische Vernunftehe. Das geht schon daraus hervor, daß der Ehekontrakt perfekt war, bevor sich die für einander bestimmten Partner überhaupt gesehen hatten. Immerhin war Anna Maria in Johann Wilhelms Privatgemach in Gestalt eines Porträts präsent.

Übrigens erwies sich bei den recht zähen Verhandlungen, die schließlich zum Vertrag führten, einmal mehr, daß Cosimo als Abkömmling berühmter Bankhalter zu rechnen verstand. Und er war umsomehr darauf bedacht, als ihm am Herzen lag, seiner geliebten Tochter eine gesicherte Zukunft zu garantieren. So setzte er schließlich durch, daß Johann Wilhelm seiner Gattin während seiner Lebenszeit jährlich 18.000 Gulden zusicherte, während sich die Witwenrente auf jährlich 20.000 Taler belaufen sollte. Cosimo seinerseits versprach 300.000 Skudi als Mitgift. Das war in der Tat eine imposante Summe, nach unserem Gelde etwa sechs Millionen Mark.

Die Zahlung sollte in der Weise erfolgen, daß 40.000 nach Vollzug der Ehe und je 20.000 in jedem folgenden Jahr angewiesen werden sollten. Die volle Mitgift mußte jedoch mit Heller und Pfennig an die Kurfürstin zurückgezahlt werden, falls diese ihren Gemahl ohne Kinder überlebte. Johann Wilhelm, dem aus eigener Anschauung der unermeßliche Medici-Besitz vorschwebte, hatte gewiß mit einer reicheren Dotierung gerechnet. Doch er wußte wohl auch, daß sein Schwiegervater nicht geneigt war, die Substanz der ererbten Schätze anzugreifen.

Was die eventuelle Rückzahlung der Mitgift anbelangt, so hatte der geschäftstüchtige Mediceer, in dessen Adern noch das Blut alter Großbankiers floß, als Sicherheit die Verschreibung der rheinischen Lande des Kurfürsten verlangt. Johann Wilhelm hatte lange gezögert, ehe er diesen Heiratskontrakt seinen jülich-bergischen Ständen vorzulegen wagte, um ihre Unterschrift zu fordern, da er ihren lebhaften Widerstand voraussehen konnte. Und es war in der Tat einer der dramatischsten Momente in dem langjährigen Zwist des Kurfürsten mit seinen Ständen, als er diese mit gezücktem Schwert und Todesdrohung am 26. März 1698 zur Unterschrift zwang. Die Widerspenstigen gehörten der Ritterschaft an, während die bergischen Städtevertreter schon bei der ersten Äußerung fürstlicher Ungnade sich gehorsamst gefügt hatten. (24)

Bestandteil des Ehekontraktes war, wie üblich, auch eine Vereinbarung über den Hofstaat der Kurfürstin. So wünschte Cosimo, daß die Prinzessin ihren eigenen Beichtvater mitnehme, und zwar einen Franziskaner. Der Kurfürst hingegen wünschte einen deutschen Jesuiten, gab aber schließlich nach. Andererseits verzichtete man in Florenz auf die Entsendung eines eigenen Leibarztes. Bezüglich der sonstigen Begleitung wurde bestimmt, daß Anna Maria soviele Frauen aus Florenz mitbringen könne, wie ihre Schwägerin Violante seinerzeit aus München in die Toskana mitgenommen habe.

Diese und andere Vereinbarungen erschienen umso notwendiger, als es, wie bekannt, zwischen Cosimo und seiner jungen Frau immer wieder zu unliebsamen Auseinandersetzungen gekommen war. Diesmal aber war kaum damit zu rechnen, da Johann Wilhelm eher als nachgiebig galt. So wußte Cosimos Gesandter in Wien den Großherzog zu beschwichtigen, indem er seiner festen Überzeugung Ausdruck gab, daß die junge Fürstin zu gegebener Zeit ohnehin alles durchsetzen werde was sie wolle. Sie würde ihren eigenen Arzt haben und soviele Frauen, wie es ihr gefalle. Voraussetzung sei nur, daß es ihr gelinge, das Herz des Kurfürsten zu gewinnen. Er lasse sich gerne schmeicheln, und wenn sie gehörig auf diese Schwäche eingehe, so werde sie schon bald die Herrin sein. Und so geschah es dann auch.

Während der Verhandlungen, die sich einige Wochen hinzogen, konnte Anna Maria an keinerlei Empfängen usw. teilnehmen, da sie wegen Frostbeulen an den Füßen bettlägerig war. Ihr Krankenlager wurde jedoch versüßt durch einige Geschenke, welche ihr im Namen des Kurfürsten überreicht wurden. Darunter befand sich ein in Juwelen gefaßtes Bild ihres Bräutigams. Auch ihr Vater erfreute sie durch wertvollen Schmuck aus dem Kronschatz. So wurde ihr die offizielle Verzichtserklärung auf ihre Erbansprüche in Toskana nicht allzu schwer.

Kurfürst Johann Wilhelm holt die Prinzessin an den Rhein

Am 21. April wurde sodann der Ehekontrakt unterzeichnet. Damit wurde nun für die Prinzessin, die bisher recht zurückgezogen gelebt hatte, ein neuer Lebensabschnitt eingeläutet. Über Nacht sah sie sich im Mittelpunkt vieler Festlichkeiten und Huldigungen. Ähnlich wie damals bei der Begrüßung ihrer Mutter gab es Audienzen, Fußballspiele und Banquette. Auch kam die Bevölkerung voll auf die Kosten, da Palio, das berühmte Pferderennen, in diese Festwoche einbezogen wurde.

Wie bei ihrer Mutter, die damals in Paris so unwillig getraut worden war, mußte nun auch Anna Maria ihr Jawort sprechen, ohne ihren Bräutigam jemals gesehen zu haben. Dabei lassen wir, wie oben erwähnt, offen, ob ein erster flüchtiger Eindruck aus ihrer Jungmädchenzeit in Erinnerung geblieben war. Jedenfalls handelte es sich abermals um eine dieser, zumal für die Braut, so unliebsamen Ferntrauungen. Heute, da man in wenigen Stunden auf dem Luftweg von Düsseldorf nach Florenz gelangen kann, hätte sich eine Heirat »per procurationem« erübrigt. Damals aber waren derartige Ferntrauungen aus der Sicht der Eltern durchaus zweckmäßig. Sobald nämlich das dynastische Interesse durch das Eheversprechen unter Dach und Fach gebracht war, blieb es zweitrangig, ob das Brautpaar bei der ersten Begegnung Gefallen aneinander finden würde oder nicht.

Nun, Anna Maria brauchte sich glücklicherweise, soweit sich vorausschauen ließ, nicht zu ängstigen, als sie am 29. April 1691 im Dom zu Florenz ihr Jawort gab, und zwar stellvertretend für den Bräutigam, dem Erbprinzen Ferdinando. Dabei blieb ihr erspart, sich, umgeben von neugierigen Gaffern, mit ihrem Bruder auf das Brautbett zu legen – eine Zeremonie, der sich z.B. Maria von Burgund bei ihrer Ferntrauung mit Maximilian von Österreich in Brügge hatte unterziehen müssen. (49, 96)

Wenn auch Anna Maria ihre angestammte Heimat nicht leichten Herzens verließ, so doch gefaßter und erwartungsvoller als damals ihre Mutter, die sich nur höchst widerwillig nach Florenz auf die Reise begeben hatte. Ihr Weg war mit Blumen und viel Aufwand übersät worden, und doch konnten die Tränen des Abschiedsschmerzes nicht gestillt werden. Auch Anna Maria war ein aufwendiges Geleit beschieden. Dazu zählte nicht zuletzt ihr jüngerer Bruder Gian Gastone, den sie später anläßlich seiner Heirat in Düsseldorf wiedersehen sollte.

Johann Wilhelm sah unterdes der ersten Begegnung mit seiner sozusagen incognito angetrauten Frau in freudiger Erwartung entgegen. Um seiner Vorschuß-Liebe vermehrt Ausdruck zu verleihen, ließ er ihr unterwegs erneut ein überaus wertvolles Schmuckstück aus Diamanten sowie passende Ohrringe übermitteln. Den Wert dieser Morgengabe, die in den persönlichen Besitz der Kurfürstin überging, schätzte man auf 100.000 Taler. Im übrigen waren ständig Boten unterwegs, welche der Prinzessin die Ungeduld bekunden sollten, mit der ihr Bräutigam sie erwartete.

Inzwischen war Anna Maria in Innsbruck angelangt. Sie wollte sich dort zwei Tage aufhalten, um von da nach

Neuburg an der Donau weiter zu reisen, wo die eigentlichen Empfangsfeierlichkeiten stattfinden sollten. Doch Johann Wilhelm war die Wartezeit ohnehin schon zu lange geworden, und so beschloß er über Nacht, in Eilmärschen nach Innsbruck aufzubrechen, um bereits dort seine Angebetete in die Arme schließen zu können. Einen so entflammten Bräutigam hätte sich seinerzeit wohl auch Marguérite-Louise gewünscht!

Während ihres Aufenthaltes in Innsbruck wurde die Kurfürstin seitens der Erzherzogin Eleonore vielseitig unterhalten. Zur Verabschiedung wurde eine aufwendige Operette geboten. Zu später Stunde folgte dann das Nachtessen, worauf Anna Maria sich zurückzog, denn die Abreise war für den frühen Morgen vorgesehen. Doch sie hatte sich kaum zu Bett begeben, als sie durch die überraschende Nachricht alarmiert wurde, der Kurfürst eile ihr entgegen und werde in wenigen Stunden in Innsbruck eintreffen. Nun war an Schlaf nicht mehr zu denken, denn jetzt trennten sie nur noch wenige Stunden von dieser freudig erwarteten, für ihr Leben so schicksalhaften Begegnung!

Auch für Johann Wilhelm war die Nacht im Reisewagen nicht eben geruhsam verlaufen. Und doch, die Sehnsucht hatte ihn beflügelt und jede Müdigkeit verscheucht. Um 9 Uhr morgens traf er in Innsbruck ein. Für Empfangsfeierlichkeiten war keine Zeit verblieben, und so begab er sich unverzüglich zur Erzherzogin, um sie zu bitten, ihm seine Braut, sobald es beliebe, zuzuführen.

Wenige Stunden später hob sich dann der Vorhang zu dem ersehnten Glück! »Beim ersten Anblick blieben sie beide stumm, sahen sich nur an, ohne zu sprechen und verbeugten sich voreinander. Dann unterbrach Eleonore das Stillschweigen und brachte mit einigen Scherzworten die Unterhaltung in Fluß.« (22, 22) Also kein Kuß, keine Umarmung, kein liebevolles Wort? Nicht mehr also als eine im steifen Zeremoniell erstarrte Begegnung? So wie damals bei Cosimo und Marguérite-Louise? Doch wer vermag in die Herzen zu schauen? Kann nicht auch das schweigende Ineinander-Versunkensein Ausdruck tiefempfundener Liebe sein? So war es auch damals gewesen, als sich Maria von Burgund und Maximilian von Öster-

reich erstmalig gegenüberstanden – ein zweifellos über-
glückliches Paar, eines der wenigen, deren Bund nicht nur
auf der Heiratspolitik der Väter basierte, sondern auf echter Zuneigung. Ja, auch sie waren schweigend ineinander
versunken gewesen. »Dann aber küßte sie ihn und sprach
die mühsam erlernten Worte: Sei gegrüßt, du edles deut-
sches Blut, nach dem sich mein Herz so lange gesehnt!«
(49, 117)
Anna Maria und Johann Wilhelm begaben sich sodann in
die Privatkapelle der Erzherzogin, wo sie sich während eines feierlichen Brautamtes im Beisein einiger Fürstlichkeiten nun auch persönlich das Eheversprechen gaben
und den kirchlichen Segen empfingen. Nach einem festlichen Mahl und einem höfischen Pastoralspiel »wollte die
Herzogin die Braut in ihre Gemächer geleiten und bei ihr
bleiben, bis sie entkleidet worden sei und sich zur Ruhe
begeben habe. Das wollte diese aber nicht erlauben, und
so zog sich das Kurfürstenpaar ohne viele Zeremonien zurück. Am nächsten Morgen erschienen sie gegen 12 Uhr
sehr fröhlich bei ihrer liebenswürdigen Gastgeberin.« (22,
22)
Nach einem Galadiner erwies sich das harmonische Einvernehmen der Jungvermählten durch den spontanen
Entschluß, man wolle zusammen musizieren. Dabei verlieh die Kurfürstin ihrer guten Stimmung Ausdruck, indem sie fröhliche Lieder anstimmte, wobei ihr Gemahl sie
begleitete. Auch tanzten sie erstmalig zusammen, als
abends zu einem üppigen Bankett aufgespielt wurde, wobei auch der Adel der Stadt seine Huldigung entbot.
In diesen wenigen Stunden hatte das Kurfürstenpaar vielerlei Sympathien gewonnen, umsomehr, als das beiderseitige Einvernehmen auf echte Harmonie schließen ließ.
Dieses Glück tat sich nicht nur in Frohsinn und strahlen-
den Augen kund, sondern auch in persönlichen Mitteilungen Anna Marias an ihren Vater, sie sei die glücklichste
Prinzessin, die sich denken lasse und so zufrieden wie niemand sonst. Auch im weiteren Verlauf der Reise fühlte sie
sich geborgen in der aufrichtigen Liebe des Kurfürsten.
In München wurde das Paar vom Kurfürsten Maximilian
und seiner Gemahlin empfangen. Dort fand Anna Maria
erstmalig Gelegenheit, anläßlich einer Reiherjagd ihr rei-

terliches Können unter Beweis zu stellen. Ihre Mutter, gleichfalls eine forsche Reiterin und auch als »Ordensfrau« immer noch elegant zu Pferde sitzend, hätte gewiß ihre Freude daran gehabt! In Augsburg, wo der Bischof das Paar begrüßte, verabschiedete sich dann die Maultier-Karawane, welche der Großherzog dem Geleit zugeteilt hatte. Reiche Geschenke, die Anna Maria für ihren Vater und den Hofstaat eingekauft hatte, begleiteten den Rückweg.

Die nächste Etappe führte nach Neuburg an der Donau, dem ehemaligen Stammsitz der Pfalzgrafen, die später als Herzöge von Jülich und Berg in Düsseldorf residierten. Johann Wilhelm war bereits in dem alten Schloß am Rhein zur Welt gekommen. Dennoch blieb er nicht nur aus familiärer Anhänglichkeit, sondern auch in seiner Eigenschaft als Regent von Pfalz-Neuburg mit der kleinen Residenz an der Donau verbunden. So bescheiden die Anfänge dieses Hauses gewesen waren, die Pfalzgrafen waren inzwischen zu Herzögen und dann sogar zu Kurfürsten avanciert – ein Aufstieg, der sich auch dadurch auswies, daß Johann Wilhelm mit den ersten Familien Europas in einer wohl einmaligen Vielfalt verwandt und verschwägert war.

Wir erwähnten bereits, daß der Kurfürst in erster Ehe mit der Schwester des Kaisers Ferdinand vermählt war, und daß andererseits seine älteste Schwester Eleonora (1655–1720) als Gemahlin Leopolds I. (1640–1705) deutsche Kaiserin war.

Eine zweite Schwester (Maria Sophia) war mit dem König von Portugal, die dritte (Maria Anna) mit König Karl II. von Spanien, die vierte (Dorothea Sophia) mit Herzog Odoardo II. von Parma, und die jüngste (Hedwig Elisabeth) mit Prinz Jacob Sobieski von Polen vermählt.

Von seinen Brüdern war Prinz Carl Philipp, der spätere Kurfürst, damals Statthalter von Tirol, wo er in Innsbruck mit großem Hofstaat residierte. Ein anderer war Meister des Hoch- und Deutsch-Ritterordens. Die übrigen standen als geistliche Würdenträger in hohem Ansehen. Erwähnt sei nur Friedrich Wilhelm (1665–1689), Domherr von Münster und Konstanz; er fiel als kaiserlicher General bei der Belagerung von Mainz.

Von den Verwandten ihres Gemahls, die Anna Maria damals in Neuburg kennenlernte, seien hier vorgestellt:
Die Kurfürstin-Mutter
Pfalzgraf Carl Philipp (1661–1742), ab 1716 Nachfolger
    seines Bruders
Pfalzgraf Philipp Wilhelm (1668–1693) und dessen Frau
Anna Maria Franziska, geb. Herzogin von Sachsen-
    Lauenburg, in 2. Ehe vermählt mit Anna Marias
    Bruder Gian Gastone
Franz Ludwig (1664–1732), Bischof von Breslau, später
    Kurfürst von Trier, dann von Mainz.
Von den in Deutschland ansässigen Verwandten Johann
Wilhelms fehlte bei diesem Empfang lediglich die Pfalzgräfin Luise Charlotte (1667–1695), geb. Prinzessin Rad-
ziwill, 1. Gemahlin des Pfalzgrafen Carl Philipp. Sie
konnte wegen Erkrankung nicht dabei sein.
Seit der Vermählung in Innsbruck waren inzwischen fast
14 Tage vergangen. Die kleine Residenz Neuburg hatte
sich sehr angestrengt, die Jungvermählten gebührend zu
empfangen. Sie hatte ihr Festkleid angelegt, und abends
vermittelte Illumination zusätzlichen Glanz. Da der Aufenthalt sich über fast drei Wochen ausdehnte (vom 6. bis
28. Juni) blieb genügend Zeit zu gegenseitigem Austausch.
Montauti, der Vertraute Cosimos, kam jedoch kaum zur
Ruhe. Er hatte die Interessen des Großherzogs zu vertreten und darüber zu wachen, daß alle Abmachungen ver-
tragsgemäß eingehalten wurden. Die erste Erfolgsmeldung ließ nicht lange auf sich warten. Demnach lag nun
die beglaubigte Urkunde vor, wonach Johann Wilhelm
sich verpflichtete, eine sogenannte Gegenmitgift von
100.000 Gulden sowie eine Witwenrente von jährlich
30.000 Gulden zu zahlen. Auch versprach er der Kurfürstin ein Jahreseinkommen von 18.000 Gulden, über das
sie zu seinen Lebzeiten nach eigenem Ermessen verfügen
konnte. Durch manch negative Erfahrung klüger geworden, war der toskanische Gesandte bemüht, auch das Be-
sitzrecht an Geschenken von vorneherein eindeutig zu
klären. In dieser Hinsicht zeigte sich Johann Wilhelm
nicht minder gefällig, indem er bindend erklärte, Anna
Maria könne über Schmuck und sonstige Geschenke, wel-

che sie bereits erhalten hatte oder im Laufe der Zeit noch bekommen würde, nach Belieben verfügen. Nachdem sich Montauti auf diese Weise seiner Pflicht gebührend entledigt hatte, reiste er ab, wenn auch nicht ohne Sorge, daß die Kurfürstin bei ihrer Weiterreise nach Düsseldorf in Gefahr geraten könne. Die Franzosen hatten nämlich erst kürzlich Lüttich bombardiert, und ein Übergreifen militärischer Verwicklungen auch auf den Niederrhein konnte nicht ausgeschlossen werden.

Am 19. Juli 1691 traf dann das Kurfürstenpaar mit ansehnlichem Gefolge in der Residenzstadt Düsseldorf ein. Die Bevölkerung nahm lebhaften Anteil an der Begrüßung, hatte die Häuser geschmückt und sich selbst festlich herausgeputzt. Die Freude war aufrichtig, denn man schätzte den jungen Fürsten, der die Stadt an der Düssel, ein ehemals bescheidenes Dorf, zu europäischem Ansehen und wirtschaftlicher Blüte erhoben hatte. Die besondere Aufmerksamkeit richtete sich natürlich auf die neue Landesfürstin. Kein Zweifel, ihre noble Erscheinung wußte ihr königliches Geblüt Medici-Bourbon hoheitsvoll zur Geltung zu bringen. Andererseits war ihr, wie man befriedigt feststellte, ein natürlicher Liebreiz eigen. Im übrigen ließen sich noch keine Rückschlüsse auf ihren Charakter ziehen. Was jedoch ihre äußere Erscheinung anbelangte, so durfte man dem Kurfürsten guten Geschmack durchaus bescheinigen. Nachdem die erste Ehe kinderlos gewesen und er früh verwitwet war, wünschte man ihm ein beständiges Eheglück mit reichem Kindersegen.

Anna Maria war noch ganz erfüllt von der Wonne der hinter ihr liegenden Flitterwochen bzw. Hochzeitsreise. Sie wußte ihre Zukunft geborgen in der Liebe eines aufmerksam um sie besorgten Gemahls. So war für sie weniger bedeutsam, wie und wo sie fortan gebettet sein würde. Dabei mochte sie wohl an ihre ferne Mutter gedacht haben, die sich damals zu der Erklärung veranlaßt sah, sie würde sich selbst im Paradies nicht wohlfühlen, solange sie mit einem ihr so widerwärtigen Mann zusammenleben müsse. So schwer es schon Marguérite-Louise geworden war, den Wechsel von Paris nach Florenz auch klimatisch zu verkraften, ihre Tochter wurde durch die Verpflanzung vom Arno an den Rhein auf eine nicht minder harte Probe gestellt. Für die Kurfürstin war diese Umstellung jedoch weniger schwierig, da sie dank relativ strenger Erziehung einfühlsamer und reifer war als ihre in freier Wildbahn aufgewachsene Mutter. Im übrigen wurde die Überwindung des Heimwehs wesentlich erleichtert durch die vielseitige Harmonie mit ihrem Gatten sowie das Wohlwollen, das ihr allenthalben begegnete.

Geradezu heimisch aber stimmte sie die überraschende Erfahrung, die Düsseldorfer Residenz als Hort der schönen Künste erleben zu dürfen. So konnte sich die prachtgewohnte Medicitochter vielfältig erbauen an den herrlichen Gemälden und Kunstschätzen, von denen sie in diesem sonst eher finsteren Schloß umgeben war. Sie selbst hatte als Brautgeschenk für ihren Gemahl Raffaels Gemälde »Die Heilige Familie aus dem Hause Canigiani« (1505) aus Florenz mitgebracht (35, 122). Überhaupt ließ sie sich gerne animieren von dem berechtigten Bestreben des Kurfürsten, seiner Hauptstadt Düsseldorf den Glanz zu verleihen, welcher seiner politischen Stellung als erstem Fürsten des Reiches entsprach. Nicht zuletzt zu diesem Zweck hatte sie bankkundige Berater mitgebracht. Sie würden sich entsprechend sachverständig mit den schwierigen Finanzproblemen befassen, die mit der Verwirklichung der hochgestellten Ziele ihres Mannes verbunden waren.

Daß Johann Wilhelm für flämische Maler, insbesondere Rubens, schwärmte, hatte sie bereits in Neuburg erfahren. Dort erzählte man sich, daß er immer wieder seine Agenten auf lohnende Fährten ansetze. Ihm selbst aber bleibe das Jagdglück versagt, obwohl es ihn sozusagen vor der Haustüre anlachte. Denn hier im Stammsitz seiner Vorfahren hing über dem Hochaltar der Jesuitenkirche das »Jüngste Gericht« des flämischen Meisters. Wie oft hatte er dieses Kolossalgemäde im Visier gehabt, um es für seine Düsseldorfer Galerie zu gewinnen. Kauf- und Tauschvorschläge aber waren immer wieder gescheitert, wobei die Jesuiten seiner Meinung beipflichteten, das Gemälde eigne sich wegen seines Übergewichtes an nackten und allzu üppigen Körperformen nicht für den kirchlichen Raum. Inzwischen war man jedoch auf dem Instanzenweg einen Schritt weitergekommen. Es fehlte aber noch die Zustimmung des Generals der Gesellschaft Jesu in Rom. An diesem kritischen Punkt nun sah Anna Maria die Chance einer Erfolg versprechenden Intervention. Entsprechend wurde ihr Onkel, der Kardinal, eingespannt. Wozu schließlich verfügte man über diese bequeme Verbindung zum Hl. Stuhl? Tatsächlich erwirkte Francesco Maria die gewünschte Zustimmung, und schon wenige Monate später traf die monströse Jagdtrophäe in Düsseldorf ein. In ihrem Dankesbrief aber meinte die Kurfürstin scherzhaft, der Kardinal müsse nun auch noch den Saal schicken, der groß genug sei, um die Beute aufhängen zu können. Jedenfalls hatte sie auf diese Weise schon vor dem festlichen Einzug in Düsseldorf die Möglichkeit genutzt, ihrem Gemahl gefällig zu sein. Bei Blainville (6) finden wir übrigens die Notiz: »In der Kapuzinerkirche stehet die Abbildung des Jüngsten Gerichtes von Rubens, welches dem Churfürsten zugehöret, aber noch zu groß für seine Gallerie ist, weswegen er auch jetzt ihre Decke erhöhen läßt.«

Johann Wilhelm, volkstümlich Jan Wellem genannt, war zumal als pyknischer Typ, betont niederrheinisch und damit niederländisch orientiert. Das zeigt sich auch darin, daß er Adriaen van der Werff und Jan Frans van Douven als Hofmaler engagierte. Doch bei aller Vorliebe für die flämischen Meister, ihm konnte Anna Marias Streben, die Palette der schönen Künste am Düsseldorfer Hof durch italienisch/toskanische Farbtöne zu bereichern, nur lieb sein. Und wenn die Düsseldorfer Galerie in den kommenden Jahren zunehmend durch Werke italienischer Meister erweitert wurde, gebührte der Dank abermals dem stets freigebigen Onkel, dem Kirchenfürsten Francesco Maria. Noch wertvoller aber dürften die dem Kurfürsten-Paar zugedachten Geschenke Cosimos gewesen sein, darunter Gemälde von Raffael und Andrea del Sarto. (35, 115)

Mit berechtigtem Stolz konnte deshalb Johann Wilhelm auf die reich ausgestatteten Räume in seinem Schloß verweisen. Sie umfaßten nicht nur die Gemälde, die später in einer separaten Galerie zugänglich waren, sondern auch Kostbarkeiten wie Schmuckstücke, Porzellan, Silber usw. Bei aller Freude an dem gemeinsamen Besitz legte

118

die Kurfürstin Wert darauf, eine eigene Sammlung aufzu-
bauen, die von ihrer persönlichen Note geprägt war. So
kann man noch heute im Pitti-Palast einen Schmuck-
schrank in Florentiner Arbeit bewundern, der damals eines der Düsseldorfer Gemächer der Kurfürstin geziert haben dürfte.

Von Anna Maria war als Nachfahrin selbstbewußter Königinnen und Herrscher wohl kaum zu erwarten, daß sie
sich jeder Einflußnahme bei Hofe enthielt. Tatsächlich
behauptet die wohl älteste ihr gewidmete Lebensbeschrei-
bung (47), der Kurfürst habe sie – sowohl wegen ihrer
Schönheit wie auch wegen ihrer Klugheit – so sehr geliebt,
daß er ihr die absolute Herrschaft über seine Untertanen
überlassen habe. Und sie habe mit Weisheit, aber auch mit
Strenge regiert. Kühn-Steinhausen (22, 27) bestreitet jedoch derartige Berichte ganz entschieden und zwar mit
dem Hinweis, nichts in den zahlreichen Briefen, die von
Düsseldorf nach Florenz hin und her gingen, deute darauf, »daß sie sich in irgendeiner Weise in die Regierungsgeschäfte des Kurfürsten eingemischt habe.« Andererseits
ist kaum anzunehmen, daß eine so selbstbewußte und von
ihrem Mann verwöhnte Frau auf jegliche Einflußnahme
verzichtete. Und sie war gewiß gewandt und vielleicht
auch raffiniert genug, sich ein Mitspracherecht anzueignen, ohne den Kurfürsten der Illusion zu berauben,
daß allein er bestimme. Auch in diesem Zusammenhang
wird man an ihre Mutter erinnert, der es gelang, selbst
Seine Majestät, den Sonnenkönig, zu umgarnen. Jedenfalls bestreitet auch Kühn-Steinhausen (22, 27) nicht, daß
Johann Wilhelm »manches Mal den Rat seiner klugen Gemahlin eingeholt« habe. Im übrigen blieb Anna Maria
auch ohne politisches Engagement ein weites Betätigungsfeld maßgebender Einflußnahme. Diese bezog sich
insbesondere auf ihre künstlerischen Ambitionen.

Johann Wilhelm hatte sein Interesse bisher vornehmlich
der Malerei und Skulptur gewidmet. Durch seine Gattin
wurde nun seine Aufmerksamkeit vermehrt auch auf die
sogenannte Kleinkunst gerichtet. Eine besondere Vorliebe hatte er für die Elfenbeinschnitzerei. In dieser Kunst
waren die Italiener führend. Entsprechend konnte Anna
Maria manch guten Meister aus Florenz für den Düssel-

dorfer Hof gewinnen. Überhaupt wurden viele italienische Künstler und Handwerker an den Rhein gezogen,
zumal sie in Florin, d.h. Florentiner Gold, das aus der
Mitgift der Kurfürstin stammte, vergütet wurden.
Insgesamt erlebte während dieser Jahrzehnte die kleine
Residenz Düsseldorf ein künstlerisches Aufblühen, wie es
vorher nur Florenz unter den besten Medici gekannt
hatte. Der Verfasser der 1718 erschienenen »Großen
Schouburgh der Niederländischen Maler«, Arnold Houbraken, den die Kunstgeschichte den holländischen Va-
sari nennt, schreibt, »daß, wenn der Allmächtige nur dem
Kurfürsten Jan Willem ein langes Leben gegönnt hätte,
Düsseldorf ein zweites Rom geworden wäre.« Unter
Dutzenden von Künstlern, die das kurfürstliche Paar mit
festem Gehalt an seinen Hof zog, führt Houbraken an:
die Italiener Belli, Leioni, Pelligrini, Zenetti, Bernardi sowie de Alberti, den Erbauer des Schlosses Bensberg; die
Deutschen Karsch, Boc, Eulhoffen, Spilberg und seine
Tochter Adiana; die Holländer und Flamen Weenix, Ar-
din, Schoonjans, von der Neer, die Rachel, Ruis, Breek-
velt, van Nikkelen, van der Meyn, vor allem aber die sehr
berühmten Maler Adrian van der Werff, Johann Franz
Douven und den Bildhauer Gabriel von Grupello. Douven, der beliebteste Bildmaler seiner Zeit, war auch des
Kurfürsten Galeriedirektor, während Grupello eines der
herrlichsten Reiterstandbilder des Barock schuf.
Die reiche Bildersammlung, die das kurfürstliche Paar in
erstaunlich kurzer Zeit – allerdings mit ungewöhnlich
großem Aufwand – zusammenbrachte, enthielt kostbare
Schätze: nicht weniger als sechsundvierzig Rubens, fünf
Tizian, vierundzwanzig van der Werff, zwei Velasquez,
vier Poussin, zweiundzwanzig van Dyck, neun Rembrandt, drei Tintoretto, zwei Raffael. Außerdem waren
vertreten Wouwermann, Correggio, Guido Reni, Andrea
del Sarto, Teniers und viele andere Namen von hohem
Ruf. Viele dieser Schätze hatte van Douven im Auftrag
des Kurfürstenpaares in Holland und Italien aufgekauft.
(43, 130) Was den Maler van der Werff anbelangt, so sei
hier eine Notiz einbezogen, welche der schon wiederholt
zitierte Gesandte Blainville (6) hinterließ: »Der Churfürst
erlaubte uns, seine Malergallerie zu sehen, wohin uns ein

Maler, der in seiner Besoldung stehet, begleitete. Er ist aus Rotterdam gebürtig und heißt Johan van der Werff. Er hat von dem Churfürsten zwölf hundert Thaler Besoldung, der ihm über dieses alle Gemälde, die er für ihn verfertiget, sehr theuer bezahlet . . . Dazu zählen Bildnisse des Churfürsten und der Churfürstin, zwey sehr schöne und überaus wohl ausgearbeitete Stücke.«

Die meisten der fast vierhundert Bilder dieser Galerie gelangten später nach Mannheim bzw. München. In Düsseldorf blieb nur die Himmelfahrt der Maria von Rubens, die man, als es galt, die Gemälde dem Zugriff französischer Revolutionstruppen zu entziehen, wegen ihrer außerordentlichen Größe nicht so schnell verpacken konnte. Auch die sehr reiche und ausnehmend schöne Sammlung von Elfenbeinschnitzereien gelangte damals nach München. Die noch von Goethe und Schiller sehr bestaunte Sammlung von Gipsabgüssen antiker Skulpturen wurde dagegen nach Mannheim überführt.

Die Beziehungen zwischen den beiden Städten am Rhein und am Arno waren während dieses Vierteljahrhunderts sehr intensiv. Fast regelmäßig gingen Geschenke von einem Hof zum anderen. Bald schickte Cosimo seiner Tochter einen schönen Jagdfalken und ein paar toskanische Pferde, bald sandte Johann Wilhelm seinem Schwiegervater Wildpferde aus dem Duisburger Walde. Wertvoller aber war der Austausch von Kunstwerken; unter anderen schickte Anna Maria ihrem Vater für den Künstlersaal der Uffizien Selbstbildnisse von Rembrandt und Rubens (52, 500). Andererseits war auch Cosimo sehr großzügig.

Daß die Düsseldorfer Gemäldegalerie, heute wesentlicher Bestandteil der alten Pynakothek in München, zu Weltruf gelangen konnte, ist gewiß zu einem beträchtlichen Teil dem Einfluß der Kurfürstin zu verdanken. So schrieb der schwedische Professor Björnstahl, der sich 1774 während einer Europareise in Düsseldorf aufhielt:

»Man sieht hier Stücke, die unschätzbar sind. Kurfürst Johann Wilhelm hat diese Sammlung veranstaltet: dieser Herr war jedoch mehr Liebhaber als Kenner, und seine Gemahlin Anna Maria brachte ihm den Geschmack an seinen Gemälden bei. So hat das medicesche Haus nicht nur in Italien, sondern auch am Rheine, wie hier zu Düsseldorf, die Künste eingeführt und das Gefühl des Schönen gegründet.« (12)

Dennoch, die Verdienste Johann Wilhelms sollten nicht unterschätzt werden! Allerdings überschritten seine Ambitionen oft den Rahmen des Möglichen und den Bürgern Zumutbaren. So schwebte ihm zeitweise ein zweites Versailles vor. Vielleicht hätte dann auch der Mätressenkult in Düsseldorf Einzug gehalten. Doch in der Hinsicht bestand ohnehin kein Bedarf. Weshalb auch? Berichtete doch der 1697 in Düsseldorf weilende Bruder der Kurfürstin Gian Gastone nach Hause, Johann Wilhelm sei »allergründlichst in seine Frau verliebt«. Ähnlich äußerte sich zwei Jahre später der Sänger Giovanni Palamone. Demnach fühlte sich der Kurfürst nur dann zufrieden, wenn er seine Gemahlin in der Nähe wußte.

Anna Maria hat diese Liebe von ganzem Herzen erwidert – anders als ihre Mutter, die sich jedem Intimverkehr am liebsten versagt hätte, dennoch aber drei Kinder gebar. Die Kurfürstin aber sollte nur ein- oder zweimal schwanger werden, ohne jedoch im Laufe ihrer fast 25jährigen Ehe Mutterfreuden erlebt zu haben. Die bereits oben zitierte älteste VITA (und alle weiteren scheinen sich darauf zu berufen) macht Johann Wilhelm dafür verantwortlich, da er angeblich zeitlebens an den Folgen einer Geschlechtskrankheit laboriert habe: »Er aber, der im Dienste der Venus Gift getrunken hatte, vermischte es derart mit seiner angetrauten Gefährtin, daß sie ebenfalls angesteckt wurde. Dennoch wurde sie schwanger, verlor das Kind und empfing nie wieder.« (47) Kühn-Steinhausen (22, 41), die den Kurfürsten von diesem Makel gerne freisprechen möchte, muß sich in dieser Hinsicht auf die Bemerkung beschränken: »Eine von Johann Wilhelm veranlaßte Krankheit ist durchaus nicht erwiesen.«

Cleugh (10, 426) dagegen behauptet: »Anna Maria hatte bereits zwei Fehlgeburten erlitten und sich bei ihrem gutartigen, aber unverbesserlich untreuen Gemahl wieder mit Syphilis infiziert.«

Acton (1, 215) formuliert etwas zurückhaltender: »Wiederholt kurte Anna Maria zur Anregung ihrer Fruchtbarkeit in Aachen. Es wird berichtet, daß sie in den ersten

Jahren ihrer Ehe zweimal schwanger war, beide Male aber eine Fehlgeburt zu beklagen hatte. Dieses Mißgeschick wurde mit ›Unzuträglichkeiten in Zusammenhang gebracht, die ihrem Gatten zuzuschreiben waren‹. Dieser schätzte und liebte Anna Maria durchaus, ließ sich jedoch häufig von Amor zu außerehelichen Umarmungen verleiten. Wie es zu diesen Fehlgeburten kam, erfuhr man nicht. Ja, die Fürstin selbst hielt diese Unpäßlichkeit ein Leben lang geheim. Ja, sie wünschte ausdrücklich, daß nach ihrem Tode ihr Körper weder seziert noch einbalsamiert werde.«
Kühn-Steinhausen ist überhaupt mißtrauisch gegenüber allen Berichten, die besagen, daß die Kurfürstin Grund gehabt habe, eifersüchtig zu sein, und daß sie ihrem Mann bei angeblich amourösen Pirschgängen nachts nachgespürt sei. Erzählungen dieser Art gehen zurück auf die Herzogin von Orléans sowie den Gesandten Blainville:
»Man erzählt hier von ihr, daß sie auf ihren Gemahl sehr eifersüchtig sei, und sich gar oft schimpflichen Anfällen aussetze, wenn sie demselben in der Nacht in einem Mantel verhüllet auf den Straßen nachschleicht, um seine Liebeshändel auszuforschen. Man darf sich aber darüber nicht wundern, weil sie in einem Lande erzogen worden, wo die Eifersucht bis zur Tollheit steiget, und alle Welt weiß, daß der Churfürst kein Feind von Liebeshändeln ist.«
Kühn-Steinhausen (22, 29) will nicht bestreiten, daß »Johann Wilhelm in seiner Gutmütigkeit Liebeleien nicht immer abgeneigt war«, und es wird ihm auch eine ›gewisse Freundschaft mit der Tochter eines seiner Kammerdiener‹ nachgesagt. Insgesamt aber, so meint die Autorin, dürfte der Kurfürst »nicht allzuviele Liebschaften gehabt haben und ist sicher darin in keiner Weise mit anderen Herrschern seiner Zeit zu vergleichen. Jedenfalls sind es nur ganz vorübergehende Episoden gewesen, welche auf die Dauer das Verhältnis zu seiner Gemahlin nicht getrübt haben. Und sollte die kluge und stolze Frau sich wirklich bis zum nächtlichen Nachschleichen erniedrigt haben? Es ist dies, selbst wenn man das heiße, eifersüchtige Blut der Italienerin in Betracht zieht, kaum anzunehmen. Jedenfalls fehlt in dem dokumentarischen Material jeder Anhalt für diese Legende.«

In ähnlichem Sinne äußert sich Teich-Balgheim (44):
»Mag Jan Wellem auch mal eine kleine Liaison mit irgend-
einem hübschen Hoffräulein oder eine Liebelei mit einer
Beamtentochter gehabt haben, was will das besagen bei einem Barockfürsten der Zeit Ludwigs XIV., wer will daraus das Recht nehmen, über ihn zu Gericht zu sitzen.
Maitressenwirtschaft, wie an den meisten Höfen der Zeit,
gab es bei Johann Wilhelm nicht; nirgendwo hat er kleine
Lustschlößchen oder Liebeslauben für Kurtisanen erbaut,
wie etwa August der Starke, von den französischen Königen ganz zu schweigen.«

Die Harmonie des Kurfürstenpaares bezog sich nicht nur
auf die bildende Kunst, sondern auch auf den musikalischen Bereich. Schon bei der ersten Begegnung in Innsbruck war dieser Zusammenklang spürbar geworden, als
die beiden Verlobten spontan miteinander musizierten.
Anna Maria war u.a. eine hervorragende Cembalospiele-
rin. Mit Befriedigung erfuhr sie, daß es schon unter Johann Wilhelms Vater und Großvater in Düsseldorf eine
Hofkapelle gegeben hatte, und zwar unter der Leitung
bedeutender Italiener, so des Kapellmeisters Negri und
des Violinvirtuosen Biagio Marini aus Brescia. Diese Hofkapelle, die an den Feiertagen auch zur Tischzeit auf-
spielte, zählte zeitweise bis zu 60 Musiker. Blainville, der
1705 einem Schloßkonzert beiwohnte, spricht von einer
»trefflichen Bande von Tonkünstlern.«

Anna Maria mußte diese so glücklich aufeinander abge-
stimmte Wellenlänge umso dankbarer empfinden, als ihr
gewiß die unerquicklichen Auseinandersetzungen ihrer
Eltern auch im künstlerischen Bereich nicht fremd geblieben waren, hatte man sich doch schon zu Beginn der Ehe
hinsichtlich des Marguérite-Louise zugestandenen Musi-
ker-Kontingentes entzweit.

Am 13. Februar 1694 schrieb die Kurfürstin nach Hause:
Jetzt wird das Theater eröffnet, und man vergnügt sich
mit drei Lustspielen. Diese Liebhaber-Aufführungen der
Hofdamen, der Pagen und Kavaliere nahmen einen breiten Raum in den Vergnügungen des Hofes ein. Man be-
vorzugte französische und italienische Lustspiele. So
stand am 5. Januar 1695 z.B. ein Stück von Molière auf
dem Programm.

Übrigens hatte sich ihr Onkel, der Kardinal, nach ihren Hofdamen erkundigt. Die Kurfürstin antwortete ihm darauf: Sie sind sehr unterschiedlich geartet, doch alle sind liebenswürdig. Eine besondere Schönheit ist nicht darunter; die Hübschen haben geheiratet. Jedenfalls sind sie fröhlicher als in Florenz.

Doch die künstlerischen Ambitionen der Kurfürstin wollten sich nicht mit Laienspielen ihrer Hofdamen und Kavaliere begnügen. Ihrer Initiative ist vielmehr der Bau eines stattlichen Opernhauses zu verdanken. So wie Florenz die eigentliche Heimat der italienischen Oper war, so sollte Düsseldorf die entsprechende Vorrangstellung im deutschen Sprachraum übernehmen. Mit diesem Ziel stiftete sie aus ihrem Privatvermögen 80.000 Gulden für den Bau eines Opernhauses. Es wurde an der Mühlenstraße – da, wo heute das Landgericht steht – errichtet und bereits 1696 eingeweiht. Kordt (18, 264) rühmt diese Oper als die nach Italien wohl bedeutendste auf dem Kontinent. Es muß ein mit großartigen Barockstukkaturen gezierter Musentempel gewesen sein, den der Generalintendant Graf Matteo de Alberti entworfen hat. Leider haben wir keine genaue Vorstellung von diesem für die Geschichte der Oper so bemerkenswerten Bau, da er während des Siebenjährigen Krieges bei einem Bombardement restlos zerstört wurde.

Das Opernhaus wurde am 12. Februar 1696 mit einer Uraufführung eröffnet. Und zwar gab man die »Giocosta« von Giovanni Andrea Monoglia (1624–1700), dem toskanischen Leibarzt und Hofdichter des Vaters Cosimo. Die Musik hatten Johann Hugo von Wilderer und Georg Krafft geschrieben. Die einbezogenen Tänze waren von Rodier einstudiert worden. (20, 70)

In diesem Opernhaus sind großartige Barockopern erstaufgeführt worden, die Johann Wilhelm anläßlich besonderer Ereignisse jeweils in Auftrag gab. Anna Maria aber stellte aus eigener Schatulle langfristig die Mittel zur Verfügung. »Noch unter Kurfürst Karl Theodor blühte in Mannheim, finanziell gestützt durch diese Stiftungen der Kurfürstin für die Düsseldorfer Oper, das dortige Musikleben.« (18, 264) Tatsächlich ist die deutsche Musikgeschichte ohne diese Oper der Jan Wellem-Ära nicht denkbar. In seinen Diensten stand u.a. Kapellmeister Steffani. In Düsseldorf hat er allein drei Opern komponiert, darunter die berühmte »Tassoline«. Eine moderne Schallplatte vermittelt einen Eindruck von dem Glanz der damaligen Oper in Düsseldorf (34). Der Text dieser Opern war ausschließlich in italienischer Sprache abgefaßt. Das war weitgehend üblich, nicht zuletzt aber am Düsseldorfer Hof, wo das italienische Element dank der Einwirkung der Kurfürstin ohnehin eine so große Rolle spielte. Das Kurfürstenpaar förderte auch den großen musikalischen Reformator Angelo Corelli. Dieser widmete die reifste Frucht seines Schaffens, die 12 Concerti grossi, seinem Düsseldorfer Mäzen. Als Komponist von internationalem Ruf bildete er, maßgebend auch für Händel, das Wechselspiel von Orchester und Soloinstrument aus. Der wiederholte Aufenthalt Händels in Düsseldorf geht auf eine zweifache Beziehung zurück. Einerseits war der von Johann Wilhelm geförderte Agostino Steffani Gönner und Vorgänger Händels in Hannover. Andererseits war Anna Marias Bruder Gian Gastone mit Georg Friedrich befreundet. Händel weilte längere Zeit in Florenz, kam von dort nach Düsseldorf und überbrachte Anna Maria Grüße ihres Vaters. Auch musizierte er vor dem Kurfürstenpaar. Andererseits zeigte ihm Johann Wilhelm mit Stolz seine Sammlung kostbarster, seltener Musikinstrumente. (43, 130)

Für Bruder Gastone wird die Hochzeit von Düsseldorf zum Verhängnis

In diesen Monaten bahnte sich ein Ereignis an, das die Kurfürstin mehr noch als sonstige Familienanlässe in Anspruch nehmen sollte. Es betraf ihren jüngsten Bruder Gian Gastone. Die Ehe Ferdinandos mit der Erbprinzessin war leider unfruchtbar geblieben. Umso dringender erschien es nun, daß Gastone baldmöglich heirate und für Nachwuchs sorge. Doch versuchen wir zunächst eine Charakterisierung des damals 26jährigen.
Gastone, benannt nach seinem Großvater aus dem Hause Bourbon-d'Orléans, war erst drei Jahre alt, als seine Mut-

ter ihn und seine Geschwister als Halbwaisen zurückließ. Seine lebhafte Intelligenz bestimmte ihn für eine wissenschaftliche Laufbahn. Dabei standen ihm bedeutende Lehrer zur Verfügung. Tatsächlich wurde er allen Erwartungen gerecht, so daß er in Anerkennung seiner Gelehrsamkeit schon mit jungen Jahren Governatore der Universität Pisa wurde. Dieser Berufung blieb er jedoch nicht lange treu. Die Lebensweise seines Vaters nämlich, der er sich auch in Pisa anzupassen hatte, die Heuchelei und Mißstände, die unter dem Deckmantel falsch verstandener Frömmigkeit verborgen waren, zerrütteten die joviale Veranlagung des jungen Prinzen. So war er oft nervösen Krisen unterworfen, die seine geistige Entwicklung ungünstig beeinflußten. (36)

Nicht zuletzt wegen seiner melancholischen Veranlagung stand er immer im Schatten seines älteren Bruders, der nicht nur temperamentvoller, sondern auch ansehnlicher war. Gastone, der sich mit Vorliebe dem Studium der Antike widmete, lebte meist abgesondert ohne Freunde. Umso lebhafter ging es bei seinem Onkel Francesco Maria zu, dem mit Witz übersprühenden Kardinal, der sich mit theatralischem Gepränge zwischen Rom und der Villa Lappeggi bewegte, umgeben von fragwürdigen Höflingen und Parasiten. Er lud seinen Neffen häufiger ein, um ihn von dem kuttenbetonten Klüngel des Palazzo Pitti abzulenken und von der introvertierten Schwermut, die bereits krankhafte Züge annahm. Der junge Prinz saß nämlich oft weinend in seinem Zimmer, mit sich und der Welt hadernd. Gelegentlich aber zog er sich auch in ein Gewächshaus in den Boboligärten zurück, um seinen botanischen Neigungen nachzugeben. (1, 198)

Die überschäumende Lebensfreude seines Onkels aber kontrastierte zu extrem mit seiner empfindsamen Natur, um ansteckend zu wirken. Cosimo selbst dürfte sich manchmal verwundert gefragt haben, wie es nur erklärlich sei, daß sein Bruder und sein Sohn so unterschiedlich geartet seien. Hätte nicht eher der Kardinal die ungestüme Französin Marguérite zur Mutter haben können? Francesco und Gastone andererseits schüttelten, sooft sie beisammen waren, den Kopf ob Cosimos seltsamem Regierungsstil. Schon längst hatte man mit Befremden regi-

striert, daß antijüdische Erlasse und ein strenger Sitten-
kodex den gesetzgeberischen Erfindungsgeist des Großherzogs bestimmten bzw. in Mißkredit brachten. Und
war nicht geradezu lachhaft eine Verfügung vom 29. Dezember 1694, wonach der Luxus der jungen Frauen ein-
zuschränken sei? Sie sollten sich mit schlichter Kleidung
begnügen ohne Stickerei und Silber, und junge Bräute
durften Brokatkleider höchstens zwei Jahre lang tragen.
Witwen aber mußten stets schwarz gekleidet gehen, ohne
farbige Bänder und Hutfedern oder sonstigen überflüssi-
gen Schmuck.

Was Gastone anbelangt, so glaubte man ihn auf andere
Gedanken bringen zu können, indem man ihn auf Reisen
schickte. So hatte er seine Schwester auf ihrer Brautfahrt
nach Trient begleitet und war später wiederholt bei ihr in
Düsseldorf gewesen. Doch auch diese Medizin blieb wir-
kungslos.

Also verordnete man ihm eine baldige Heirat, obwohl
oder gerade weil Gastone in dieser Richtung bisher keinerlei Absichten bekundet hatte. Nun, ob er wollte oder
nicht, er mußte das Schicksal seiner Mutter teilen, die
gleichfalls ohne ihr Zutun regelrecht verkuppelt worden
war. Es ist unbegreiflich, daß Vater und Tochter diese unliebsame Erfahrung ihrer Familienchronik offenbar unbeachtet ließen, als sie sozusagen in absentia des Betroffenen
auf Brautschau gingen. Noch bedenklicher aber bleibt,
daß bei diesem Rundgang auf dem Heiratsmarkt die zu erwartende Mitgift Vorrang hatte. Der höchst sparsam kal-
kulierende Cosimo glaubte nämlich nicht in der Lage zu
sein, seinem jüngsten Sohn die Mittel für eine gebührende
Hofhaltung geben zu können. Man hielt deshalb nach einer vermögenden Prinzessin Ausschau, welche die ohnehin erschöpften Reserven des Schwiegervaters nicht bela-
sten würde. Ihm langte es ohnehin, die »Hofhaltung« seiner abtrünnigen Frau in Paris finanzieren zu müssen.

Bei dieser Suche erwies sich nun seine vielgeliebte Tochter
Anna Maria als treibende Kraft, indem sie ihre Schwägerin Anna Maria Franziska, die Witwe des Pfalzgrafen Philipp Wilhelm, als passende Gattin für ihren Bruder empfahl. Als Erbin des Hauses Sachsen-Lauenburg war sie in
der Tat sehr wohlhabend. Die Frage, ob sie auch sonst

liebenswert sei, blieb dabei offenbar zweitrangig. All dies würde sich später ergeben. Zunächst aber kam es darauf an, den Ehevertrag unter Dach und Fach zu bringen. Doch dies war leichter gedacht als getan. Die anvisierte Prinzessin zeigte nämlich wenig Neigung, erneut zu heiraten. Zudem kam ein weiterer Aspirant in die Quere, hatte doch der Kaiser höchstpersönlich keinen Geringeren als seinen Feldherrn Prinz Eugen der spröden Franziska zugedacht. Tatsächlich traf dieser zur Brautschau ein, hatte jedoch nichts Besseres zu tun, als sich mit einer zackigen Kehrtwendung zu verabschieden.

Cosimo aber ließ nicht locker. Er sah über alle Bedenken hinweg, da ihn neben der Mitgift letzthin die Erwartung bestimmte, Franziska würde ihm Enkel in Fülle bescheren, hatte sie sich doch in erster Ehe als durchaus gebärtüchtig erwiesen. Schon sah er das Haus Medici auch in Deutschland verankert und Gastone inmitten der Prinzen des Hl. Römischen Reiches. Ob die beiden überhaupt Gefallen aneinander finden würden, schien auch diesmal nebensächlich. Doch hätte die Kehrtwendung des Prinzen Eugen und andere Gerüchte nicht stutzig machen müssen!?

Die Prinzessin war etwa so alt wie Gastone, sah aber älter aus, zumal barocke Wölbungen ihr ein eher matronenhaftes Aussehen verliehen. Diese üppige Fülle, so hieß es boshaft, hätte allenfalls einen Türken begeistern können, weit weniger aber die verfeinerten Ansprüche eines Florentiner Prinzen. Schwerwiegender aber war, daß Franziska abermals ihre Abneigung gegen eine erneute Heirat bekundete, umsomehr, als sie hochnäsig die Meinung vertrat, ihr stehe ein Souverän zu, nicht aber ein Nachgeborener zweiten Ranges. Um nichts unversucht zu lassen, suchte Cosimo nun die Unterstützung des Kaisers. Tatsächlich vollzog sich in der Prinzessin ein Sinneswandel, dem nicht zuletzt die Vermittlung der Kurfürstin nachgeholfen hatte. Ausschlaggebend aber war schließlich, daß der Prinzessin vertraglich die absolute Freiheit zugebilligt wurde, all ihre Besitzungen selbst zu verwalten. Außerdem kam man ihr zuliebe überein, daß ihre Residenz in Böhmen Vorrang haben, Florenz aber nur als zweiter Wohnsitz gelten sollte.

Gian Gastone, *1671–1737, Anna Marias jüngerer Bruder, hier
etwa 30 Jahre nach seiner Hochzeit, als Großherzog der Toskana.
Bildarchiv der Österr. Nationalbibliothek, Wien*

Franziska Sibylle Auguste, *1675–1733, Prinzessin von Sachsen-Lauenburg. In der Inschrift unten heißt es u. a. ORBI DONATA Ao 1675 – also der Erde geschenkt 1675. Im übrigen legt der Text nahe, daß die Prinzessin hier dargestellt ist, bevor sie 22jährig Gastone heiratete.*
Kupferstich von Birckart, Prag
Bildarchiv der Österr. Nationalbibliothek, Wien

So taumelte Gastone, mehr oder weniger genötigt, in ein höchst fragwürdiges Abenteuer, das ihn bereits bei der ersten Begegnung mit der Braut fast zur Verzweiflung brachte. Daß sie keine Schönheit war, hatte sich nicht verheimlichen lassen. Doch mußte ihre äußere Erscheinung, bei Licht besehen, selbst die bescheidensten Erwartungen zunichtemachen. Auch verfügte sie offenbar nicht über den Intellekt, der mit dem Defizit ihres Äußeren hätte versöhnen können. Die Prinzessin zeigte sich nicht minder enttäuscht, so daß man mit Recht von beiderseitiger Abneigung auf den ersten Blick sprechen konnte. Daß es nicht bereits an Ort und Stelle zu einem Eclat kam, ist wohl in erster Linie dem Phlegma des Prinzen zuzuschreiben. Immerhin, er mußte sich gehörig zusammenreißen, um sich nun wohl oder übel der Falle auszuliefern, in welche Vater und Schwester ihn gelockt hatten.

Am 2. Juli gegen Abend fand dann die Trauung in der reich geschmückten Kapelle des kurfürstlichen Schlosses zu Düsseldorf statt, und zwar unter Assistenz des Weihbischofs von Osnabrück sowie der Äbte aus Altenberg und Heisterbach. Sie spendeten den Segen zu einem Bund, der sich als wenig segensreich erweisen sollte. Feuerwerk und Salutschießen stimmten in die trügerische Festesfreude ein. Anna Maria jedoch ließ sich nicht verdrießen. Ihre Absichten waren gewiß gut: sie liebte ihren Bruder und wünschte ihn glücklich zu sehen. Sie hatte ein umfangreiches Galaprogramm inszeniert. So hatte sie mit Bauernjungen und Mädchen aus der Umgebung Düsseldorfs ein Schäferspiel mit tänzerischen Einlagen einstudiert, vielleicht unter bewußter Anspielung auf die rustikale Natur der Braut. Natürlich durften auch Oper und Ballett für gehobene Ansprüche nicht fehlen. (Der Text der Festoper wird übrigens noch heute im Theaterwissenschaftlichen Institut zu Köln bewahrt.)

Die Kurfürstin tanzte wiederholt mit der Braut, während Gastone verdrießlich beiseite stand. Der einzige Lichtblick dieser Tage war für ihn das einstweilen noch gute Einvernehmen mit seiner Schwester. In ihrer frischen und amüsanten Art tat sie alles, um den trübsinnigen Ehegatten aufzuheitern, der von Düsseldorf aus schrieb: »Die Unterhaltung mit ihr ist mein größtes Vergnügen, und es tut mir leid, daß ich darüber nicht so froh werde, wie ich möchte«. (2) Diese einvernehmliche »Unterhaltung« bezog sich nicht zuletzt auf das gemeinsame Musizieren. Gastone spielte nämlich sehr ansprechend verschiedene Instrumente: die Leier, die Gitarre und die Flöte.

Nach der Hochzeit blieb man noch einige Wochen in Düsseldorf. Franziska machte jedoch kein Hehl daraus, daß sie Städte und Fürstenhöfe verabscheue und die Rückkehr in die ländliche Freiheit ihrer heimatlichen Gefilde ersehne. Gastone andererseits bekannte ohne Umschweife, die glücklichsten Stunden seiner Flitterwochen seien die mit der Schwester zugebrachten. Sie sei fröhlich wie eine Lerche und habe auch Grund dazu, denn der Kurfürst sei auch nach sechs Ehejahren immer noch »allergründlichst in seine Frau verliebt«. (Teich-B.) Umso trauriger muß die seine Hochzeit betreffende Anmerkung stimmen: »Noch nie ist mir eine Frau begegnet, von einer Prinzessin ganz zu schweigen, welcher die Annehmlichkeiten des Lebens so wenig bedeuten. Sie fühlt sich im Pferdestall wohler als im Salon.«

Im September brachen sie dann endlich, mehr oder weniger übel gelaunt, zu ihrer vorläufigen Residenz Reichstadt, nicht weit von Prag, auf. Wäre Reichstadt ein kleines Versailles gewesen, mit städtischem Zuschnitt und ein paar kultivierten Bewohnern, so hätte sich Gastone mit der ihm aufgenötigten Existenz vielleicht abgefunden. Nun aber war er verbannt in ein bescheidenes Dörfchen, das aus einigen Bruchbuden, Schuppen und Gemüsegärten bestand, eingezwängt zwischen düsteren Waldeshöhen. Ihr baufälliges Schloß war in Nähe des Dorfes gelegen, auf einer zerklüfteten Anhöhe und bot nichts Ansehnliches außer den Stallungen. Hier, wo sie mit den Pferden plaudern konnte, war seiner Herrin Paradies, und der Hofbereich stellte sozusagen ihren Salon dar. Für Gastone aber war alles dazu angetan, den Überdruß, die Schwermut und die Verlassenheit eher noch zu steigern. Geradezu unerträglich aber war diese Frau, die herrschsüchtig und geschwätzig auf ihn einzuwirken suchte, mal außer sich vor Wut, mal in Tränen aufgelöst.

In Florenz war man sich der ganzen Tragweite dieser Mißstimmung im Hause Reichstadt wohl kaum bewußt.

Und so beschränkte sich Cosimo zunächst darauf, Gastone immer wieder auf seine heilige Verpflichtung hinzuweisen, einen Thronfolger zu zeugen. Gastone aber antwortete verbittert; er sehe seine erste Pflicht darin, seine eigene Haut in Sicherheit zu bringen. Wenn ich nämlich tot bin, so meinte er sarkastisch, kann ich aus Eurer Hoheit schwerlich einen Großvater machen. Dabei bezog er sich auf das Risiko, dem er fast täglich in Begleitung seiner jagdfreudigen Gemahlin ausgesetzt war. Die Zahl der Jäger sei nämlich wesentlich größer als die der aufkreuzenden Fasanen oder Hasen. Und wenn sich zufällig ein Fasan sehen lasse, so würde sofort die ganze Jagdgesellschaft das Feuer eröffnen und sich gegenseitig in Bedrängnis bringen. Im übrigen lebe man als Jäger hier ständig in Gefahr, mit einem Fasan verwechselt zu werden! Doch Cosimo war nicht zum Scherzen zumute, und so drängte er erneut: Wenn Ihr dauernd unterwegs seid und meist eigene Wege geht, so bleibt es nicht verwunderlich, daß uns Nachkommenschaft schon aus rein physischen Gründen versagt bleibt. Gastone seinerseits gelobte dann: Ich will mich wieder einmal auf die Suche machen, um meine Frau aufzufinden. Sie ist schon seit Tagen in ihrem Territorium unterwegs, um Hasen zu schießen.

Doch Erfolgsmeldungen blieben weiterhin aus. Wie sollte sich auch Gastone animiert fühlen, solange er tagein tagaus gelangweilt am Fenster saß und zusah, wie die Leute auf schneebedeckten Straßen unter einem grauen Himmel vorbeigingen, während er von Florenz träumte, von dessen mildem Klima, seinen Weingärten und Olivenbäumen. Hätte er doch wenigstens die sportliche Passion seiner Frau geteilt; an Reitjagden und ähnlicher Bewegungstherapie aber war ihm wenig gelegen.

Der alte Großherzog brütete unterdes über den melancholischen Briefen seines Sohnes, ja er verstand und empfand sogar Mitleid. Er selbst hatte bei seiner verhängnisvollen Heirat wenigstens Trost in der Religion gefunden. Doch Gastone, dem keinerlei Sinn für Mystik eigen war, sah nur ein Heilmittel: Rückkehr in die Heimat. Und damit wiederholte sich das Drama, das bereits seine Mutter aufgeführt hatte, mit umgekehrten Vorzeichen.

In Florenz hatte Gastone die Einsamkeit spontan gesucht,

hier in Reichstadt aber lastete sie auf ihm. So ergriff ihn plötzlich ein wildes Verlangen nach Aufbruch und Zerstreuung, von dem er seinem Vater wie folgt Kenntnis gab:

»Nach der aufreibenden Prüfung, der mich meine Prinzessin zehn Monate hindurch ausgesetzt hat, verdiene ich nunmehr wohl einen Urlaub.« Und so setzte er sich im Winter 1698 nach Prag ab, um sich dort von den Vergnügungen des Karnevals auf andere Gedanken bringen zu lassen. Damit war praktisch der Bruch vollzogen. Noch wenige Monate zuvor aber hatte man in Florenz trotz der sich bereits anzeigenden Mésalliance freundliches Wohlgefallen simuliert. Ja, man gefiel sich in gegenseitigen Gunst- und Dankeserweisen. In diesem Bestreben sah sich Vater Cosimo sogar veranlaßt, einen Sonderbotschafter an den Rhein zu entsenden, um »dem Kurfürstenpaar für die Bemühungen um diese Heirat zu danken.« (22, 55) Dazu ausersehen war der Commendatore del Bene. Dieser war so beeindruckt von den Ehren, die ihm am Hofe zu Düsseldorf erwiesen wurden, daß er seinem Herrn sogleich einen ausführlichen Bericht erstattete. Mit welch aufwendigem und abgezirkeltem Protokoll ein solcher »Staatsakt« damals ablief, dürfte auch heute noch – wenigstens auszugsweise – von Interesse sein:

»Sowie ich in Düsseldorf ankam, wurde mir ein wohleingerichtetes Quartier angewiesen und vom Hofe eine Kutsche, ein Heiduck und eine Staffette zur Verfügung gestellt. Am 10. Dezember sandte ich Herrn Doktor Frosini zum Grafen Bentheim, dem Oberstkämmerer Seiner Kurfürstlichen Durchlaucht, um ihm meine Ankunft mitzuteilen und mein Beglaubigungsschreiben zu überreichen. Am Abend wurde die Audienz für den nächsten Morgen festgesetzt.

In der Frühe des 11. kam – wie vereinbart – der Kammerherr vom goldenen Schlüssel, Graf Leoni, zu mir, welcher mir als Kommissar beigegeben war. Er kam mit zwei Kutschen zu sechs und einer zu zwei Pferden und wurde von dem Sohne des Barons Wiser und einem irischen Kavalier begleitet. Beide Herrn sind Stallmeister Seiner Kurfürstlichen Durchlaucht. Sie brachten noch vier Trabanten, vier Heiducken und vier Staffetten mit, und der Zug ordnete sich wie folgt: die Kutsche zu zwei Pferden fuhr voran, dann kam eine mit sechs bespannt, in welcher die beiden Stallmeister mit den Marchesen Casali und Nibbiano aus Parma saßen, dann folgten die Heiducken, dann die kurfürstlichen und meine Staffetten rechts und links von dem zweiten Sechsspänner, in welchem der Herr Kommissar und ich, mit dem Hoffourir an der Tür, saßen. Als wir durch das Tor des Schlosses fuhren, waren dort die Soldaten der Garnison mit Fahnen und aufgepflanztem Bajonett in Parade aufgestellt, und wir fuhren unter Trommelwirbel ein. Der Herr Baron Geminich, welcher das Amt eines Untermarschalls bei Hofe ausübt, empfing mich beim Aussteigen aus dem Wagen.

Der Herr Marschall Baron von Wang begrüßte mich an der Treppe, und die ganze Wachmannschaft mit den Offizieren an der Spitze stand in Parade den großen Korridor entlang und an der linken Wand des großen Staffettensaales, hingegen an der rechten die übrigen Trabanten.

Der Herr Oberstkämmerer Graf Bentheim traf mich an der Tür des ersten Vorzimmers, welche in den Staffettensaal geht, und der Durchlauchtigste Kurfürst kam mir bis zur Mitte des Vorzimmers der Kammerherren vom goldenen Schlüssel entgegen. Er empfing mich stehend und unbedeckten Hauptes. Die Vorhänge waren geschlossen. Als die Audienz beendet war, geleitete er mich durch das ganze Vorzimmer der Kammerherren und wollte nicht, daß ich ihn zurückbegleitete. Der Oberstkämmerer ging mit mir bis zur Tür, welche in den Staffettensaal führt. Im ersten Vorzimmer waren alle Edelknaben und Stallmeister aufgestellt und im zweiten die Kammerherren vom goldenen Schlüssel, die Generäle und Hofbeamten. Ich ging dann sofort, begleitet vom Herrn Marschall Baron von Wang und all den anderen Herren, welche im Vorzimmer gewesen waren, zu der Frau Kurfürstin hinauf.

Diese empfing mich – umgeben von allen Damen des Landes – unter einem Thronhimmel stehend.

Nach Beendigung der Audienz brachte man mich mit derselben Begleitung und in der gleichen Ordnung in meine Wohnung zurück. An der Tür meines Hauses haben Tag und Nacht zwei Soldaten mit aufgepflanztem Bajonett Wache gestanden.« (22, 56)

Wenige Tage zuvor hatte der kaiserliche Botschafter Graf Kaunitz sein Beglaubigungsschreiben überreicht. Del Bene hatte den Empfang miterlebt und legt nun aus naheliegenden Gründen Wert darauf, seinem Herrn auch über dieses Geschehen zu berichten. Das Zeremoniell entspricht weitgehend der ihm selbst erbotenen Ehrerweisung. Der Audienz bei der Kurfürstin widmet er jedoch mit Bedacht eine genauere Beschreibung der Szene:

»Die Kurfürstin saß auf einem silbernen Sessel unter einem Baldachin an einem Tisch und hat sich kaum vom Platz bewegt, um ihn zu empfangen, auch wurde der Sessel erst nach den letzten Verbeugungen fortgeschoben. Der Sessel für den Gesandten war kleiner als derjenige der Kurfürstin. Der Herr Gesandte hat sich vor der Kurfürstin nicht bedeckt, und sein Sessel stand mit dem Rücken gegen die Tür des Vorzimmers, also an einem minderen Platze. Die Kurfürstin hat sich kaum gerührt, um ihn zu begleiten, sondern das hat der Oberstallmeister getan, welcher mit dem ganzen Hofstaat bis zum Wagen mitging.« (22, 58)

Ganz offensichtlich will del Bene seinem Herrn imponieren durch die unausgesprochene Feststellung, daß er als Abgesandter eines »nur« königlichen Regenten protokollarisch höher eingestuft wurde als der Gesandte des Kaisers. Denn ihn selbst empfing die Kurfürstin »stehend«, umgeben von allen Damen des Landes. Bei Graf Kaunitz aber »bewegte die Kurfürstin sich kaum von der Stelle, und sein Sessel stand an einem minderen Platz.«

Dieser Bericht bestätigt, daß auch die Kurfürstin großen Wert darauf legte, sich gebührend in Erscheinung zu bringen. So ließ sie sich bei besonderen Anlässen stets von ihrem gesamten Hofstaat einrahmen, und zwar jeweils dem Aufwand ihres Gatten entsprechend.

In diesem Zusammenhang möge nochmals Blainville zu Wort kommen. Sein Kommentar faßt in knapper Form zusammen, wie großzügig, aber auch blasiert es am Hofe zu Düsseldorf zuging:

»Die beiden Herren führten uns bey Hofe ein und stelleten uns dem Churfürsten vor, der uns sehr gnädig empfieng. Wenn man seine Hand küssen will, so muß man sich sehr tief bücken: denn er hebt sie nicht über zwey Fuß hoch von der Erde in die Höhe. Dieses Händeküssen ist gleichfalls eine besondere Gewohnheit bey den deutschen Fürsten.

Später sahen wir den Churfürsten mit seiner Gemahlin speisen, deren Tafel sehr prächtig bedienet wird. Der Hof ist zahlreich und glänzend, und man thut nichts ohne Pracht und Herrlichkeit.

Des Churfürsten Großmuth locket viele Fremde herbey, die auf das freygebigste mit Gnadengeldern versorget werden, und die Churfürstin ziehet die Italiäner allen andern vor.

Was mir am allerseltsamsten vorkommt, ist dieses, daß er Leute von hohem Range, als die meisten seiner Kammerherren sind, dergestalt erniedriget, daß sie wie Lakaien, oder besser, wie Wachtelhunde vor seinem Wagen her durch die Stadt traben müssen.« (6)

Mochte sich ähnlich auch der eitle Cosimo wohlgefällig in solchen Äußerlichkeiten sonnen, sein Sohn pfiff auf diesen höfischen Firlefanz. Das ganze Hoftheater konnte nicht darüber hinwegtäuschen, daß seine mit soviel vermeintlicher Klugheit eingefädelte Ehe von Anfang an zum Scheitern verurteilt war. Das ersehnte Liebesgeflüster der Flitterwochen hatte sich nämlich längst in eine lautstarke »Symphonie mit dem Paukenschlag« verkehrt, wobei deftige Schimpfkanonaden den Ton angaben.

Nachdem sich nämlich ihr Gemahl nach Prag abgesetzt hatte, machte die Prinzessin ihrem Unmut in einem Brief an ihren Schwiegervater gehörig Luft. Dieser gab seinen Ärger mit erbosten Worten postwendend an den Sohn weiter. Der aber war plötzlich nicht mehr auffindbar, da er Prag mit unbekanntem Ziel verlassen hatte. Später aber wurde offenbar, daß er sich als Marquis von Siena incognito in Paris aufhielt. Ob er nach dort ausgewichen war, um in seiner Verzweiflung Zuflucht bei seiner Mutter zu finden? Es verging jedenfalls einige Zeit, bevor er sich dazu aufschwang, ihr einen Besuch abzustatten. Dieser Entschluß hatte gewiß Überwindung gekostet, da keinerlei Kontakt bestand, seitdem die Großherzogin ihn und seine Geschwister verlassen hatte. Er war damals kaum vier Jahre alt. Die spärliche Erinnerung war umsomehr verblaßt, als ihm liebevolle Zuwendung fremd geblieben war. Würde er unter diesen Umständen überhaupt Verständnis wecken können?

Die Aussicht war gering, da die kapriziöse Marguérite zunächst fünf Tage verstreichen ließ, bevor sie geruhte, ihn im Kloster Saint-Mandé zu empfangen. So wie der Abschied vor 23 Jahren, war wohl auch das Wiedersehen eine ziemlich frostige Angelegenheit. Überhaupt können wir nur mutmaßen, denn über den Verlauf der Begegnung gibt es keinerlei Nachricht. Die Voraussetzungen für eine gewisse Übereinstimmung waren sicherlich gegeben, nämlich durch die Thematik des gemeinsamen Unbehagens über die traurigen Folgen dynastisch bestimmter Ehen. Wie dem auch sei, von Annäherung kann wohl kaum die Rede sein angesichts der Tatsache, daß die Großherzogin sich nicht veranlaßt sah, ihrem Sohn bei der Verabschiedung ein Gespann zur Verfügung zu stellen. Die Pferde bedürften der Ruhe, meinte sie. (1, 216) So mußte er sich selbst um Pferd und Wagen für die Weiterreise nach Versailles bemühen. Dort am Hofe des Sonnenkönigs aber wurde ihm die Genugtuung zuteil, einen ausgezeichneten Eindruck zu hinterlassen. Man bewunderte seine gute Erscheinung, den schlanken Wuchs und seine feinen Manieren. Nicht zuletzt beeindruckte sein gewandter Umgang mit der französischen Sprache. Die traurigen Augen und sinnlichen Lippen ließen jedoch auf einen komplizierteren Hintergrund schließen.

König Ludwig wußte die außerordentliche Ehrerbietung, die ihm der Prinz erzeigte, sehr zu schätzen. Andererseits war Gastone beglückt, daß der König ihn wie einen guten Freund behandelte, ein Gunsterweis, der über die Aufmerksamkeit hinausging, die er als naher Verwandter erwarten konnte. Das ihm huldvoll gewährte Besuchsprogramm schloß eine Opernaufführung im Palais Royal ein, eine Besichtigung des Hotel des Invalides und eine Fahrt nach St. Denis zum Schrein des über die Königsgräber wachenden Schutzheiligen.

Als Cosimo von dem Aufenthalt seines Sohnes in Paris erfuhr, zeigte er sich höchst ungehalten. Wie konnte er nur den glanzvollsten Hof Europas sozusagen en passant aufsuchen, ohne der Würde und dem Ansehen des Hauses Medici entsprechend Ausdruck zu verleihen?! Im übrigen fürchtete er, daß seine Frau ihn aufhetzen würde. Am meisten aber war seine Gattin Franziska aufgebracht. Sie bezichtigte ihren Mann niedrigster Gesinnung und führte das Ausbleiben der Nachkommenschaft auf mangelnde Zuwendung zurück. Cosimo ordnete entsprechend die sofortige Rückkehr zu seiner Gemahlin an. Und so machte sich der Prinz, zumal seine Mutter offenbar keinen Wert auf längeren Verbleib legte, wieder auf den Weg, ausgestattet mit einem kostbaren, juwelengeschmückten Degen, den ihm der König zum Abschied geschenkt hatte.

Verweilen wir kurz noch bei Marguérite-Louise. Sie war in letzter Zeit finanziell offenbar besser gestellt als früher. Man sah es ihr an – jedesmal nämlich, wenn sie auf dem modischen Laufsteg von Versailles in neuer Gewandung erschien, so z.B. in einem Kostüm aus schwarzem Samt, das an den Ärmeln mit Diamanten besetzt war.

Anno 1693 war ihre Stiefschwester, die »Grande Mademoiselle«, Anna Marias Patentante, verstorben. Die beiden Schwestern hatten zuletzt kaum noch Kontakt miteinander gehabt. Daß sie aber bei dem Nachlaß völlig leer ausgehen sollte, versetzte Marguérite-Louise einen Schlag. Immer wieder mußte sie damals Fehlbeträge in ihrer Schatulle ausgleichen. Dabei ging sie so weit, das Kruzifix und die silbernen Gefäße in der Kapelle zu veräußern, um sie dann durch billigen Behelf zu ersetzen.

1695 wurde sie fünfzig, und das Unerwartete geschah. Die rastlose Frau, die auf ein verfehltes Leben zurückblickte, besann sich nun eines Besseren. Die Gardisten-Affären und die ewigen Zänkereien gehörten jetzt der Vergangenheit an. Und sie fand auch keinen Gefallen mehr daran, Cosimo zu ärgern durch die Drohung, sie werde einen Pakt mit dem Teufel schließen. Im Gegenteil, sie strickte einen Wandschirm für ihn. Als Gegengabe erhielt sie dreißig Ellen Samt. Allerdings geriet sie erneut in die Versuchung, selbstherrlich aufzutreten, als ihr mit dem Tode ihrer Schwester Guise (1696) ein beträchtliches Erbe zufiel. Der König verzichtete auf seinen Anteil. Doch Cosimo wandte ein, daß sie im Ehevertrag alle ihr innerhalb Frankreichs zustehenden Erbrechte abgetreten habe. Man einigte sich: sie sollte die Zinsen genießen und das Vermögen ihren Kindern hinterlassen. Immerhin war der Zinserlös beträchtlich genug, um ihr endlich einen standesgemäßen Aufwand aus eigener Schatulle zu erlauben. Wieviel sie, die nominelle Ordensfrau, für karitative Anliegen abzweigte, ist nicht bekannt. Ihr Reitstall jedenfalls florierte mehr denn je.

Doch zurück zu Gastone. Für ihn war die Flucht vor all dem Unbehagen, das ihn in Reichstadt zu ersticken drohte, eine heilsame Medizin gewesen. Die so ehrenvolle Begegnung mit dem König hatte sein Selbstbewußtsein gestärkt, und er fühlte sich nun animiert, auch Reichstadt und Florenz in die frische Pariser Brise einzubeziehen.

Nach der monatelangen Abwesenheit schien das Wiedersehen zunächst von beiderseitigen guten Vorsätzen begleitet zu sein. Jedenfalls war er, um dem unerbittlichen Drängen seines Vaters nachzukommen, ernsthaft bemüht, seine Frau zum Einlenken zu bewegen. Doch schon nach wenigen Tagen lebten die Auseinandersetzungen wieder auf. Gastone, der die Frischluft des so anregenden europäischen Szenenwechsels nach Herzenslust gekostet hatte, mußte die hinterwäldnerische Atmosphäre Böhmens schon bald wieder verdrießen. Und so suchte er seine Frau dafür zu gewinnen, den Winter mit ihm in Prag zu verbringen.

Zuvor hatte bereits Cosimo seine Tochter in Düsseldorf alarmiert, sie möge doch darauf hinwirken, daß Franziska mit ihrem Mann aus dem für ihn so widerwärtigen Reichstadt nach Florenz komme. Daraufhin hatte sich der Kurfürst persönlich nach Böhmen begeben, um zu vermitteln. Doch selbst ein Mahnschreiben des Papstes konnte Franziska nicht umstimmen. Vielmehr erklärte sie dem Erzbischof von Prag unter vier Augen unmißverständlich: Wieso eigentlich erwartet man von mir eine Wendung nach Florenz, da doch die junge Großherzogin Marguérite-Louise ihren Mann damals verlassen hat zu einer Zeit, da sie den Medici noch viele Kinder hätte gebären können. Sie behauptete sogar, Gian Gastone sei impotent.

Nicht zuletzt stand hinter dieser Absage ein eingefleischtes Mißtrauen. Sie wußte nämlich nicht, was sie in der Toskana erwartete. Es gab zuviel Gerede und Raunen von

Giftmischern und Mördern an den Höfen Italiens. So blieb sie lieber in der ihr vertrauten Umgebung mit Stallluft und freundlichem Dorfklatsch. Nach dieser eindeutigen Abfuhr suchte Gastone nun abermals Zuflucht in Prag, wo er den mannigfachen Versuchungen der leichtlebigen Moldau-Metropole schon bald erlag. Ja, er versumpfte geradezu und geriet umsomehr ins Gerede, als er seinen und des Hauses Medici Ruf auch noch durch hohe Spielschulden in Mißkredit brachte. Weil er den Schmuck seiner Frau verpfändet hatte, wurde er sogar vor Gericht gestellt. Franziska war die erste, die von diesen Skandalen erfuhr und verständigte sogleich ihre Schwägerin in Düsseldorf, in der Erwartung, daß diese ihm eher zureden könne als sie selbst. Tatsächlich appellierte Anna Maria sehr ernsthaft an ihn, erntete jedoch nur Hohn und Spott.

Schließlich konnte man auch Cosimo nicht mehr verheimlichen, wie tief sein Sohn gesunken war. Dieser aber konterte alle Vorhaltungen mit Anspielungen, die an Deutlichkeit nichts zu wünschen übrig ließen. So heißt es in einem Schreiben an Vater Cosimo: »Ihre Hoheit werden mir vergeben, wenn ich in Erinnerung rufe, daß auch Sie, um weiblicher Laune zu begegnen, sich zu Maßnahmen genötigt sahen, die Sie nur widerwillig trafen.« Wie zu erwarten, zeigte der ohnehin völlig humorlose Cosimo jedoch keinerlei Verständnis für solche Anspielungen; im Gegenteil, sie erbosten ihn. War es nicht schon schlimm genug, daß Ferdinando infolge der Affäre mit der Venetianischen Dame seine Gesundheit eingebüßt hatte! Umso dringender war es nun, Gastones eheliche Pflichten zu beschwören. Dieser aber störte sich nicht daran, sondern bezog neben Prag nun auch Leipzig und andere deutsche Fürstenhöfe in sein unstetes Leben ein.
Aus Florenz aber trafen weiterhin wütende Briefe ein. Um diesen ein für allemal die Grundlage zu entziehen, erstattete er am 18. April 1699 einen aufschlußreichen Rechenschaftsbericht über sein eheliches Mißgeschick, das schon mit der Hochzeit in Düsseldorf über ihn hereingebrochen war:
»Ihre Hoheit sollte wissen, daß 19 Tage, wenn nicht früher, nachdem wir die Ringe gewechselt hatten, meine

Prinzessin damit begann, mir Kostproben ihrer Launenhaftigkeit und frechen Redeweise zu bieten. Ich wäre nämlich gerne noch in Düsseldorf geblieben; sie aber drängte ohne Feingefühl gegenüber dem Kurfürsten zum Aufbruch. Dabei genierte sie sich nicht, höchst ungehörig über mich und meine Leute zu sprechen.

Während der Reise nach Böhmen kam es dann zu weiteren Schimpfkanonaden, Tränen und Wutanfällen. Obwohl ich die ganze Reise finanzierte, widersprach sie allem, was ich unternahm. Und so ist es bis heute geblieben, obwohl ich alles Erdenkliche getan habe, um mich der Eigenart ihres Temperaments anzupassen, selbst wenn ich dabei eigene Interessen und die Selbstachtung aufs Spiel setzte.

Sie ist so arrogant, daß sie ganz ungeniert jedermann auf den Fuß tritt, weil ihre Einbildung sich nicht überbieten läßt – und das alles wegen dieses lächerlichen Besitzes in Böhmen, den sie ihr eigen nennt. In Haß und Abneigung ist sie unversönlich; das können all meine Diener bezeugen. Sie kündigen nur deshalb nicht, weil sie sonst nirgendwo eine Existenz finden.

Es erscheint auch völlig ausgeschlossen, sie mit nach Florenz zu nehmen, einmal, weil sie sich nicht von ihrem Landgut trennen kann, dann aber auch, weil sie Italien und die Italiener einfach nicht leiden kann.«

So lernten die Florentiner niemals die Frau kennen, die dazu ausersehen war, die letzte Großherzogin des Hauses Medici zu sein. Tatsächlich verbrachte sie die ihr verbleibenden dreißig Jahre ihres Lebens auf ihren Gütern in Böhmen. Sie starb 1741, vier Jahre nach dem Tode ihres Mannes, an dessen Seite sie Großherzogin der Toskana hätte sein können. Doch wäre sie dann glücklicher gewesen?

Gastone aber kehrte nach langjähriger Abwesenheit 1708 allein nach Florenz zurück. Er war als ansehnlicher junger Mann, der selbst Versailles für sich eingenommen hatte, ausgezogen. Nun kehrte er heim, vorzeitig gealtert, aufgedunsen und verschuldet. Einst scharfsinnig und intelligent, jetzt schlaff und stumpfsinnig, vom Unglück niedergebeugt, ohne Willenskraft. Er lebte nun in völliger Abgeschiedenheit mit einem bescheidenen Hofstaat.

Seine Trunkenheit wurde zum öffentlichen Amusement, so, wenn er vom Pferd fiel, was öfters geschah.

Cosimo und seine Tochter aber, welche diese verhängnisvolle Heirat so unüberlegt eingefädelt hatten, sahen sich abermals vor dem Scherbenhaufen einer kurzsichtigen und gefühllosen Politik. Dieser dynastische Schacher mit empfindsamen Menschen hatte letzthin nur Zwist und Zwietracht in der Familie ausgelöst. Und doch hatte man immer noch nicht die Lehren aus diesem Desaster gezogen.

Während der 26 Jahre ihres Aufenthaltes in Deutschland hatte die Kurfürstin von ihrer Familie nur Gastone wiedergesehen. Sooft er in Düsseldorf weilte, war er, wie Mitteilungen nach Hause bekunden, beeindruckt von dem harmonischen Verhältnis seiner Gastgeber.

In diesem Zusammenhang sei erwähnt, daß zu dieser Harmonie sicher auch Anna Marias Bemühen beitrug, zu den zahlreichen Geschwistern und Verwandten ihres Gemahls freundschaftliche Beziehungen zu unterhalten. Für diese auf familiären Zusammenhalt bedachte Gesinnung spricht nicht zuletzt das vertraute Verhältnis zu ihrer Schwiegermutter Elisabeth Amalie, deren Besuch in Düsseldorf stets willkommen war. Darüber hinaus bewährte sich die Kurfürstin auch im Krankendienst, so, als sie ihre Schwägerin, die Pfalzgräfin Leopoldine, liebevoll pflegte († 8. 3. 1693 in Düsseldorf). Schon in Florenz hatte man ihr in Würdigung ihrer Pflegedienste den Beinamen »Suor Biagina« gegeben (in Anlehnung an den Hl. Blasius, einen der vierzehn Nothelfer – ital. San Biagio). Erwähnenswert ist ferner ihre Hilfsbereitschaft gegenüber der Familie ihres Schwagers Karl Philipp, des späteren Kurfürsten in der Nachfolge ihres Gatten. Ihr Verhältnis zu ihm persönlich war gewiß nicht das beste. Dennoch zögerte sie nicht, dessen Töchterchen nach dem Tode seiner ersten Gemahlin am Hofe zu Düsseldorf liebevoll aufzuziehen. Daß sie mit ganzem Herzen an der Familie ihres Mannes hing, brachte sie noch im Jahre 1736, d.h. zwei Jahrzehnte nach der Rückkehr in die Heimat, mit den Worten zum Ausdruck: »Ich habe nun einmal mein Herz dem pfälzischen Kurhause geschenkt, um es niemals wieder zurückzunehmen.« (44)

Bei der Würdigung des Düsseldorfer Opernhauses und der Gemäldegalerie sprachen wir bereits von der Bedeutung, die dem Hofe Johann Wilhelms und der Medici-Gattin im europäischen Kulturbereich zukam. In der Tat war der Ehrgeiz des Kurfürstenpaares darauf bedacht, sich in dieser Hinsicht weder von Paris noch Florenz oder Wien in den Schatten stellen zu lassen. Nach dem Tode Johann Wilhelms und der Heimkehr Anna Marias konzentrierte sich das Interesse der nach Düsseldorf Wallfahrenden weitgehend auf die Gemäldegalerie, nachdem zuvor der ganze Flor der schönen Künste gelockt hatte. Das bestätigt auch eine Notiz des Gesandten Blainville:

»Wir hatten viele Mühe, eine Herberge zu finden, und mußten für eine mittelmäßige ziemlich theuer bezahlen. Die Ursache davon ist, weil der Churfürst von der Pfalz seinen Hof hier hält, und die Opera, die Comoedie und andere Lustbarkeiten, woran man hier einen Überfluß hat, eine große Menge Standespersonen aus allen Gegenden von Deutschland hieher locken.

Alles ist mit gleicher Pracht eingerichtet. Bälle, Opern, Comoedien, Musikconcerte, Freudenfeste, alles ist herrlich, und alle diese Ergötzlichkeiten genossen wir fast alle Tage.«

Wie alle diese Festlichkeiten – die Oper würdigten wir bereits – verliefen, können wir weitgehend den Briefen der Kurfürstin entnehmen, die sie ihrem gleichfalls unternehmungsfreudigen Onkel Francesco, dem Kardinal, schrieb. (20)

Johann Wilhelm war stets darauf bedacht, die Geburts- und Namenstage der Kurfürstin durch phantasievolle Darbietungen auszuzeichnen. Diesem Streben kam der Umstand entgegen, daß diese Gedenktage meist vom Wetter begünstigt waren (26. Juli bzw. 11 August). Nuntius Paulucci vermittelt uns, wie aus einem um 1696 nach Rom erstatteten Bericht zu entnehmen ist, ein anschauliches Bild vom Ablauf einer solchen Feier: »Am Ufer des Stromes hatte man ein Theater errichtet. Dort führte man eine Operette auf, in der Diana dazu aufrief, an einer Jagd teilzunehmen, welche die Kurfürstin als erfahrene Lehrmeisterin des edlen Waidwerkes erweisen würde. Darauf begaben sich die Jäger in ein nahegelegenes Waldstück, um dort das Wild rheinwärts aufzutreiben. Unterdes standen das Herrscherpaar und der Hofstaat auf einer schwimmenden Insel bereit, um das zum Strom hin flüchtende Wild ins Visier zu nehmen. Dabei erlegte die Kurfürstin den ersten Hirsch, welcher sich ins Wasser stürzte, durch einen wohlgezielten Schuß mit der Armbrust, um so die von Diana gerühmte Treffsicherheit zu bestätigen.

Nach Beendigung der Jagd begaben sich die Fürstlichkeiten mit Gefolge wieder in das Theater, um dem weiteren Ablauf der Operette zu folgen. Plötzlich erhob sich aus der Erde ein Tisch, welcher mit den herrlichsten Speisen für etwa 400 Personen gedeckt war. Erneut wurde nun das Jagdfieber, und zwar auf fröhliche Weise, entfacht, als diesem Riesenbüffet Hasen und Kaninchen entsprangen, die schleunigst ihr Heil in der Flucht suchten. Ein Abendessen im Freien und ein großes Feuerwerk beschlossen gegen 10 Uhr dieses glänzende Fest.« (22, 53)

Bei anderer Gelegenheit wurde die Kurfürstin geehrt, indem man auf einem eigens dazu erbauten Rheinfloß eine Serenade aufführen ließ. Dabei trugen die Musiker Kostüme, welche auf verschiedene Allegorien anspielten. Bei dem abschließenden Feuerwerk standen dann Namen und Wappen der Medicitochter im Mittelpunkt kunstvoller Lichteffekte.

Zu diesen sommerlichen Belustigungen im Freien gesellten sich die winterlichen Schlittenfahrten, die nicht nur bei Tage, sondern auch im Dunkeln bei Fackelschein stattfanden. Auch die italienischen Herren, die oft längere oder kürzere Zeit am Düsseldorfer Hofe weilten, begrüßten diese in südlichen Breiten ungewohnte Abwechslung. Die Kurfürstin dagegen fand nur in jüngeren Jahren Gefallen daran. Später wurde sie immer kälteempfindlicher. So wird berichtet, daß sie an manchen Frosttagen in dem zugigen Schloß hin und her zog, um sich in einem möglichst windgeschützten Raum zu wärmen. Mehrfach erwähnt sie, der Rhein sei zugefroren, und man könne auf dem Eis zum anderen Ufer spazieren.

Am 21. Januar 1701 berichtet sie nach Florenz: »Es hat viel Schnee gegeben. Aber wegen des Todes des Königs von Spanien sieht man von Schlittenfahrten ab.« Dieses verhängnisvolle Datum sollte dann den auch für Düsseldorf und das Kurfürstenpaar so schwerwiegenden Spanischen Erbfolgekrieg (1701–1714) auslösen.

Die winterlichen Vergnügungen konzentrierten sich, so wie in Düsseldorf auch heute noch, auf die Monate vor der Fastenzeit. So berichtet die Kurfürstin am 22. Januar 1695: »Nach den vergnüglichen Schlittenfahrten tanzten wir bis früh um fünf. Morgen wird es dann ein französisches Lustspiel geben.«

Den Höhepunkt erreichten die Lustbarkeiten am Hofe während der eigentlichen Faschingstage. In den Adelshäusern der Stadt fanden Bälle statt, an denen das Kurfürstenpaar jedoch nicht teilnahm. Dagegen wurden die Maskenfeste im Schloß mit einer geradezu verwirrenden Pracht ausgestattet. Bei dem ersten Karneval, welchen Anna Maria in Düsseldorf erlebte, war der Kurfürst von Köln, Joseph Klemens von Bayern, zugegen.

Wiederholt fanden Maskenbälle statt, bei denen ländliche Trachten das Motto bestimmten. Es gibt zwei Bilder des Hofmalers Jan Frans van Douven, die heute im Pitti Palast hängen, auf denen das Herrscherpaar im Maskenkostüm dargestellt ist. Sie vermitteln einen guten Eindruck von der Pracht, welche damals am Hofe herrschte. Man betrachte die goldbestickten Kleider mit den echten Spitzen, das reiche Schausilber im Hintergrund, die schöne Ballustrade der Empore mit den Musikern, den spiegelnden Marmor-Fußboden. (22, 54, s. farbige Abb. S. 164)

Daß die Kurfürstin an diesem Mummenschanz Gefallen fand, geht aus einem Brief vom 25. 2. 1696 hervor: »In zwei Tagen soll ein großer Maskenball stattfinden, und jeder soll dabei so verkleidet sein, daß er nicht erkannt wird.«

Dabei war sie zu allerlei Scherzen aufgelegt und scheute sich auch nicht, sich mit fülligen Kissen zu polstern, um ihren fettwanstigen Oheim zu karikieren. Wer hätte sie, die schlanke, feingliedrige Frau, in dieser Verkleidung erkennen können!

Über die gewiß aufwendigen Maskenfeste erregte sich übrigens die wegen der pfälzischen Erbfolge arg verstimmte Herzogin von Orléans, die bekannte »Liselotte von der Pfalz«: »Mich deucht, der churfürst zu Pfaltz thäte beßer, sein gelt ahn die arme verderbte Pfältzer ahnzuwenden, alß ahn carnavals divertissement; daß were löblicher vor gott undt der welt.« (22)

Wenn auch nicht für die »Pfältzer«, so wurden bei den Tanzfesten zu Düsseldorf dennoch Almosen gesammelt, und zwar für die Armen der Stadt. Daß sich zu diesem Zweck Geistliche unter die Tanzenden mischten, weckte bei der Kurfürstin höfliches Erstaunen.

Immerhin ein wohltätiger Brauch, der auch heute noch bei den großen »Karnevalsfesten der katholischen Jugend« in der Düsseldorfer Stadthalle gepflegt wird. Kostümierte Teilnehmerinnen gehen mit Porzellanschweinen durch die Reihen und lassen sie kräftig füttern zum Besten von Behinderten und für andere Werke der Barmherzigkeit.

Unabhängig von diesen fröhlichen Festen der Hofgesellschaft zur Karnevalszeit sind dann noch die feierlichen Staatsakte und Empfänge von Gesandten und Botschaftern zu erwähnen. Ein herausragendes Datum ist z.B. der 3. Februar 1696. An diesem Tage überreichte Johann Wilhelm seinem Bruder, dem Pfalzgrafen Karl Philipp, dem späteren Kurfürsten, im Namen des Kaisers und des Königs von Spanien den Orden vom Goldenen Vlies. Es war, wie der Gesandte Commendator del Bene berichtet, ein glänzendes Fest, bei welchem die ganze Pracht des Kurhauses entfaltet wurde. Es klang mit einem Bankett und anschließendem Tanz aus.

All diese Veranstaltungen und Lustbarkeiten waren nicht zuletzt deshalb möglich, weil die niederrheinischen Lande seit 1690 nahezu 12 Jahre des äußeren Friedens genossen, ein bis dahin seit langem kaum erlebter Glückszufall. (24)

Bei Tanz und Reitjagden waren dem Bewegungsdrang der Kurfürstin keine Grenzen gesetzt. Weiträumig erweitert aber wurde ihr Horizont bei verschiedenen Reisen, welche die Glieder allerdings eher versteifen und einfrieren ließen, da man, sofern sich nicht der Wasserweg anbot, auf mehr oder weniger gefederte Kutschsitze angewiesen war. Während ihrer 25jährigen Ehe waren ihr derart aufrüttelnde Kutschfahrten u.a. nach Süddeutschland, Österreich und in die Niederlande beschieden. Die erste dieser Reisen, die man zur Entspannung streckenweise auch zu

Fuß absolvierte, führte 1695 nach Den Haag, Rotterdam, Amsterdam und Arnheim. Sie bereitete viel Spaß, da man sich incognito unter das Volk mischen und den Happen »Holländer« sozusagen von Hand auf offener Straße genießen konnte, ohne gegen das Protokoll zu verstoßen. Man schaute auch in die Häuser, wobei die Kurfürstin immer wieder von der peinlichen Sauberkeit beeindruckt war. Im Dezember 1698 weilte Johann Wilhelm in Wien. Unterdes suchte Anna Maria die spanischen Niederlande auf, wo sie – zumal in der Hauptstadt Brüssel – vielfach geehrt wurde. Dort regierte als Statthalter Kurfürst Maximilian II. von Bayern. An seinem Hofe wurde sie mit allen nur denkbaren Gunsterweisen gefeiert.

In den Monaten September und Oktober des gleichen Jahres hatte sich das Kurfürstenpaar in der Pfalz aufgehalten. Die Spuren der kaum behobenen Verwüstung prägten sich schmerzvoll ein. Der Wiederaufbau des Heidelberger Schlosses hatte nur bescheidene Fortschritte gemacht, so daß die Hoffnung, dort wohnen zu können, sich nicht erfüllte. Die Mauern waren noch zu feucht. Im übrigen zeugt noch heute eine Schaumünze im Kurpfälzischen Museum zu Heidelberg von der Anerkennung, die man dem Kurfürstenpaar zollte für die Förderung der Wiederaufbauarbeiten.

Während dieses mehrwöchigen Aufenthaltes in der Pfalz wohnte man vornehmlich in Weinheim, von einem Messebesuch in Frankfurt und einem Halali in Schwetzingen abgesehen. Daß übrigens auch amtlich ein guter Kontakt zur »Frankfurter Messe« bestand, wird durch die Einrichtung einer planmäßigen »Mess-Schiffahrt« von und nach Düsseldorf bekundet.

Im übrigen galt es, häufiger als sonst mit unbequemen Unterkünften vorlieb zu nehmen. Besonders unerquicklich war ein Notquartier, das man wegen einer Havarie bei Koblenz in Kauf nehmen mußte. Dort war wegen des niedrigen Rheinwasserstandes die kurfürstliche Yacht auf Grund gelaufen. Doch die Kurfürstin wußte diese und andere Zwischenfälle mit Humor und Geschick zu meistern. So auch diesmal, als sie ein Notquartier improvisierte, noch bevor die ratlose Dienerschaft ihren Schock überwunden hatte. (22, 75)

Einen bedeutenden Höhepunkt brachte dann die Jahrhundertwende (1700) für das Kurfürstenpaar durch die Reise nach Wien zum Kaiserhof. Am 16. August wurden die hohen Gäste aus Düsseldorf von Kaiser Leopold und Kaiserin Eleonore mit allen nur denkbaren Ehren empfangen. Unter Kanonendonner fuhr man in die Stadt ein – mit einem Zeremoniell, wie es heute nur noch in London bei Staatsempfängen vor Augen geführt wird: mit Herolden, berittener Garde, und schließlich dem sechsspännigen Galawagen und dem huldvollen Gruß der Majestäten. (51)

Am folgenden Tag fand dann der offizielle Empfang statt, der jedoch eine fast familiäre Note erhielt durch die ungezwungene Form der Begegnung. So wurde aufmerksam registriert, daß die Kaiserin und die Kurfürstin sich durch Umarmung begrüßten, nicht aber vermittels des förmlicheren Handkusses. Andererseits war dies kaum verwunderlich angesichts der engen Verwandtschaft.

Da der Staatsbesuch sich über Wochen ausdehnte, konnte die Kaiserstadt das ganze Spektrum ihres Charmes und kulturellen Reichtums entfalten, und so folgten in buntem Wechsel Bankette, Opern, Komödien und Operetten, wobei man auf ein erlesenes Programm umsomehr Wert legte, als das hohe Niveau des Düsseldorfer Hoftheaters durchaus bekannt war. Auch bot sich die Jahreszeit für erfrischende Jagden an – so recht nach dem Geschmack der Kurfürstin, die, wie wir wissen, bei solchen Anlässen in ihrem Element war, zumal wenn hinter der Meute galoppiert wurde.

Und welch reizvolle Abwechslung, wenn man am Ufer der Donau an gedeckten Tischen verweilen konnte – bei ungünstiger Witterung unter einem Zelt, das der Sultan Mustafa kürzlich geschenkt hatte. Wie beglückend diese heitere, von Gesang und Musik erfüllte Atmosphäre im Vergleich zu der Todesangst des Jahres 1683, da Wien in Gefahr war, von den Türken ausgehungert zu werden, dann aber wie durch ein Wunder befreit wurde.

Damals hatten die Türken nicht in die Stadt eindringen können. Jetzt aber waren sie geachtete Gäste, nicht zuletzt der außerordentliche Gesandte der »Pforte«, Ibrahim Pascha. Er ließ im Garten des Fürsten Lobkowitz zu

Ehren des Kurfürstenpaares ein türkisches Reiterspiel aufführen. Anna Maria konnte damals wahrlich nicht ahnen,
daß 300 Jahre nach der Belagerung Wiens Nachfahren dieses einst so bedrohlichen Volkes zu Tausenden in ihrer
Stadt Düsseldorf wohnen und arbeiten würden!
Zu einem festlichen Ereignis gestaltete sich dann auch das
Treffen der Ritter vom Goldenen Vlies im Stephansdom,
zu deren erlauchtesten Mitgliedern der Kaiser sowie Kurfürst Johann Wilhelm als höchster weltlicher Würdenträger des Reiches zählten. Noch heute hält die Schatzkammer der Wiener Hofburg die Erinnerung an das zeremo-
nielle Gepränge dieser erlesenen Ordensgemeinschaft
wach. Und abermals begab sich am 12. September der
ganze Hof in den Stephansdom, um ein Te Deum anzustimmen zum Dank für die Errettung Wiens vor den Türken. (22, 76)
Den Abschluß des vierwöchigen Staatsbesuches bildete
dann am 15. September ein Empfang in Schloß Schön-
brunn, der mit einer schwungvollen Jagd in dem weiten
Parkgelände ausklang. Auch die langwierige Rückreise
endete mit einem fröhlichen Halali, und zwar im Rahmen
einer Wildschweinjagd rings um das heimische Schloß
Bensberg.
Anna Maria scheint diese Reise sehr genossen zu haben.
Schade, daß ihr die vielseitigen Zerstreuungen kaum Zeit
ließen, über ihre Erlebnisse zu berichten. Den rein protokollarischen Ablauf können wir jedoch den neuerdings im
Österreichischen Hof- und Staatsarchiv aufgespürten
»caeremonialia aulica ab anno 1700« entnehmen. Der
Düsseldorfer Geschichtsverein plant die Auswertung dieses sehr detaillierten Protokolls. Wir beschränken uns deshalb hier auf den »Introitus«: »Nachdem Ihre Churfürst-
liche Durchlaucht zu Pfalz Herr Johann Wilhelm, Ihrer
Mayestät der Kayserin Herr Bruder, mit der Churfürstin,
einer gebohrener Princessin von Toscana, eine räis nach
dem Kayserlichen Hoff zu thuen vorgenohmen, und nun
Ihre Kayserlichen Mayestäten solches erlaubt . . .« (51)
Das Protokoll gibt nur Auskunft über den zeremoniellen
Ablauf des Staatsbesuches. Wir dürfen jedoch unabhängig
davon versichern, daß das Kurfürstenpaar in Wien einen
nachhaltigen Eindruck hinterließ.

»Johann Wilhelm muß etwas außerordentlich Gewinnendes in seinem Umgang mit Gleichgestellten und Untergebenen gehabt haben. Er war ja von Natur aus gutmütig, zuweilen zu gutmütig, und er verstand es, aller Herzen mit einem Schlag zu gewinnen. Anna Maria stand ihm darin nicht nach, denn durch ihre Offenheit, Lebhaftigkeit und ihren Witz gefiel sie am Kaiserhofe sehr. Leopold selbst war ein Mann, welchen das spanische Zeremoniell höchlichst langweilte, und so hatte er für die natürliche Frische der Kurfürstin volles Verständnis. Dieser war es auch gelungen, sich das Herz der Kaiserin Eleonore zu erobern. Man kann das leicht aus dem Ton der Briefe ersehen, welche die beiden Frauen später – manchmal in recht schwierigen Fragen – miteinander gewechselt haben. Bis zum Tode der Kaiserin sind die Schwägerinnen, welche sich nie wiedergesehen haben, in Freundschaft verbunden geblieben. Sie waren beide geistreiche Frauen, beide musikalisch und von klarem Verstande und hatten wenig Verständnis für die mancherlei Phantastereien in ihrer Umgebung.« (22, 77)

Zu diesen »Phantastereien« gehörte wohl auch die Neigung des Kurfürsten, sich von Alchimisten und ähnlichen Schwindlern betören zu lassen. Diese sogenannten Goldmacher gaukelten ihm vor, er könne durch ihre Künste zu einem zweiten Krösus aufsteigen. Johann Wilhelm, dessen Schuldenlast immer drückender wurde, ließ sich von diesen letzthin leeren Versprechungen immer wieder dazu verleiten, diese schmarotzenden Höflinge zu fördern. Seine Gattin aber, als Nachfahrin von Bankiers mit der nüchternen Realität des Geldes wohlvertraut, durchschaute die betrügerischen Experimente dieser Leute. Doch sie wußte sehr wohl, daß ihr Gemahl in dieser Hinsicht nicht mit sich reden ließ, und so verfiel sie auf eine List. Sie schrieb nämlich heimlich an die Kaiserin, um diese zu bewegen, einen besonders mißliebigen Herrn dieses Gewerbes zwecks Ausführung dringlicher Experimente nach Wien zu beordern. Wie erwartet war Johann Wilhelm, der nichts von der Absprache der beiden Frauen wußte, seiner Schwester, der Kaiserin, in dem gewünschten Sinne gefällig.

Dennoch mußte die Kurfürstin immer wieder neue Listen

ersinnen, um den gutgläubigen Gemahl aus den Fängen dieser Wundermänner zu befreien. Einer hatte ihm sogar ein Mittel versprochen, das Nachkommenschaft garantieren würde. Zur Zubereitung dieses Zaubertrankes benötigte er jedoch Bernstein, Perlen und andere wertvolle Ingredienzien. Diesmal aber wurde der Leibarzt Dr. Brunner stutzig. Ganz abgesehen von medizinischen Vorbehalten – war nicht der Verdacht berechtigt, daß die Perlen, statt in der Retorte, in der eigenen Tasche des Gauklers verschwinden würden?

Auch Blainville geht bei der Charakterisierung des Düsseldorfer Hofes auf die gefährliche Gutgläubigkeit des Kurfürsten ein:

»Er ist ein sehr freundlicher und gesprächiger Fürst, aber nicht immer von einem gleich starken Gemüthe: indem es ganz was leichtes ist, da jeder Schelm, der die Kühnheit hat, es zu wagen, ihn zu allem, was er will, überreden kann, zumal in solchen Sachen, wo man ihm einbildet, es trüge viel bey, den Glanz seiner Hoheit zu zeigen: denn er ist bis zur Ausschweifung ehrgeizig.

Jetzt ist er von einem verkleideten Italiänischen Jesuiten, der sich Graf della Torre nennet und ein großer Fuschsschwänzer ist, ganz eingenommen, der weniger nichts als güldene Berge, das ist nur so viel Millionen, als man jemals verlangen kann, verspricht.« (6)

Der »Graf« war bereits 1703 an den Hof gelangt und mischte sich als angeblich Vertrauter des Kurfürsten nach und nach in alle möglichen, selbst politische Belange, ein. Auch bei ihm mußte Johann Wilhelm die trügerische Erwartung, der Graf werde als Goldmacher seine Staatskasse aufbessern, teuer bezahlen. Und wieder war das Geschick der Kurfürstin gefordert. Tatsächlich wurde dann der verkappte Ordensmann mit Hilfe ihrer Diplomatie entlarvt und später in Wien verhaftet. (22, 38)

So befriedigt die Kurfürstin ob ihrer diplomatischen Erfolge sein durfte, so zehrte doch dieses oft hartnäckige Bemühen, den Hof vor unlauteren Elementen zu bewahren, an ihren Nerven. Nicht zuletzt tat es ihr weh, daß dieser personelle Kleinkrieg sich auch auf die eheliche Harmonie störend auswirken mußte.

Belastend für die beiderseitigen Beziehungen war natürlich auch das leidige Thema »Nachkommenschaft«, zumal, wie wir hörten, neuerdings auch Kurpfuscher ihre fragwürdigen Dienste anboten. Selbst wiederholte Kuren in Aachen konnten ihr nicht zu dem ersehnten Mutterglück verhelfen. So mußte sie das Geschick ihrer Brüder bzw. Schwägerinnen teilen, die wie sie kinderlos blieben.

Wie bereits früher erwähnt, hatten die der »Vita« (47) folgenden Autoren Baccini, Conti, Robiony und andere geäußert, die Unfruchtbarkeit der Kurfürstin hänge zusammen mit einer syphilitischen Erkrankung, die sich ihr Mann bei außerehelichen Kontakten zugezogen habe. Kühn-Steinhausen (22, 43) ist daran gelegen, diese Behauptungen zu enkräften, indem sie auf ein Gutachten des Professors Pieraccini (ohne Datum) hinweist (22, 118/9). Demnach lautet der zusammenfassende Bericht dieses Professors der Geschichte der Medizin, daß Johann Wilhelm an Arterio-Sklerose mit Bluterguß im Gehirn litt. Tatsächlich findet man in den die Krankheit des Kurfürsten betreffenden Dokumenten nichts, was den Verdacht auf Syphilis bestätigen könnte. (22, 121)

Ob auch die Kurfürstin ihren Gatten in dieser Hinsicht als unbescholten ansah, bleibt offen. Jedenfalls war ihr am Hofe ihres Vaters in Florenz Mätressenwirtschaft wie etwa in Versailles nicht begegnet. Von den abartigen Neigungen ihrer Brüder und nicht zuletzt ihres geschätzten Onkels, des Kardinals, erfuhr sie wohl erst später.

Wie sittenstreng ihre Auffassung sein konnte, beweist folgende Begebenheit: In Frankfurt hatten sich bei dem dortigen Postmeister zwei Fahrgäste vormerken lassen: ein Kurier nach Düsseldorf und ein junges Mädchen mit Köln als Ziel. Der auf Zweckmäßigkeit bedachte Postmeister hatte keine Bedenken, die beiden zu zweit, d.h. ohne weitere Begleitung, fahren zu lassen. Der Kurfürstin war dies zu Ohren gekommen, worauf sie sich höchst verwundert über diesen Vorfall äußerte, und zwar ausgerechnet gegenüber ihrem in dieser Hinsicht nicht eben empfindlichen Onkel. (22, 49 – Brief vom 2. 4. 1706)

Schon vorher hatte sie bemerkt, daß man sich im Rheinland, was die Beziehungen der Geschlechter anbelangt, mancherlei Freiheit zugestehe. Sie achtete deshalb bei ihren Hofdamen und Kammerfrauen betont darauf, daß sie nicht dem Müßiggang und den damit einhergehenden Verlockungen anheimfielen. Sie unterwies sie vielmehr höchstpersönlich in den verschiedenen Fertigkeiten der Handarbeit. Auch studierte sie mit ihnen Ballettszenen für die Aufführungen im Opernhaus ein. Dabei mochten gelegentlich Tanzbären Pate stehen, wie es überhaupt nicht an volkstümlichen Belustigungen fehlte, wie sie ihr von Florenz her vertraut waren. Fahrendes Volk mit Seiltänzern, Zauberkünstlern und dressierten Elefanten gastierte eben auch damals schon in den Residenzstädten diesseits und jenseits der Alpen.

Die Kurfürstin verstand es, selbst in Kriegszeiten, welche die großen Feste unmöglich machten, sich und ihrer Umgebung kleine Vergnügungen zu verschaffen. Langeweile hat es am Hofe zu Düsseldorf jedenfalls nicht gegeben. Im übrigen richtete sich das gesellige Leben weitgehend nach dem Ablauf des Kirchenjahres. Und man registrierte gerne, daß die freudig gestimmten Feste weit zahlreicher waren als die eher düsteren der Advents- und Fastenzeit. Diese ernsten Wochen wurden zu einem zusätzlichen Opfer durch die unumgängliche Verpflichtung, sich endlose Predigten anhören zu müssen, die sich nicht selten bis kurz vor Mitternacht hinzogen. Für das Kurfürstenpaar war diese stille Zeit zudem mit dem traditionellen Brauch verbunden, den zahlreichen Klöstern im Bereiche der Stadt Höflichkeitsbesuche abzustatten. »Da konnte es dann wohl geschehen, daß man in einem eiskalten Raum saß, weil das feuchte Holz im Kamin anstatt der Wärme nur einen erstickenden Rauch entwickelte, so daß alle Anwesenden mit tränenden Augen dem Konzert einer blinden Nonne lauschen mußten. Sie spielte auf einem Spinett, dessen Tasten manchmal stehen zu bleiben pflegten, wenn sie angeschlagen worden waren: sicher ein besonderes Vergnügen für das musikalische Herrscherpaar!« (22, 51)

Insgesamt war die Kurfürstin darauf bedacht, die zumal im Verlauf des Spanischen Erbfolgekrieges verwilderten Sitten zu verbessern. Diesem Ziele dienten nicht zuletzt die von ihr geförderten Volksmissionen. Daß ihre fromme Haltung auch den Kreis ihrer Hofdamen beeindruckte, läßt sich daraus schließen, daß eine dieser Damen

1703 ins Kloster eintrat. Für sie selbst war christliche Demut nicht nur ein Lippenbekenntnis. So wird berichtet, daß sie bei aller Selbstachtung keine Bedenken trug, am Gründonnerstag älteren Mitbürgerinnen die Füße zu waschen.

Besonders enge Beziehungen unterhielt die Kurfürstin zum Kloster der Ursulinen, die noch heute in Düsseldorf wirken. So vertrat sie Mutterstelle an einem Türkenmädchen, das 1688 aus Belgrad verschleppt worden war und mit 17 Jahren 1706 als Novizin bei den Ursulinen eintrat. Die Türkin hatte seit 5 Jahren unter der Obhut der Kurfürstin gestanden, die sie im Ursulinenkloster erziehen ließ. Sie nannte sich Abigail Steinekin und nahm bei der Profeß den Namen Anna Maria Louisa an. Durch dieses Mädchen wurde die Kurfürstin mit den Ursulinen bekannt und blieb ihnen bis zu ihrem Tod 1743 verbunden. Sie machte dem Hause und ihrer Pflegetochter fürstliche Geschenke und bedachte beide sogar in ihrem Testament. (46)

Die Kurfürstin rettet Düsseldorf AD MDCCII

Wir deuteten bereits an, daß der spanische Erbfolgekrieg für das Kurfürstenpaar nach einer friedlichen Aufbauphase von etwa 10 Jahren zu mancherlei Belastung führen sollte.

Schon der Pfälzer Krieg, der u.a. die Zerstörung des Heidelberger Schlosses beklagen ließ, hatte viele bittere Erfahrungen mit sich gebracht, doch Düsseldorf nicht unmittelbar berührt. Die Kurfürstin selbst hatte den Kanonendonner nur während ihrer Brautfahrt von Neuburg an den Niederrhein in der Ferne grollen gehört. Nun aber sollte sie das Kriegsgeschehen am eigenen Leibe erfahren. Fast ganz Europa und auch Übersee wurden damals von erbitterten Kämpfen erschüttert, weil die Machthaber wegen des spanischen Erbes zu Felde zogen. Der spanische König, der letzte Habsburger der spanischen Linie, war nämlich kinderlos gestorben. Und nun erhoben Ludwig XIV. und Kaiser Leopold I. Erbansprüche auf die ausgedehnten spanischen Besitzungen: das Mutterland Spanien, Neapel, Sizilien, Mailand, die spanischen Niederlande und die Kolonien in Übersee. Zunächst brachte Ludwig durch rasches Handeln seinen Enkel Philipp auf den Thron in Madrid. England und die freien Niederlande aber fürchteten das Übergewicht Frankreichs. Sie wünschten vielmehr, daß auf dem Festlande ein Gleichgewicht der Mächte herrschte, und erstrebten daher eine Teilung der spanischen Besitzungen. So schlossen die beiden Seemächte 1701 in Den Haag eine große Allianz gegen Frankreich, der fast alle deutschen Fürsten beitraten. Daß auch Johann Wilhelm als naher Verwandter und treuer Freund des Kaisers sich diesem Bündnis gegen Frankreich anschloß, ist verständlich, so sehr es ihn auch schmerzen mochte, seine Staaten erneut den Belastungen des Krieges aussetzen zu müssen.

Nicht zuletzt war die Kurfürstin betroffen. So bekannte sie in einem Brief vom 25. November 1701: Die Unruhe dieser Kämpfe paßt gar nicht für mein friedliches Gemüt und die ruhige Erziehung, welche ich in Florenz genossen habe.

Umso bewundernswerter bleibt, wie mutig sie sich in einer für ihre Residenzstadt höchst kritischen Situation bewährt hat. Teich-Balgheim (45) malt dieses Geschehen aus, unter Bezugnahme auf zeitgenössische Quellen (insbesondere Dumont-Rousset: »Histoire militaire du Prince Eugène de Savoye«, la Haye 1729). Demnach ergibt sich folgender militärischer Hintergrund: Die Düsseldorf benachbarte Festung Kaiserswerth gehörte zu Kurköln, das mit König Ludwig verbündet war. Entsprechend hatten sich im Bereich der alten Barbarossapfalz Franzosen verschanzt; seit Mitte April 1702 waren sie von den alliierten Truppen eingeschlossen. Von Neuss her näherte sich nun eine starke französische Streitmacht mit dem Ziel, vom linken Ufer aus die Hauptstadt Düsseldorf zu bedrohen, um so die Besatzung von Kaiserswerth zu entlasten. Denn die Alliierten (Preussen, Holländer und Kurpfälzer) würden genötigt sein, zumindest einen Teil ihrer Belagerungstruppen zur Verteidigung von Düsseldorf abzuziehen.

Der Kurfürst selbst hielt sich bei der Truppe auf, teils vor

Kaiserswerth, teils vor Köln, wo gleichfalls gekämpft wurde. Seine Abwesenheit sowie das nahe Kampfgeschehen, welches die Fenster bereits klirren ließ, hatte unter der Düsseldorfer Bürgerschaft eine begreifliche Aufregung, wenn nicht gar Panik, hervorgerufen. Auch die Kurfürstin hatte Wertgegenstände bereits ausgelagert, andere ließ sie vorsorglich verpacken. Die Angst aber steigerte sich angesichts der auf dem gegenüberliegenden Ufer bei Heerdt und Oberkassel aufmarschierenden französischen Truppenverbände. Zunehmend wuchsen sie der eigenen Garnison über den Kopf. Denn in der Residenz selbst waren nur 2 Bataillone verblieben; 2 weitere standen abwehrbereit in dem von Jan Wellem gegenüber dem Schloß erbauten »Fort Düsselburg«. Die französische Übermacht unter Marschall Tallard war inzwischen auf fast 10.000 Mann angewachsen und mußte umso bedrohlicher eingeschätzt werden, als man Vorbereitungen zum Bau einer Rheinbrücke traf. Im Bewußtsein dieser Überlegenheit beorderte der Marschall einen Parlamentär in das Schloß, um zur Übergabe aufzufordern; andernfalls werde die Stadt in Schutt und Asche gelegt.

Die Kurfürstin saß mit unnahbarer Würde aufrecht in ihrem Sessel; sie schien größer, hoheitsvoller als je.

»Mein Herr«, sagte sie nach einigen Augenblicken, die den Anwesenden eine Ewigkeit dünkten, mit starker, völlig beherrschter Stimme und blickte den Parlamentär mit ihren großen braunen Augen ruhig und entschlossen an, während den Damen das Herz bis zum Halse klopfte und die Herren der Umgebung mit Spannung an ihren Lippen hingen, »Melden Sie Ihrem General, dem Marschall: Wir, Anna Maria Louisa von Medici, Prinzessin von Toskana, Seiner Durchlaucht des Kurfürsten Johann Wilhelm von der Pfalz Gemahlin, lehnen in Höchstdero Vollmacht und Auftrag jeden einzelnen Punkt dieser Anmaßung ab, denn Seine Durchlaucht von Kurpfalz und Herzog von Jülich und Berg werden nie und nimmer, komme, was wolle, die Sache Seiner Kaiserlichen Majestät und des Reiches verlassen. Der angedrohten Beschießung der Festung, die unter Unserem Oberbefehl steht, werden Wir zu begegnen wissen. Ich erwarte jedoch von der vielgerühmten französischen Höflichkeit gegenüber Damen« – ein Lächeln spielte um ihre roten Lippen, und sie wies dabei mit einer graziösen Handbewegung auf die verängstigten Hofdamen –, »ich erwarte, daß Ihr General als Kavalier die Höflichkeit besitzt, mir den Beginn der Beschießung rechtzeitig mitzuteilen. Ich danke Ihnen, Monsieur!«

Angesichts dieser kritischen Situation beriet sich die Kurfürstin nunmehr mit den höchsten Hofbeamten, insbesondere mit dem Oberkriegskommissar Freiherr von Huntheim sowie dem Geheimen Hofrat von Bernsau. Sie erzielten schnell Übereinstimmung hinsichtlich des weiteren Vorgehens, als der Parlamentär abermals vorstellig wurde und kundtat:

»Mein General hat auch über dem rauhen Kriegshandwerk die Courtoisie nicht vergessen, die er als französischer Kavalier einer hochfürstlichen Dame schuldet. Entsprechend bin ich, Victor Armand de Bellegarde, Offizier des Königs, beauftragt, der Hochfürstlichen Durchlaucht mitzuteilen, daß die Beschießung der Festung Düsseldorf heute abend, am 12. Mai 1702, Punkt 8 Uhr, ihren Anfang nehmen wird.«

Da neigte die Kurfürstin ihren schmalen Kopf mit der hohen Frisur zum General Dopff hin, der zur Linken neben ihrem Sessel stand und sodann, seinen martialischen Schnurrbart streichend, mit rauhem Bass unmißverständlich erwiderte:

»Im Auftrage Seiner Kurfürstlichen Durchlaucht des Herrn Johann Wilhelm, Herzogs von Jülich und Berg, lassen der Kaiserliche Oberst-Kommandierende der kurpfälzischen, preußischen und holländischen Truppen am niedern Rhein und in Flandern, Graf von Nassau-Saarbrück, durch mich, General Dopff, dem Herrn Marschall Tallard die Botschaft zugehen, daß Ihre Durchlaucht, die Frau Kurfürstin, bereits in hochfürstlicher Gnade die Entscheidung getroffen haben, der nichts hinzuzufügen ist als das: wenn nur ein einziger Schuss auf Festung und Stadt Düsseldorf abgegeben wird, wird sofort in wenigen Stunden die Festung Bonn unter Feuer genommen werden, in der, wie dem Marschall bekannt sein dürfte, Kurfürst Johann Wilhelm die Truppen Seiner Durchlaucht von Kurköln zusammen mit denen der Krone Frankreichs eingeschlossen hält.«

Beschreibung der farbigen Abbildungen:

*1) Schiffsfeuerwerk auf dem Rhein anläßlich der Fürsten-
hochzeit 1585. Links das Schloß mit dem heute noch beste-
henden Turm. Kupferstich von D. Graminaeus.*

*2) Das alte Schloß Benrath, erbaut 1662–1674. Erhalten
blieb die »Orangerie« (rechts). Graphik von Caspar
Wolff, nach einem Gemälde des Jan van Nikkelen von
1715. Staatl. Sammlung München.*

*3) Cosimo als junger Mann. Gemälde von Sustermans,
etwa zu der Zeit seiner Heirat 1661. Pitti Palast. Nach der
Abb. in Acton's »The last Medici«, Macmillan, London
1980. Photo Scala.*

*4) Die Duchesse de Bourgogne um 1680. Gemälde von
Pierre Gobert. So etwa haben wir uns Anna Maria und
ihre Mutter vor dem Ausritt in Benrath bzw. Versailles
vorzustellen. Nach der Abb. in Nancy Mitford's »The Sun
King«, H. Hamilton Ltd., London 1971.*

*5) Die Kurfürstin beim Tanz mit Johann Wilhelm im
Schloß zu Düsseldorf (vgl. S. 147). Gemälde von J. F. van
Douven um 1695. Pitti Palast. Photo Alinari.*

*6) Das Kurfürstenpaar in Prunkgewändern. Johann Wil-
helm in Rüstung und rotem Hermelinmantel mit großer
Allongeperücke, hält in der Linken ein Kissen mit der
Kaiserkrone. Anna Maria mit hoher Lockenfrisur trägt ein
goldgesticktes Kleid und blauen Hermelinmantel. In der
Rechten hält sie einen Olivenzweig. Zu ihren Füßen ein
Pekineser-Hündchen. Gemälde von J. F. van Douven.
Uffizien, Florenz. Um 1711, d.h. dem Jahr, da Johann
Wilhelm Reichsvikar war. Kopie im Stadtmuseum Düssel-
dorf.*

*7) Büste der Kurfürstin, um 1700 geschaffen von Gabriel
Grupello. Kunstmuseum Düsseldorf.*

Der Bericht, den Leutnant de Bellegarde dem Marschall von seinem zweiten Besuch bei der Frau Kurfürstin erstattete, verfehlte seine Wirkung nicht. Tallard hielt es für klüger, keinen Schuß auf Düsseldorf zu lösen, vielmehr sein Lager bei Heerdt nach einigen Tagen abzubrechen, gegen Langst zu marschieren und von der linken Rheinseite aus das belagerte Kaiserswerth zu unterstützen. Doch schon wenige Tage später stieg auf den Wällen der alten Feste die weiße Flagge hoch. Die Stadt ging in den Besitz Jan Wellems über, und damit war für alle Zukunft die Bedrohung, die sie bisher als kurkölnische Festung für Düsseldorf bedeutet hatte, beseitigt.

Der Kurfürst aber schloß, als er nach Abwendung der Gefahr, ins Schloß zurückkehrte, seine tapfere Gattin in die Arme, küßte sie und sagte dabei: »Das haben Euer Liebden gut gemacht!«

In der Tat bewies diese mutige Haltung, daß die Kurfürstin nicht nur hoheitsvoll, sondern auch entschieden aufzutreten verstand. Zweifellos hatte sie von ihrer Mutter diese robuste Natur und selbstbewußte Zielstrebigkeit ererbt. Betont verband sie mit religiösem und kunstsinnigem Feingefühl das Bestreben, im Sinne des bewährten Mottos »Mens sana in corpore sano« auch ihren Körper geschmeidig und leistungsfähig zu erhalten. Tanz, Jagd und Reitsport gaben ihr dazu hinreichend Gelegenheit. Ihre Mutter mag in dieser Hinsicht noch ausdauernder gewesen sein. Was jedoch Anmut und Eleganz ihrer Bewegungen anbelangt, so hätte sich die Kurfürstin auch am Hofe des Sonnenkönigs sowie im Bois de Boulogne sehen lassen können.

Hier am Rhein aber war sie die Zierde der Jagdreviere rund um Schloß Benrath bei Düsseldorf sowie Bensberg bei Köln. Benrath hatte sie schon bald nach ihrem Eintreffen am Rhein liebgewonnen. So schrieb sie am 1. 9. 1691: Wir befinden uns auf einem Landsitz, eine Stunde von Düsseldorf entfernt. Es ist ein sehr schöner Ort mit Jagdschloß und ausgedehnter Parkanlage. Man braucht sich nur zum Fenster hinauszulehnen, um Fische zu fangen. Fast täglich reiten wir zur Reiherjagd aus.

Auch im Schloß Bensberg bei Köln, das Johann Wilhelm erbauen ließ, war man häufig zu Gast. Dort befindet sich

noch heute im ehemaligen Schlafzimmer des Kurfürstenpaares ein Stuckrelief der Kurfürstin, das sie unter Anspielung auf ihr Jagdfieber als behelmte Minerva zeigt.
Überhaupt nehmen Berichte von Jagden, an denen sie teilnahm, einen breiten Raum in den Briefen an ihren Onkel
ein. Wir erfahren in diesem Zusammenhang, daß Vater
Cosimo in Florenz diese Passion gerne förderte, indem er
dem Kurfürstenpaar isländische Jagdfalken sandte. Bei
den großen Treibjagden allerdings richtete man den Blick
weniger auf Reiher als auf Wildschweine und Hirsche.
Wie bereits in anderem Zusammenhang erwähnt, erwies
sich dabei die Kurfürstin als ausgezeichnete Schützin.
Bereits als junges Mädchen war sie in der Heimat »in
Perücke und enger Jacke à la Francese« (vgl. Abb.) auf die
Jagd gegangen und hatte außer sechs Böcken einen starken
Hirsch erlegt.
Auch Johann Wilhelm, das Urbild des »Jägers aus Kurpfalz«, war ein so leidenschaftlicher Waidmann, daß er
sich nicht scheute, zwei, ja vier Stunden weit zu gehen,
um einen Eber zu erlegen. Er stand dann oft bereits um
3 Uhr in der Frühe auf. Nicht nur das Morgengrauen sah
die fürstlichen Jäger draußen. Oft wurde auch das Abend-
essen mitgeführt und im Freien verzehrt.
Die Jagden blieben nicht nur auf die kurfürstlichen Besitzungen, etwa in Benrath und Bensberg, beschränkt, sondern Johann Wilhelm folgte mit seiner Gemahlin auch den
Einladungen des Adels und verweilte gerne einige Tage als
Gast auf deren Schlössern. So schrieb Anna Maria aus
Schwetzingen, daß man 19 Wildschweine zur Strecke gebracht habe, während man bei anderer Gelegenheit in der
Haardt auch Wölfe und Füchse erlegte.
Noch als nahezu Vierzigjährige war die Kurfürstin überaus vital. So konnte der toskanische Gesandte im Dezember 1705 seinem Herrn in Florenz melden: Ihre Ausdauer
bei den körperlichen Anstrengungen der Jagden wird all-
gemein bewundert und ist ein Beweis für ihre durchaus
gute Gesundheit.
Zu eben dieser Zeit weilte auch der wiederholt zitierte Mr.
Blainville in Düsseldorf. Nach seiner Schilderung haben
wir uns die Kurfürstin damals wie folgt vorzustellen:
»Sie ist schlank und leicht, von einer hübschen Gestalt

Anna Maria *im Jagdkostüm. Sie trägt einen dreispitzigen, mit Straußenfedern geschmückten Hut. In der Rechten hält sie eine Muskete, die Linke liegt auf dem Kopf eines Jagdhundes. Ölgemälde, vermutlich J. F. Douven. Palazzo Pitti*

und von einer für eine Italienerin frischen Hautfarbe. Ihre Augen sind groß, schwarz und ausdrucksvoll, ihr Haar ist von derselben Farbe. Ihr Mund ist klein, nur ihre Lippen sind ein wenig zu dick; ihre Zähne gleichen dem Elfenbein.«

Onkel Kardinal als letztes Aufgebot der sterbenden Dynastie

An der Pariser Front, wo die streitsüchtige Klosterfrau Marguérite-Louise immer wieder für ärgerliche Skandale und Geplänkel sorgte, war, zumindest vorübergehend, Waffenruhe eingetreten. Stattdessen aber blieb Cosimos Gemütsruhe in einem anderen Bereich seiner Familienpolitik weiterhin beunruhigt. Der Fortbestand des Hauses Medici war nämlich nach wie vor nicht gesichert, zumal sich bei Prinzessin Violante, Ferdinandos Gemahlin, keinerlei Anzeichen einer Schwangerschaft zeigen wollte. »Dieses anmutige und feinfühlige Mädchen«, schrieb Paolo Minucci, »vermochte wohl wegen ihrer Unerfahrenheit, mehr aber noch aufgrund ihrer religiösen Erziehung, ihren Gatten nicht zu animieren.« Glücklicherweise besaß sie den Takt, die Augen vor dessen Seitensprüngen zu verschließen. Peinlich berührt fühlte sie sich jedoch, als Cosimo besondere Andachten verrichten ließ, um die erwünschte Nachkommenschaft zu erflehen.

Daß auch Gastones Ehe ein totaler Fehlschlag war, hatte sich längst erwiesen. Unverzeihlich aber ist, daß man in Florenz und Düsseldorf nach all diesen Erfahrungen immer noch nicht klug geworden war. In Anlehnung an Shakespeare's »comedy of errors« könnte man tatsächlich von einer »Komödie der Irrungen« sprechen, wobei allerdings die tragischen Aspekte vorherrschen. Fürwahr, Vater Cosimo hatte hinreichend Veranlassung, von einem tragischen Geschick zu sprechen, angesichts der Tatsache, daß keines seiner drei Kinder ihm mit Nachkommen hatte dienen können. Als ob die unglückselige Mutter damals den Fluch ausgestoßen hätte:

Gebäre ich auch widerwillig diese Brut,
Stamm Medici ist doch dem Untergang geweiht!

Cosimo aber suchte dem Geschick dennoch zu trotzen, und so verfiel er auf die unglaubliche Idee, seinen Bruder, den stiernackigen Kardinal, als Zuchtbullen zu gewinnen. Er verdient unser Mitgefühl, doch bevor wir ihn seiner nicht minder bemitleidenswerten Braut zuführen, sei sein Stammbuch vorgelegt.

Francesco Maria de' Medici (1660–1711) war wesentlich jünger als sein Bruder Cosimo. Er verdankte seine Existenz der Fügung, daß sich seine Eltern nach einer langen Zeit der Entfremdung wieder ausgesöhnt hatten. Intelligent und kultiviert, wußte er sich im Sinne der Medici-Tradition den schönen Künsten verpflichtet. Im übrigen aber war er ein auf Abwechslung bedachter Lebemann. Stets bei guter Stimmung, schien er Prinz Karneval in Person zu verkörpern, ganz im Gegensatz zu seinem griesgrämigen Bruder, der sozusagen die Abstinenz der Fastenzeit personifizierte. Ein geistliches Amt entsprach durchaus nicht seinem Naturell. Und doch wurde ihm schon früh das rote Barett des Kardinals verordnet gemäß der Tradition, womit die Kirche dem Hause Medici Reverenz zu erweisen pflegte. Und man legte im Palazzo Pitti Wert auf die Wahrung dieser Tradition, um bei der Papstwahl mitsprechen zu können. So verhalf Francesco Maria während seiner Amtszeit immerhin zwei Päpsten zur Wahl: Alexander VIII. und Clemens XI.

Der Purpur vertrug sich gut mit seinen rosigen Wangen, weniger jedoch mit seiner lockeren Lebensweise. Doch die Kardinäle der Familie waren immer Bon-vivants gewesen, und Francesco war in dieser genußfreudigen Tradition zweifellos kein Blindgänger. Kein Wunder, daß ihn Fettleibigkeit kennzeichnete. Überhaupt war seine ganze Einstellung von Genuß und Wohlleben geprägt. Als Kardinal war er zugleich Protektor von Österreich und Spanien in Rom. In dieser nicht eben aufregenden Position verfügte er über Einkünfte in Höhe von 120.000 Kronen, die ihm ein extravagantes Hofleben entsprechend dem üblichen Medici-Zuschnitt erlaubte.

Wenn der Kardinal sich nicht in Rom aufhielt, vergnügte er sich in seiner Residenz Lappeggi, einem Treffpunkt der Dichter, Musiker und Schauspieler. Sie genossen dort, zumal in den ausgedehnten Parkanlagen, weitgehende

Gastfreiheit. Gern gesehener Gast war auch, wie wir bereits hörten, sein Neffe Ferdinando, für den Lappeggi sozusagen als Inbegriff des Protestes galt gegen das langweilig-muffige Leben bei Hofe. Überhaupt fühlte sich Seine tonnenbäuchige Eminenz am wohlsten, wenn ringsum ausgelassene Stimmung herrschte. Besonderen Gefallen fand er jeweils an Stegreif-Deklamationen und Aufführungen, die sich oft bis zum Morgengrauen ausdehnten.

Großzügig wie er war, nahm er bei allem zwanglosen Durcheinander wie selbstverständlich in Kauf, daß sich auch Diebe und Schmarotzer einschlichen. Halb scherzend, halb mit drohendem Zeigefinger, rief er dann jeweils an Ostern neben seinen Lakaien das ganze Künstlervölkchen zusammen, ließ alle niederknien, um dann folgende Absolution zu erteilen: »Nun denn, gewitzte Schurken, die ihr seid. Was mich anbetrifft, so spreche ich euch frei von jeglicher Diebesschuld und schenke euch das, was ihr euch eigenmächtig ohnehin genommen habt.« Diese eher scherzhafte Zeremonie einer Generalabsolution gehörte wohl zu den wenigen Amtshandlungen, die er kraft kirchlicher Weihe im Laufe des Jahres vornahm. Wie würden heutige Kardinäle, von denen viele rastlos im Weinberg des Herrn tätig sind, über eine solche Dienstauffassung urteilen?

Wie zu erwarten, beobachtete Cosimo das anstößige Treiben in Lappeggi weniger großzügig als sein Bruder. So sah er sich wiederholt veranlaßt, ehemalige Lakaien und Pagen wegen unzüchtiger Handlungen zum Galeerendienst zu verurteilen. Dort würden ihnen die von Francesco Maria geförderten abartigen Spässe vergehen.

Bei all seinem exzentrischen Humor verfügte der Kardinal über eine gesunde Portion nüchterner Berechnung. So wenig ihm angesichts seiner Korpulenz das edle Waidwerk auf den Leib geschrieben war, umsomehr fühlte er sich in anderen Jagdgefilden zu Hause. Er jagte nämlich leidenschaftlich nach Stipendien und Pfründen. Sobald ein Prälat gestorben war, schrieb er eiligst nach Rom, um zu ermitteln, inwieweit sich für ihn Chancen der Nachfolge ergaben. Im übrigen hatten seine Vergnügungen stets Vorrang vor dienstlichen Angelegenheiten. An erster Stelle rangierten die Freuden einer üppigen Tafel. In

Nachahmung gewisser altrömischer Schlemmersitten förderte er seinen ohnehin erstaunlichen Appetit durch platzschaffende Brechmittel.

Als Mäzen war er vornehmlich den Schauspielern zugetan. Für ihn war das Theater jedoch weniger ein intellektuelles Anliegen als ein amüsanter Zeitvertreib. Schließlich sei als weiteres Kuriosum erwähnt, daß er in Duftstoffe vernarrt war und mit hohem Kostenaufwand in seinen Gärten eine eigene Parfümdestillerie unterhielt. Überhaupt schwelgte man damals rings um Florenz in Genüssen dieser Art. Es gab sogar eine Akademie der »Odorati Cavallieri«, also der Ritter vom guten Duft. Ob auch ihr sonstiger Ruf so wohlriechend war?

Kurz, der Kardinal pflegte die Annehmlichkeiten des Lebens wie schöne Künste. Das Erhabene und Niedrige reichten sich bei ihm die Hand. Ihn störte auch nicht, daß seine eigene Erscheinung den schönen Künsten ins Gesicht schlug. So quoll er bedenkenlos immer unförmiger auseinander, mit einem Doppelkinn unter seinem Vollmondgesicht, Finger wie Würsten und einem sich vorwitzig wölbenden Bauch, der die Kardinalsrobe pietätlos aufbauschte. Bei aller Freude am Schabernack und spaßigen Possen ahnte er wohl nicht, daß ihm nun selbst die Hauptrolle in einer der originellsten Tragikomödien, die sich ausdenken läßt, zugedacht wurde.

Zu dieser Zeit (1708/9), da es nahezu feststand, daß die Medici keinen männlichen Erben aufweisen würden, suchte Österreich nach einem Vorwand, um die Toskana zu besetzen. So deutete der Kaiser mit geheucheltem Wohlwollen an, daß sich Cosimos Untertanen gegen ihn erheben würden, sobald der Thronfolger Gastone, in den sie ihre ganze Hoffnung setzten, seinen Geist aufgebe. Man müsse deshalb, so betonte er mit Nachdruck, Unruhen verhindern, um nicht die Toskana einer fremden Invasion auszusetzen. Doch Cosimo reagierte auf diesen Versuchsballon mit einem ungeahnten Schachzug, der allerdings weniger Verwirrung als mitleidiges Schmunzeln auslöste. Entschlossen, keine Möglichkeit unversucht zu lassen, um doch noch einen Erben herbeizuzaubern, überredete er seinen Bruder, den Kardinal, sich von den Weihen dispensieren zu lassen und zu heiraten. Was seine

Neffen nicht fertigbrachten, das solle nun ihm gelingen. Erwartungsgemäß aber verspürte der sonst zu jedem Spaß aufgelegte Francesco Maria wenig Neigung, sich säkularisieren zu lassen, war doch damit der Verlust all dessen, was das Leben für ihn lebenswert machte, verbunden. Andererseits war er sich der Pflicht gegenüber der Medici-Dynastie bewußt. Dabei wurde ihm schließlich sein Jawort wesentlich erleichtert durch die Zusicherung des Papstes, daß seine Pfründe nicht geschmälert würden. Adieu also den tänzelnden Nymphen und Faunen, dem ausgelassenen Lärmen und den Spässen eines fidelen Junggesellen. Kein Wunder, daß der Ex-Kardinal fortan, wie man sagte, nicht mehr lachend gesehen wurde.

Nun kam es also darauf an, eine geeignete Partnerin zu finden, wobei die Aussicht auf Fruchtbarkeit ausschlaggebend war. Außerdem war darauf zu achten, daß diese Liaison die Medici nicht in einen Konflikt mit kriegführenden Parteien verstricken würde. Prinzessin Eleonora, die Tochter von Vincento Gonzaga, dem letzten Erbe der berühmten Familie, die einst über Mantua geherrscht hatte, schien diesen Erfordernissen am besten zu entsprechen. Verschiedene Agenten waren ausgesandt worden, um vertrauliche Erkundigungen einzuziehen. Diese versicherten, daß die Prinzessin sich einer ausgezeichneten Gesundheit erfreue. Sie sei gut gewachsen, habe eine zarte Haut, einen vollen Kirschenmund, funkelnde Augen, feste Brüste und bewege sich sehr graziös. Diese günstige Veranlagung, so meinten die Ärzte, lasse eine ergiebige Mutterschaft der jetzt 24jährigen erwarten.

Wer aber fragte danach, ob die Prinzessin überhaupt geneigt sei, sich für diesen mehr als fragwürdigen Zuchtversuch hinzugeben? Und war dieser fettleibige Bewerber wider Willen nicht bereits doppelt so alt wie sie? Und war er nicht wegen seines liederlichen Umgangs weithin verrufen?

Man nimmt den ersten Akt dieses Schauspiels schmunzelnd, aber auch ein wenig mitleidig zur Kenntnis, jedoch nicht ohne zu fragen: Gehört etwa auch unsere Düsseldorfer Kurfürstin zu den handelnden Personen dieser Tragödie? Ja, leider! Hat sie doch wie schon bei der verunglückten Heirat ihres Bruders auch diesmal ihren Segen gegeben. Die Idee zu diesem geschmacklosen Zuchtversuch stammt wohl nicht von ihr, doch hat sie aus der Ferne das ganze Unternehmen auf wenig einfühlsame, ja geradezu leichtfertige Weise begleitet. Dazu muß man wissen, daß Anna Maria ihrem kaum älteren Onkel schon seit der gemeinsamen Jugend sehr verbunden war. Der stets frohgelaunte und erfindungsreiche Francesco war ihr nämlich als idealer Unterhalter in bester Erinnerung geblieben – so sehr, daß nach ihrer Heirat der Kardinal viele Neuigkeiten noch eher erfuhr als Vater Cosimo. Es wurde schon darauf hingewiesen, daß dieser Briefwechsel für viele Details zum Thema »Anna Maria, Kurfürstin zu Düsseldorf« unentbehrlich ist. So konnte es natürlich nicht ausbleiben, daß Anna Maria in einem Brief auch auf den vorgesehenen Rollenwechsel einging: »Ich denke, daß es Dir am ersten Tag Deines Kostümwechsels vorkommt, als gingest Du in neuer Verkleidung zu einem Maskenball. Zu gerne würde ich der Komödie beiwohnen, die man in Deinem Gemach erwarten darf, wenn Du von Deiner Kardinalsrobe in das zivile Kostüm überwechselst.« Diese scherzhafte Bemerkung beweist doch wohl, daß sie dieser eher peinlichen Verwandlungsszene ohne Bedenken zustimmte. Ja, sie ließ sich sogar einspannen in das lächerliche Bemühen der Medici, dem Ex-Kardinal als der Schlüsselfigur ihrer Erwartungen, wohlgemeinte Ratschläge für seine Bewährung als Ehemann auf den Weg zu geben. Überhaupt liest sich ihre Korrespondenz mit ihm wie die einer besorgten Kinderfrau mit einem verwöhnten Jungen: »Achte auf Deine Gesundheit, und sei in allem klug darauf bedacht, uns bald den Trost eines kleinen Prinzen zu bescheren. Wir alle sehnen uns danach. Sei bemüht, Deine Frau zufrieden zu stellen, denn das wird weitgehend zum Gelingen beitragen.« Jeder Schnupfen, den er sich in dieser Zeit zuzog, wurde mit Sorge registriert. Und wenn er sich von seinem Katarrh erholt hatte, riet sie ihm abermals, er möge vorsichtig sein. Vor allem solle er Kälte, Hitze und Schnupftabak meiden. Sein ganzes Sinnen müsse nun darauf gerichtet sein, dem Hause Medici zu einem »cuginino«, einem kleinen Vetter, zu verhelfen.

Es ist unverständlich, daß eine sonst so vernünftige Frau

in dieser naiven, fast pathetischen Weise ein so widerliches Unternehmen begleitete, ein Schauspiel, das man anderwärts nur amüsiert belächelte. Tatsächlich muß man der Kurfürstin zum Vorwurf machen, daß sie es an Takt und Einfühlungsvermögen fehlen ließ, und das ist umso schwerwiegender, als ihr die trübe Erfahrung mit ihren Eltern sowie der Düsseldorfer Heirat ihres Bruders Gastone eine Lehre hätte sein müssen. Und wo blieb das Mitgefühl für die bedauerliche Prinzessin? Als mildernden Umstand könnte man allenfalls gelten lassen, daß die Kurfürstin von der so fragwürdigen Vita und der so wenig erbgesunden Erscheinung ihres Onkels keine rechte Vorstellung hatte, war sie ihm doch seit fast 20 Jahren nicht mehr begegnet. Vielleicht stand er ihr immer noch als der harmlos-fröhliche Gefährte ihrer Jugend vor Augen.

Die Nachricht von der Verlobung dieses so ungleichen Paares erregte natürlich allgemeines Aufsehen, und Witzbolde malten sich spöttelnd aus, zu welchem Bühnenereignis eine solche Komödie werden könnte! Sie, eine jugendfrische attraktive Erscheinung mit ausgezeichneten Manieren; er, ein mit Gicht, Verdauungsstörungen, Fettleibigkeit, wenn nicht gar mit Syphilis geplagter, in fleischigen Wülsten verpackter Lebemann. Als er nun wie ein widerwilliges Schlachttier zum Opferaltar torkelte, erschauderte Eleonora. Gewiß, sie hatte keinen Adonis erwarten können. Doch was ihr nun vor Augen trat, mußte die junge Braut mit Zittern und Abscheu erfüllen: ein aufgedunsenes Gesicht mit hervorquellenden Augen, ein aufgeblähter Bauch, eine fleckige pockennarbige Haut, dazu das lächerliche Bemühen, sich als verführerischer Bräutigam vorteilhaft in Pose zu bringen. Kein Wunder, daß sie sich seinen Umarmungen versagte. Hier konnte auch kein animierender Liebestrank helfen. Priester wurden herbeigerufen, um ihr gut zuzureden; ihr alter Beichtvater wurde zitiert; auch ihr Vater und Cosimo schalteten sich ein. Doch sie versagte sich hartnäckig der ihr zugedachten Rolle! Wie aber konnte man nur der Meinung sein, ihr Widerstand sei ihrer jungfräulichen Unschuld und ihrer übertriebenen Zurückhaltung zuzuschreiben?

Bis dann schließlich die Prinzessin ohne Umschweife erklärte, die Ursache sei physischer Widerwille und die Furcht, sich schimpfliche Krankheiten zuzuziehen.

In dieser peinlichen Situation vermochte nun der Ex-Kardinal seiner bisher so komischen Rolle eine tragische Wendung zu geben, indem er nichts unversucht ließ, um Mitleid zu erwecken. Er bekannte sich zu seinen Schwächen und reagierte auf die Verweigerung der Prinzessin mit verständnisvoller Nachsicht. Zugleich entfaltete er mit viel Takt und Geschick seine im diplomatischen Dienst erworbene Überredungskunst. Er wies auf die seit Jahrhunderten bewährten Verdienste der Medici hin und auch auf die guten Beziehungen zur Familie Gonzaga. Nun aber gehe es um den Fortbestand dieser ruhmreichen Dynastie, den zu sichern sie auserkoren sei. Ihm selbst aber sei es auferlegt, den maskulinen Beitrag zu leisten. Darauf konnte sich Eleonora trotz allem des Mitleids nicht erwehren, zumal auch sie einer aussterbenden Familie angehörte.

Also wurde die Ehe doch noch vollzogen – wenn auch ohne Ergebnis, denn es blieb bei diesem einzigen Beisammensein. Offenbar war die Prinzesin so angewidert, daß sie fortan jeden nur denkbaren Vorwand aufgriff, um Francesco Maria auszuweichen. Sie täuschte Krankheit vor, und wenn sie dann genesen schien, tanzte sie ausgiebig und beteiligte sich an vielerlei Belustigungen, die man veranstaltete, um sie zu animieren. Doch es zeigten sich keinerlei Anzeichen einer Schwangerschaft. Schließlich erstickte sie ihren Kummer im Alkohol. Francesco aber war ob seines Mißgeschicks zu Tode betroffen. Was hatte er nicht alles dieser fragwürdigen Gefälligkeit zuliebe geopfert? Rang und Würde, die ungezwungene Freude an den Köstlichkeiten des Lebens. Geerntet aber hatte er nichts als Gelächter und ein paar tröstliche Worte seitens seiner Nichte in Düsseldorf, die zwar maßlos enttäuscht sein mußte, dennoch aber aus eigener Erfahrung wußte, daß Kindersegen nicht von Wohlverhalten abhängig ist. Francesco starb dann bald, gepeinigt an Leib und Seele, an Wassersucht, kaum zwei Jahre nach dieser so zwiespältigen Heirat. Sein Tod aber hinterließ nicht nur Spott, sondern neben beträchtlichen Schulden auch die Aufdeckung manchen Skandals. Schade, daß Shakespeare nicht mehr unter den Lebenden weilte! Welcher Stoff für ein weiteres Drama, in dem in Gestalt des Ex-Kardinals ein zweiter Falstaff hätte agieren können!

Das Haus Medici hatte nun auch den letzten Einsatz verspielt. Und das war wohl gut so, ließ doch diese so widersinnige Ehe keinen gesunden Sproß erwarten – bei einer Mutter, die ebenso wie Cosimos flüchtige Marguérite-Louise nur widerwillig empfing, und einem Vater, der mit vielerlei Lastern und Krankheiten behaftet war. Wie konnte nur Anna Maria die so naive und unverantwortliche Meinung vertreten, daß ihr Onkel sich nur ein wenig anzustrengen brauche, um ein »liebes Vetterchen« zu zeugen?!

Das Volk der Toskana, das ohnehin unter dem Druck wirtschaftlicher Not litt, hatte am wenigsten Verständnis für derartige Geschmacklosigkeiten. Die Unzufriedenheit war nicht mehr zu überhören, so in einem unmißverständlichen Plakat, das man im Mai 1710 am Palazzo Pitti angebracht fand:

Appigionasi in quest' anno
Che i Medici se ne vanno

Noch in diesem Jahr zu vermieten,
wenn die Medici verschwinden

Das krampfhafte, schließlich zur Tragikomödie entartete Bemühen Cosimos, den für das Fortleben des Hauses Medici unverzichtbaren Nachwuchs zu besorgen, war inzwischen im In- und Ausland zum Gespött geworden. Umsomehr Anlaß für die Großmächte, sich in die Startlöcher zu begeben, um bei dem sich anbahnenden Ausverkauf der Dynastie Medici vorne zu sein.

Cosimo aber stand nun vor dem Scherbenhaufen seiner ehrgeizigen Pläne. Wahrlich, er hätte allen Anlaß gehabt, ein trauriges Lied auf die Eitelkeit menschlichen Strebens anzustimmen. Er hatte von großartigen Allianzen geträumt, und die jeweilige Heirat seiner drei Kinder war als Angelegenheit von weittragender, wenn nicht welthistorischer Bedeutung, eingefädelt worden. Der einst so fruchtbare Humusboden einer kunstsinnigen und erfolgreichen Bankiersfamilie aber war nun ausgelaugt und brachte nicht einmal einen Erben hervor. Die Tragödie seines eigenen Familienlebens – die Frau, die davonlief, um ihn zu beleidigen, zu verfluchen, zu beschämen und lächerlich zu machen – hatte sich wiederholt im Leben seiner Söhne mit ihren verunglückten, unfruchtbaren Heiraten.

Doch als letzte Stütze war ihm Anna Maria verblieben. Um nun sein Haus wenigstens befristet vor dem Untergang zu bewahren, ließ er nichts unversucht, seine Tochter als Nachfolgerin bestätigen zu lassen. So bemühte er sich, noch zu Johann Wilhelms Lebzeiten, für Florenz eine Art Pragmatischer Sanktion zu schaffen, welche Anna Maria zur Erbin des Großherzogtums machen sollte.

Im Mai 1711 starb Kaiser Joseph, und der spanische Erbfolgekrieg trat nun in eine ruhigere Phase. Bei den sich anbahnenden Friedensverhandlungen drängte Cosimo darauf, daß seine Tochter als Alleinherrscherin der Toskana anerkannt werde, sollte sie ihn und seine Söhne überleben. Doch Proteste zumal der Engländer und Niederländer bewirkten, daß die Frage der toskanischen Nachfolge zunächst vertagt wurde.

Unterdes aber ruhte die ehrgeizige Kurfürstin nicht. Obwohl sie älter als ihr Bruder Gastone war und auch der Erbprinz Ferdinando noch nicht verschieden war, liebäugelte sie mit dem Gedanken, daß sie beide überleben werde, um dann nach dem Tode ihres Mannes Herrin der Toskana zu werden. So unternahm sie von Düsseldorf aus alles Erdenkliche, um den Kaiser für die Ziele ihres Vaters zu gewinnen, wobei sie der Zustimmung der ihr gewogenen deutschen Fürsten gewiß sein konnte. Ja, die früheste Vita (47) weiß in diesem Zusammenhang zu berichten, daß sie Vermittler und bedeutende Beträge einsetzte, um den Kaiser für sich einzunehmen. So erwirkte sie im September 1711 sogar eine persönliche Unterredung mit dem erst 26jährigen neuen Kaiser Karl VI., dem Vater Maria Theresias. Diese durchaus einvernehmliche Aussprache fand dann wenige Wochen später ihren Niederschlag in dem sogenannten »Frankfurter Billet«. Darin wurde namens des Kaisers versprochen, »der Kurfürstin die Investitur mit den kaiserlichen Lehen in der Toskana zu erteilen, unter der Bedingung, daß Cosimo keine Bestimmungen zu Gunsten der Feinde Österreichs treffe, sondern im Gegenteil die Interessen der Medici denen Habsburgs unterordne.« (22, 104)

Bei Cleugh (10) andererseits findet sich folgende Version: »Kaiser Karl VI. wollte Anna Maria das Erbe nur überlassen, wenn er es selbst nach ihrem Tode antreten dürfe. Im Vertrag von Utrecht verzichtete er jedoch auf diese Bedingung. Es wurde ein Kompromiß gefunden, nach dem die Kurfürstin die Rechte und Pflichten einer Vasallin der Toskana unter dem Kaiserreich erhielt.«

Young (52) bemerkt dazu: »Der Frieden von Utrecht, den der Kaiser nicht unterschrieb, gestand – wenn auch nicht ausdrücklich – Cosimo das Recht zu, einen Nachfolger zu ernennen. Eine endgültige Regelung der Erbfolge wurde nicht getroffen. Man vermutete jedoch, daß Cosimo seine Tochter zur Thronerbin bestimmen wolle. Karl VI. deutete an, daß er einverstanden sei.«

Jedenfalls blieben verbindliche Abmachungen in der Schwebe. Schon bald aber wurde die Frage wieder akut, da Erbprinz Ferdinand am 30. Oktober 1713 verstarb. Nunmehr sah Cosimo es als unausweichlich an, eine eindeutige Entscheidung zu treffen. So bestimmte er am 26. November 1713 seine Tochter Anna Maria, Kurfürstin zu Düsseldorf, zur Thronanwärterin. Das heißt, sie solle die Nachfolge im Herzogtum antreten, wenn er und Gian Gastone ihr im Tode vorausgingen. Bereits am folgenden Tage wurde seine Verfügung dem Senat zur Billigung vorgelegt. Dieser nahm die Vorlage zunächst mit gemischten Gefühlen auf. Bald herrschte jedoch die Meinung vor, man solle Mitgefühl zeigen mit einer Familie, die so lange regiert hatte, wenn auch oft mehr schlecht als recht. So wurde der Antrag schließlich überwiegend zustimmend, ja sogar dankbar begrüßt. Doch ist zu bedenken, daß die Entscheidungsfreiheit des Senats sehr begrenzt war. Cosimo herrschte nämlich in der Toskana ebenso absolut wie Ludwig XIV. in Frankreich. (1)

Wie aber würden sich die Großmächte verhalten? Kaiser Karl VI. reagierte sofort empört und ließ auch den Kurfürsten Johann Wilhelm in Düsseldorf wissen, der Großherzog sei in keiner Weise berechtigt, einen solchen Entscheid zu treffen. Seine Staaten seien kaiserliches Lehen. Damit machte Habsburg erneut seine Ansprüche auf die Toskana geltend unter Berufung auf Kaiser Karl V., der (1531?) das Herzogtum Florenz an Alessandro de Medici als kaiserliches Lehen vergeben habe. Dieser Zusammenhang aber war sowohl von der Stadt Florenz wie auch den Medici immer wieder bestritten worden. Unzweifelhaft aber war stets, daß zumindest Siena als kaiserliches Lehen zu gelten hatte.

Ludwig XIV. andererseits beglückwünschte Cosimo zu seiner Entscheidung. Er merkte jedoch an, Anna Maria sei auch nicht mehr jung, und deshalb möge er auf weitere Sicht einen Erben wählen, der, wie er es formulierte, den Ruhm des Hauses Medici und die Hoheitsrechte des Großherzogtums zu behaupten vermöchte. Kein Zweifel – zwischen den Zeilen sollte gelesen werden, Bourbon, schon so oft mit den Medici vebündet, empfehle sich für diese Nachfolge.

Kurz zuvor war, wie erwähnt, Erbprinz Ferdinand verstorben. Was das Verhältnis Anna Marias zu diesem Bruder anbelangt, so darf man wohl von frühzeitiger Entfremdung sprechen, zumal die beiden sich seit Jahrzehnten nicht mehr begegnet waren. Andererseits mußte sie der Tod des Bruders betroffen machen, da sie nun dringender als zuvor einbezogen wurde in die ernste Sorge des Vaters, die Zukunft des Hauses Medici zu sichern.

Im übrigen, hatte man mit dem Tode des Erbprinzen hochgespannte Erwartungen begraben müssen? Gewiß nicht! 18 Jahre lang hatten Ferdinand die verhängnisvollen Folgen des Syphilis-Infektes mehr und mehr zu schaffen gemacht. Zuletzt verschlimmerten Hirnkrämpfe und Schwachsinn seine Leiden. In all diesen Jahren hatte ihn Violante mit einer Hingabe gepflegt, die umsomehr Anerkennung verdient, als Ferdinand ihr mancherlei Leid zugefügt hatte. Als er einmal wegen seines lieblosen Verhaltens gegenüber seiner Frau getadelt wurde, erklärte er frei heraus, er fühle sich nicht zu ihr hingezogen, da sie weder hübsch noch geistreich sei. Er habe sie nur seinem Vater zuliebe geheiratet. So darf man Violante fast als Martyrerin bezeichnen im Hinblick auf die Geduld, mit der sie der Ablehnung ihres Gemahls begegnete.

Andererseits war sie sowohl bei Hofe als auch bei den Florentinern überaus beliebt. Papst Benedikt XIII. ehrte sie, als wäre sie eine Königin, indem er ihr die »Goldene Rose« verlieh. So wie sie Ferdinand während seiner Krankheit beigestanden hatte, so wollte sie ihm auch im Tode nahe sein. Entsprechend verfügte sie, daß ihr Herz in einer Ampulle veschlossen und neben ihrem Gatten beigesetzt werde – 18 Jahre nach dessen Tod.

Tod Johann Wilhelms und Abschied von Düsseldorf

Wenn sich Anna Maria in diesen Jahren so intensiv in das Gerangel um das Toskana-Erbe einschaltete, so gewiß auch deshalb, weil sie merkte, daß die Kräfte ihres Mannes schwanden und damit ihre Tage in Düsseldorf gezählt waren. Tatsächlich überschatteten neben politischen Enttäuschungen mehrere Schlaganfälle die letzten Lebensjahre des Kurfürsten. Zeitweise war er der Sprache beraubt sowie gehbehindert. Gelegentlich raffte er sich wieder auf. So ging er noch im Januar 1714 auf Kaninchenjagd. Die Kurfürstin war dann jeweils sehr besorgt und bat ihn, dieses Vergnügen nicht allzu lange auszudehnen. Sie achtete darauf, daß immer ein Schemel bereitstand, auf dem er sich ausruhen konnte. Überhaupt hat Anna Maria ihren Mann stets aufopfernd gepflegt. Johann Wilhelm wußte diese Fürsorge sehr zu schätzen und erhöhte ihre Witwenrente noch kurz vor seinem Tode auf jährlich 200.000 Gulden.

Wie die mit Vorbehalt zu wertende Vita zu berichten weiß, sammelte die Kurfürstin inzwischen »unermeßliche Reichtümer, und zwar Bargeld, das sie in Belgien und Holland festlegte, wie auch erlesene Schmuckstücke, die sie nach und nach in die Toskana schickte. Noch 1 Jahr vor dem Tode ihres Gatten ließ sie durch Vermittlung eines Gesandten vielerlei nach Florenz schaffen.«

Wegen Atemnot hatte der Kurfürst zuletzt fast nie liegen können. So starb er im Sessel sitzend am 8. Juni 1716, während die Kurfürstin betend bei ihm kniete.

Erst am 3. August fand die Beisetzung in der Jesuitenkirche (heute Andreaskirche) statt. Ein unendlich langer Zug von Würdenträgern, Beamten und Dienern bewegte sich beim Schein von 800 Fackeln und zahllosen Kerzen vom Schloß zur Kirche. Ein Regiment Grenadiere, ein Regiment Infanterie und eine Schwadron Dragoner bildeten Spalier. Der Bischof von Roermond hielt das feierliche Totenamt unter Assistenz von vier Äbten.

Die lateinische Inschrift des von Grupello geschaffenen Sarkophages bezeichnet in Form eines Chronogrammes das Todesjahr. Der Wortlaut deutet an, daß zumal die letzten Lebensjahre des Kurfürsten sehr angespannt waren, und daß der Tod für den erst 57jährigen eine Erlösung war. Noch heute steht der Sarkophag im Mausoleum der ehemaligen Hofkirche, und auch das Reiterstandbild, gleichfalls ein Meisterwerk Grupellos, erinnert an eine glanzvolle Epoche Düsseldorfer Geschichte.

Daß Anna Maria mit einem frommen, vielseitig bemühten und kunstverständigen Mann verheiratet war, wird zu Recht betont. Wie aber ist der politische Rang des Kurfürsten einzuschätzen? Entspricht auch sein geschichtliches Verdienst dem glanzvollen Ansehen, das er seiner Residenzstadt Düsseldorf zu verleihen vermochte?

Rufen wir zunächst in Erinnerung, daß Johann Wilhelm bereits 21jährig Regent von Berg geworden war. Seine Geschwister nahmen als Königinnen bzw. hohe Würdenträger höchste Rangstufen ein. Er selbst war dem Kaiserhaus durch engste Verwandtschaft verbunden. 1690 erbte er die pfälzische Kurwürde. Damit gewann er eine Bedeutung von europäischem Rang, war es doch seit Karl d. Gr. üblich, daß der »Comes Palatinus« als der höchste weltliche Fürst nächst dem Kaiser angesehen wurde. Und doch lastete auf der Pfälzer Kurwürde eine schwere Bürde. Die Raubzüge Ludwigs XIV. und die Zerstörung vieler blühender Städte und Baudenkmäler, darunter des Heidelberger Schlosses (1689), hatten die Pfalz fortan zu einem Sorgenkind werden lassen. Unsägliches Leid hatte der französische König in diesem Pfälzischen Erbfolgekrieg verursacht bei dem Bemühen, den so bedeutenden Kurhut für den Sohn seiner Schwägerin Elisabeth Charlotte (»Liselotte«) zu gewinnen.

1706 war Johann Wilhelm auch die Kurwürde Bayerns

Im Dezember 1711 fand die Kaiserkrönung *Karls VI. im Dom zu Frankfurt statt. Alle Kurfürsten unter dem Vorsitz des Reichsvikars Johann Wilhelm waren anwesend, als der Bischof von Mainz dem Kaiser die Krone aufsetzte.*
Lith. von Decker und Schifflen, Wien
Bildarchiv der Österr. Nationalbibliothek, Wien

zugefallen, und 1705 sowie 1711 fungierte er als Reichsverweser bei der Kaiserwahl in Frankfurt. Daß er selbst
und auch seine Bürger das Jahr 1711 als einen Höhepunkt
seiner Regentschaft ansahen, beweist das zu dieser Zeit
von Grupello geschaffene Reiterstandbild auf dem Markt-
platz. Immerhin waren die Länder Jülich-Berg unter seiner Herrschaft zu einem geordneten Staatswesen geworden. Insgesamt aber läßt sich nicht übersehen, daß lange
Kriege und eine verfehlte Finanzpolitik sich negativ aus-
wirkten. Insbesondere der für das Reich ungünstige Aus-
gang des spanischen Erbfolgekrieges machte manch guten
Ansatz in der Planung des Kurfürsten zunichte. (17) Im
übrigen ging mit dem Frieden von Rastatt (1714) die bay-
rische Kurwürde wieder verloren.

»Jan Wellem stand nicht zufällig im Kraftfeld des Prinzen
Eugen, des Herzogs Marlborough sowie des großen Ora-
niers Wilhelms III. Der Anspruch des Kurfürsten von
Brandenburg auf die Königswürde war für Johann Wilhelm die logische Veranlassung, bei seinem kaiserlichen
Schwager die gleiche Forderung anzumelden. Hätte Leopold I. diesen Bestrebungen des Düsseldorfers mehr Verständnis entgegengebracht, so hätte er dadurch nicht nur
einen gewichtigen Gegenpol gegen das immer mächtiger
werdende Preußen geschaffen, sondern damit wäre wohl
auch die gesamte Geschichte Europas in andere Bahnen
gelenkt worden.

Die Gründung eines Königreiches der Rheinlande als
westlicher Eckpfeiler der Habsburgischen Macht, die Jan
Wellem vorschwebte, realisierte sich ebensowenig wie
sein mit der päpstlichen Kurie und dem Zaren Peter I.
abgestimmtes Projekt, Armenien zu befreien und Kaiser
dieses fernen Reiches zu werden. Was bleibt, ist der un-
wandelbar zuverlässige Kurfürst von Düsseldorf, der den
üppigsten Angeboten Ludwigs XIV., auf seine Seite zu
treten, die wörtliche Abfuhr erteilte: »Die giftige
Schlange im heißen Afrika ist nicht so verächtlich wie ein
deutscher Fürst, der in Gefahr nicht treu zum Reiche
steht.« (Loup 26, 19)

Insgesamt kommt Weidenhaupt (50) zu der Feststellung:
»Mit seinen politischen Ideen ist Johann Wilhelm gescheitert. Umso größer aber ist seine Bedeutung auf vielen Ge-

bieten der Kultur und für die Entwicklung seiner Residenzstadt Düsseldorf. Anna Maria, die Erbin des Hauses Medici, hat ihn dabei vielfach angeregt und unterstützt.«
Sie hatte das Glück, die Gefahren und die Leiden mit ihm geteilt, auch die Enttäuschungen. Die Ehe mit ihm hatte sie zu einer großartigen Frau werden lassen. Das sollte sich nach dem Tode ihres Mannes erweisen. Man kann in allen Dispositionen, die sie später traf, den während ihrer Düsseldorfer Residenzzeit geformten Menschen erkennen. (17)
Der gleichfalls kinderlose Bruder Karl Philipp trat nun die Nachfolge an, ohne jedoch Neigung zu verspüren, von Düsseldorf aus die Geschicke seiner Lande zu lenken. Ja, er war nicht einmal zugegen, als man seinen Bruder beisetzte. Für die Kurfürstin erlosch damit jede Hoffnung, daß ihr in Düsseldorf eine repräsentative Rolle verbleiben würde. Umso dringlicher aber erschien ihre Anwesenheit in Florenz.
Immerhin war ihr Düsseldorf im Laufe von 25 Jahren so ans Herz gewachsen, daß sie trotz oft betontem Heimweh der Stadt nicht von heute auf morgen den Rücken kehrte. So ließ sie einige Monate verstreichen, bevor sie die Heimkehr in die Toskana antrat. Sie brauchte ohnehin Zeit, um all die Schätze, die ihr gehörten, zu packen und nach Florenz auf den Weg zu bringen. Heutzutage hätte dies in wenigen Tagen geschehen können. Damals aber mußte man zumal die zerbrechlichen Gegenstände noch sorgfältig verstauen, um sie vor Achsenbruch usw. auf holprigen Straßen zu bewahren. Viele Kaufleute zogen deshalb, soweit wie möglich, den Transport auf dem Wasserwege vor.
»Die Nachricht von der baldigen Trennung rief allgemeine Bestürzung hervor. Die Düsseldorfer mögen es vorausgeahnt haben – was später zahlreiche Briefe bestätigen –, daß die Zeit des Glanzes für ihre Stadt vorüber sei. Mit der Witwe des prunkliebenden Herrschers ging nun für immer der Reichtum eines Hofes von ihnen. Es ging aber auch eine Frau von ihnen, welche nicht karg in ihren Almosen gewesen war und um derentwillen viele Ausländer, besonders natürlich Italiener, an den Niederrhein gekommen waren und längere oder kürzere Zeit in den

Mauern der früher so unbedeutenden Stadt geweilt hatten. Je näher der Tag der Abreise kam, desto mehr erschienen die Familien des Adels in der Stadt, um der scheidenden Fürstin ihre Verehrung zum Ausdruck zu bringen. Da niemand mehr etwas von ihrer Huld erwarten konnte, so muß es als Zeichen ihrer Beliebtheit gedeutet werden, wenn hoch und niedrig, Adel und Volk sich um sie scharten und vielen die Tränen beim Abschied in den Augen standen. Sie verteilte noch zahlreiche Geschenke, besonders an alle diejenigen, welche ihr und ihrem verstorbenen Gemahl in irgendeiner Weise Dienste geleistet hatten. Dabei wurden auch die Wachen, die Musiker und sogar das Grenadierregiment bedacht, welches die Besatzung von Düsseldorf bildete.« (22, 83)

Für die Landesfinanzen aber wurde der vorzeitige Tod des Kurfürsten zu einer höchst unbequemen Belastung, hatte sich doch Johann Wilhelm bei dem Ehekontrakt seinerzeit verpflichtet, die Mitgift auf Heller und Pfennig an die Kurfürstin zurückzahlen zu lassen, wenn diese ihren Mann ohne Kinder überleben sollte. Tatsächlich hat Anna Maria nach dem Tode ihres Mannes dieses Recht nicht ohne wiederholte Mahnungen und Auseinandersetzungen durchzusetzen gewußt.

In diesem Zusammenhang kann sich Kordt (18), welcher im übrigen die Kurfürstin durchaus positiv beurteilt, die Feststellung nicht versagen: »Diese Frau ist Düsseldorf teuer zu stehen gekommen, so teuer, daß damit Düsseldorfs Entwicklung für Jahrhunderte beeinträchtigt wurde. Denn sie sollte Johann Wilhelm den Thronerben gebären und hat ihn nie geboren. Es ist unausdenkbar, wie anders die Geschichte Deutschlands und vor allem des deutschen Westens hätte verlaufen können.« (Anmerkung des Autors: Doch läßt sich nicht mit gleicher Berechtigung sagen, daß Johann Wilhelm für die Kinderlosigkeit verantwortlich war?)

Am Morgen des 10. September 1717, also rund 5/4 Jahre nach dem Tod ihres Mannes, war dann der Augenblick gekommen, da sie mit einem lachenden und einem weinenden Auge der Rheinmetropole Lebewohl sagte. Was Köln in all den Jahrhunderten nicht gelungen war: Düsseldorf hatte den Ruf einer blühenden Residenzstadt mit höfischer Ausstrahlung gewonnen, was nicht zuletzt dem ausgeprägten Sinn der Kurfürstin für Kunst und Zeremoniell zu verdanken war. Nun aber war ein gewisser Verfall unabwendbar. Ob Anna Maria daran dachte, als sie in der Schloßkapelle letztmalig einem Gottesdienst beiwohnte? Und ob sie ahnte, daß die 25 Jahre am Rhein, an der Seite eines geliebten Mannes, die glücklichsten in ihrem Leben bleiben würden?

Ihre Untertanen jedenfalls schauten der Landesherrin wehmütig nach, als sie den Reisewagen bestieg. Mit ihr nahmen darin Platz die Obristhofmeisterin Baronin Isabella von Bourscheidt und deren Schwester Gräfin Marianne Schaesberg. Im übrigen folgte ihr ein stattlicher Geleitzug von nicht weniger als 80 Personen, die ihr während der ausgedehnten Reise zu Diensten standen. Die Bürgerwehr salutierte, und ein endloses Spalier, dem Kanonendonner, aber auch Blumen und Tränen beigemischt waren, bekundete ein letztes Lebewohl. (22, 85)

Heute würde man sich Alitalia anvertrauen, morgens starten und wenige Stunden später, d.h. noch am gleichen Tage, in Florenz eintreffen. Damals aber brauchte die Kurfürstin volle 6 Wochen, um ihr Ziel zu erreichen, wobei man allerdings berücksichtigen muß, daß sie nicht incognito reiste, sondern unterwegs vielerlei Empfänge wahrzunehmen hatte, deren Zahl man angesichts der damaligen Vielstaaterei wohl ahnen mag.

Wenigstens einige Stationen dieser Reise seien kurz skizziert. In Neuburg an der Donau verabschiedete sich ihr Schwager Philipp von ihr. Ihn sowie die übrigen Verwandten ihres Gemahls sollte sie nie wiedersehen. In Augsburg stieg sie in dem berühmten Hause Fugger ab. Bei der Ankunft fand man schon einige Reisewagen vor, welche ihr als freundliche Geste Karl Philipp gesandt hatte. Sie sollten die Fahrt durch Tirol erleichtern, denn ihre Radspur hatte man eigens den dortigen Straßenverhältnissen angepaßt. Andererseits sahen sich die Bürgermeister der Stadt veranlaßt, bei der Kurfürstin ehrerbietig um Verständnis dafür zu bitten, daß bei der Ankunft das Böllerschießen vergessen worden war.

Die beschwerliche Fahrt durch Tirol wurde sodann belohnt durch einen großartigen Empfang in Trient, der in erster Linie bestritten wurde von dem glänzenden Hofstaat, den Vater Cosimo seiner Tochter vorausgeschickt hatte. Anna Maria, verwöhnt durch vielseitiges Zeremoniell, genoß all diese Aufmerksamkeiten mit Behagen. In Mantua dagegen zeigte sie sich verschnupft, indem sie die Gastfreundschaft, die ihr der kaiserliche Gouverneur anbot, ausschlug. Man sagte, sie habe sich geärgert, weil ihr bei der Durchfahrt in den kaiserlichen Landen nicht die geziemende Ehre erwiesen worden sei. (22, 90)

Die Republik Venedig dagegen entbot ihr vielerlei Reverenz, indem man ihr ein üppiges Präsent an Lebensmitteln, welche von 60 Leuten in Körben gebracht wurden, überreichen ließ. Im übrigen lud man sie zu einem Galaabend im Dogenpalast ein. Sie geruhte, ein kurzes Stelldichein zu geben, zog sich aber dann zurück, jedoch nicht ohne die jungen Damen und Herren ihres Gefolges zur weiteren Teilnahme verpflichtet zu haben. Dieser Aufforderung folgte man gewiß gerne, bereitwilliger jedenfalls als der Weisung des nächsten Tages, wonach der ganze Hofstaat, die Stallknechte einbegriffen, zu Padua an drei Messen in der dem Hl. Antonius geweihten Basilika teilzunehmen hatte.

Als man sich dann endlich Florenz näherte, kannte der Jubel keine Grenzen mehr. Schon vorher war der Erbprinz Gian Gastone seiner Schwester entgegengefahren. Seit 20 Jahren, d.h. seit der für Gastone so unglückseligen Hochzeit, hatte man sich nicht gesehen. Auch fanden sich die Prinzessinen Violante, die Witwe des Erbprinzen Ferdinando, und Eleonora, die Witwe des einstigen Kardinals Francesco Maria, ein, um ihre Schwägerin und Nichte pflichtgemäß willkommen zu heißen. Der Vater aber erwartete sie, während Salven und Glocken über der Stadt ertönten, in der Kapelle der Santissima Annunziata. »Es war ein überwältigender Augenblick für Vater und Tochter. Sie wollte niederknien, aber der Großherzog erlaubte es nicht und schloß die so lange Entbehrte liebevoll in die Arme.« Er hatte sie 26 Jahre lang missen müssen. Kein Wunder, daß er seinen Untertanen ein theatralisches Schauspiel seiner väterlichen Zuneigung bot.

Und dann ergriff sie Besitz von den ihr zugestandenen Gemächern im Palazzo Pitti, eigentlich bestimmt für die regierende Großherzogin. Die aber regierte auf ihre Weise in Paris. In Cosimos Herzen aber nahm Anna Maria schon längst die Stelle ein, die er einst für seine Braut Marguérite-Louise, Prinzessin von Orléans, reserviert hatte. Entsprechend fragte man sich, ob er die Kurfürstin früher oder später in den Rang einer Großherzogin erheben würde. Zunächst jedenfalls setzte er sie wieder in alle Rechte einer Prinzessin ein, und zwar gleichrangig mit der Erbprinzessin Violante. Er tat dies aus Liebe zu seiner einzigen Tochter, obwohl er sich ausrechnen konnte, daß es im Hinblick auf das protokollarische Zeremoniell unter den Frauen sehr bald zu Unstimmigkeiten kommen würde.

Violante war nämlich seit dem Tode der alten Großherzogin Vittoria und der Verabschiedung der abtrünnigen Marguérite-Louise die erste Frau am Hofe gewesen. Andererseits sah sich die stolze Anna Maria nach Alter und Geburt als vorrangig an, worauf auch der Vater Rücksicht nahm, indem er ihr bei bestimmten Anlässen den Vortritt zugestand. So war z.B. bei der Auffahrt die Reihenfolge der Kutschen zu bestimmen. Ja, man nahm diese Formalien so genau, daß man – zumindest auf dem Papier – immer auch einen Platz für die sich in Versailles vergnügende, fast schon vergessene Großherzogin Marguérite reservierte.

Trotz aller Vorsorge aber kam es bereits bei den traditionellen Pferderennen am Festtage Johannes des Täufers zu einem folgenreichen Eclat. Die Kurfürstin sollte das Startzeichen geben, jedoch nicht, ohne sich dieserhalb zuvor mit Violante ausgesprochen zu haben, um zumindest der Form zu genügen. Anna Maria aber gab das Startzeichen, ohne sich mit Violante verständigt zu haben, worauf sich diese beleidigt zeigte und fortan derartigen Anlässen fernblieb.

Übrigens hatte die von Natur aus eher gutmütige Violante die zu erwartenden Spannungen vorausgesehen und noch vor dem Eintreffen der Kurfürstin ihre Absicht kundgetan, in ihr heimatliches München zurückzukehren. Erbprinz Gian Gastone jedoch, welcher seiner Schwägerin immer gewogen war und sie als Verbündete zu nutzen verstand, stimmte sie dieserhalb um. Damit sich dennoch die beiden Frauen nicht allzuoft in die Quere kämen, fand der Großherzog den Ausweg, ihr die Regierung des Staates Siena, eines kaiserlichen Lehens, zu übertragen. Tatsächlich hielt sie sich als Statthalterin bis zu ihrem Tode im Jahre 1731 meist dort auf und ging auf diese Weise ärgerlichen Begegnungen mit der Kurfürstin aus dem Wege. (22) Eleonora andererseits hatte trotz Fehlschlag des ihr aufgenötigten peinlichen Zuchtversuches ihre Position bei Hofe zusehends befestigt, ohne jedoch den gleichen Rang wie Anna Maria oder Violante beanspruchen zu können. Jedenfalls schätzte Cosimo sie, zumal sie eine lebhafte Korrespondenz mit vielen hochgestellten Persönlichkeiten unterhielt und so das Ansehen des Hauses Medici mehrte.

Allen drei Frauen war das gleiche Los der kinderlosen Witwe beschieden. Sonst aber hatten sie nur wenig gemeinsam. Wie würde der Erbprinz Gian Gastone sich nach dem Tode seines Vaters mit ihnen arrangieren? Zunächst jedenfalls ging er ihnen einfach aus dem Wege, um ohne Rücksicht auf höfisches Zeremoniell, seinen vulgären Umgang pflegen zu können. Im übrigen machte er sich über die Damen lustig, indem er bemerkte, in Florenz gebe es drei Matronen: eine schmerzensreiche, nämlich die Prinzessin Violante, eine milchstrotzende (damit war Eleonora gemeint, weil sie so dick war), und schließlich die gnadenreiche, d.h. die vom Großherzog mit Gnaden überhäufte Kurfürstin. (47)

Die Bevorzugung seiner Schwester durch den Vater kühlte das beiderseitige Verhältnis weiter ab. Es war ohnehin seit Jahren getrübt, da Gastone ihr verübelte, daß sie mit der Düsseldorfer Hochzeit eine ihm widerwärtige Frau vermittelt hatte. Zudem konnte er nicht vergessen, daß sie während ihrer Zeit in Deutschland Cosimo Kenntnis gegeben habe von rein persönlichen Angelegenheiten, die sonst geheim geblieben wären. (43) Die Kurfürstin, welche diese Abneigung kannte, bekundete auch ihrerseits wenig Sympathie. So war das Verhältnis zwischen den Geschwistern meist gespannt, während ihr andererseits jegliche Gunst, die sie vom Großherzog erbat, gewährt wurde. Unausgesprochen aber war es dem trägen Gastone durchaus recht, daß Cosimo die Staatsgeschäfte seiner fähigen Tochter überließ. So konnte er sich unbeeinträchtigt in sein Schneckenhaus zurückziehen.

Daß man der Kurfürstin in Düsseldorf immer noch nachweinte, bewies ein Brief, der in diesen Tagen eintraf. Er ist, dem damaligen diplomatischen Brauch entsprechend, in französischer Sprache abgefaßt und zwar von der Priorin Maria Aloysia des Klosters von der Heimsuchung. Sie beklagt »l'absence que nous ressentons tous les jours plus vivement comme une plague incurrable, avec beaucop de douleurs et regret de nous voir privé d'une si pieuse, gracieuse et charitable Electrice . . . Votre Altesse Serenissime permettra que je dise que la ville se depeuple journellement pour aller à Neubourg, tout le monde lamente le déplorable départ de Votre Altesse pour le ravage spirituel et temporal du pais. Hier le Chancelier de May est venue chez nous pour prendre congée avec sa famille pour Neubourg. Enfin la ville devient fort solitaire, ce qu'est bon pour des solitaires comme nous, mais le peuple et artisans sont fort affligés et souhaitent incessement que Votre Altesse Serenissime Electorale fusse encore ici. In n'y a personne à qui cette séparation est si sensible qu'à nous, qui nous venons en esprit aux pieds de votre Clemence.«

In diesem Brief wird die Kurfürstin also als fromm, anmutig und mildtätig gerühmt. Ferner heißt es: Mit ihrer Abreise sei das Land um vieles ärmer geworden, und nicht nur deshalb, weil die Stadt mit dem Weggang vieler angesehener Familien und Handwerker an Bedeutung verliere.

Dies ist kein einzelnes Zeugnis für die Beliebtheit der Kurfürstin, und es handelte sich nicht nur um Bittsteller, die sich äußerten, um auch weiterhin ihren Beistand zu erschmeicheln.

Als volkstümliche Mitregentin an der Seite ihres Vaters (1717–1723)

Wie zu erwarten, behielt Cosimo unbeirrbar sein Ziel im Auge, seine Tochter, nun nachdem sie heimgekehrt war, als Mitregentin einzusetzen. Er mußte jedoch geschickt taktieren, wollte er nicht seinen Sohn, den eigentlichen Thronerben, kränken. Dieser hatte zwar angesichts der für ihn wenig schmeichelhaften Schachzüge des Großherzogs und seiner Tochter durchaus Anlaß, verstimmt zu sein; andererseits entartete er immer mehr zum abartigen Sonderling, der sich als Nachfolger seines Vaters selbst disqualifizierte.

Umsomehr war der Großherzog seiner Tochter zugetan. Gewiß, ihr selbstbewußtes Auftreten spiegelte manche Wesenszüge der Mutter wider. Andererseits welch ausgeprägte Reife der Persönlichkeit, bewährt und erhärtet in ihrer langjährigen Funktion als Gattin, Landesherrin und Förderin der Künste. Anna Maria erwiderte die Liebe ihres Vaters mit kindlicher Zuneigung und einfühlsamem Takt. So brachte sie durchaus Verständnis dafür auf, daß Cosimo sie nicht an den Sitzungen des Staatsrates teilnehmen ließ, da sich sonst die Verstimmung ihres Bruders noch gesteigert hätte. Dennoch blieb sie durch ihren Vater und andere Quellen über alle Vorgänge bestens informiert, so daß sie sich ein ausgewogenes Urteil erlauben konnte. Dazu gesellte sich ihr diplomatisches Geschick, das sie schon am Hofe Johann Wilhelms unter Beweis gestellt hatte. Sie nahm entsprechend maßgebenden Anteil an allen Beschlüssen und Maßnahmen ihres Vaters, und zwar so taktvoll, daß dieser nicht den Eindruck haben konnte, als sei er bereits abgeschrieben. Praktisch aber fungierte sie als regierende Fürstin, und damit sogar über den Rahmen hinaus, den ihr der Vater im Sinne einer Mitregentin zugedacht hatte.

Die Gegebenheiten, mit denen sie sich auseinanderzusetzen hatte, stellten sie, abgesehen von protokollarischen Engpässen, vor mancherlei Probleme. In welch fragwürdiger Verfassung sie ihren Vater und das heimatliche Florenz tatsächlich antraf, mögen die folgenden zeitgenössischen Berichte beleuchten. Eine farbige, wenn auch schöngefärbte Charakteristik Cosimos verdanken wir Père Labat: »Der Großherzog (jetzt 62jährig) verbindet tiefe Frömmigkeit mit größter Weisheit und allen sonstigen königlichen Tugenden. Falls ihn nicht Unwohlsein hindert, sucht er täglich die Kirche auf, wo das Heilige Sakrament ausgesetzt ist. Im Kloster St. Marcus kennt er alle Mönche, zumindest von Angesicht, und hier sprach er auch mich an. Da ich viele Jahre in Amerika gewirkt habe, lud er mich zu einem Gespräch in den Palast ein.

Der Großherzog ist groß und stämmig. Auffallend ist die hervortretende Unterlippe. Sein nach oben gebogener Schnurrbart ist weiß und buschig. Aus seinen Gesichtszügen sprechen Intelligenz und Herzensadel. Er trägt meist einen eng anliegenden, zugeknöpften Anzug aus schwarzem Tuch, dazu ein Nackenband, das wie eine Krawatte gebunden ist. Ferner gehören zu seiner Tracht seidene Strümpfe und Schuhe aus Saffianleder, ein Umhang aus schwarzem Tuch sowie ein seidenes Käppchen, womit er sein weißes Haar bedeckt. An der Seite trägt er einen langen Degen.

Zu seinen Diensten stehen etwa 20 Gardisten, 4 junge Pagen und ein paar zweispännige Kutschen. Meist sitzt er allein in einer dieser Kutschen; ihr folgt eine weitere mit vier Offizieren. An jeder Seite seines Wagens marschieren zwölf Schweizer mit Hellebarden. Es fällt ihnen nicht schwer, mit den Kutschen Schritt zu halten. Man jubelt ihm nicht zu, wenn er vorbeifährt. Wer ihm jedoch im Wagen begegnet, steigt aus und grüßt, nicht ohne sehr höflich wieder gegrüßt zu werden. Ladies bleiben dagegen im Wagen sitzen, wobei ihre Verbeugung entsprechend Beachtung findet.

Um all seine Diener und insbesondere die Pagen kümmert er sich angelegentlich. Sie sind meist adeliger Herkunft. Sie müssen ihm Rechenschaft geben über ihre Ausbildung. Er sorgt großzügig für sie und scheut keinen Aufwand, um ihnen ausgezeichnete Lehrer zu vermitteln und insgesamt eine Erziehung, die ihrer Herkunft entspricht. Wenn er bei schlechtem Wetter unterwegs ist und es regnet, gewährt er ihnen gütig Unterschlupf in seinem Wagen.

Er ist vielgereist, hat alle Höfe Europas aufgesucht und

ihre Sprachen studiert. Das ist für Ausländer, die ihm ihre Aufwartung machen, von Vorteil. Er empfängt sie entsprechend ihrem Rang stets mit äußerster Höflichkeit, wobei er sich mit erstaunlicher Gewandtheit ihrer Muttersprache bedient. Er ist gebildet und wißbegierig. So hört er gerne Berichte über ferne Länder, wobei er das Gute wohl vom Mittelmäßigen zu unterscheiden vermag. Audienzen werden freimütig gewährt. Sie sind jedoch an einen Ritus gebunden, auf dessen Einhaltung er großen Wert legt.«

Insgesamt eine sympathische Charakteristik, wobei allerdings zu berücksichtigen ist, daß es sich um einen dem Großherzog gewogenen Kleriker handelt.

Nicht ganz so vorteilhaft äußert sich ein weiterer zeitgenössischer Kommentar, den wir Guyot de Merville verdanken, der während seiner Italienreise (Voyage historique d'Italie) auch einige Zeit in Florenz zu Gast war. Demnach konnte auch absolutistisches Herrschertum Cosimo nicht davor bewahren, in aller Öffentlichkeit wegen seiner Allüren karikiert zu werden. Ja, man ging so weit, ihn in fragwürdiger Gesellschaft vor dem Eingang zur Hölle zu zeigen. In diesem Zusammenhang schreibt Guyot: »Diese Karikaturen lassen keinen Zweifel daran, wie sehr die Florentiner ihren Souverän hassen. Als unparteiischer Beobachter kommt man jedoch zu dem Ergebnis, daß er eine solche Behandlung nicht verdient. Zwar mutet er seinen Bürgern eine erhebliche Steuerlast zu; andererseits aber hält er sie – und das ist sicher ein entsprechender Ausgleich – Kriegswirren fern. Wenn er die Jesuiten großzügig unterstützt, so nicht minder die Armen. Tatsächlich hat er ein so empfindsames Herz, daß er nicht einmal einer Fliege weh tun würde.

In seiner Jugend liebte er sehr die Jagd, und fast täglich suchte er eines seiner Wildgehege auf. Man sagt jedoch, daß er nie darauf aus war, das Wild zu töten, sondern zufrieden war, wenn es entkommen konnte. So kam es zu der Redewendung ›Er geht auf Jagd wie der Großherzog‹, sooft ein Jäger ohne Beute heimkehrte. Desungeachtet aber ißt der Großherzog Wildbret mit Behagen, insbesondere Fasanen.« In diesem Zusammenhang sei angemerkt, daß Cosimo Mitte Januar 1717 seine Flinte für immer beiseite legte. Er tötete nämlich versehentlich einen Jagdhelfer. Dieser Unfall erregte ihn so sehr, daß er gegen sich selbst ein Strafverfahren beantragte. Aufgrund dieses Urteilsspruches mußte er u.a. der Familie des Opfers einen monatlichen Betrag zahlen, was er gewiß auch ohne diese Aufforderung getan hätte.

Geradezu vernichtend aber ist das Urteil, zu dem Young in seinem Werk »Die Medici« (52, 486) gelangt:

Seine Maßnahmen, Sittlichkeit zu erzwingen, schufen nur tiefes Elend. Um das Volk zu schrecken, ließ er auf offener Straße Hinrichtungen vornehmen. Ketten und Peitschen waren tägliches Brot in Florenz. Die Dominikanermönche bespitzelten und bevormundeten die Bevölkerung, bestimmten nach eigenem Ermessen Vermählungen, Trennungen und Verhaftungen und erstickten jedes häusliche Glück. Heuchelei breitete sich aus wie eine Seuche. Von Priestern ungesetzlich bewilligte Aussteuern, Renten an Scharen sogenannter ›Neubekehrter‹, erdrükkende Steuerlasten . . . all dies trieb viele Bürger aus der Heimat. Wer zurückblieb, wurde faul, falsch und bigott. So verfiel die hochgeistige und gebildete Bevölkerung unter Cosimo in einen Zustand tiefer sittlicher und wirtschaftlicher Verwahrlosung.

Auch Acton (1) zitiert Reisende dieser Zeit, welche ein düsteres Bild von Florenz übermittelten: »eine Stadt, der Lethargie geweiht, in Aberglauben und Schmutz versunken, von Bettlern, hauptsächlich alten Frauen, wimmelnd. Der zunehmende Verfall ist unübersehbar. Innerhalb der Stadtmauern sieht man allenthalben unbebautes Gelände.«

Für die Kurfürstin aber waren diese ersten Jahre seit ihrer Rückkehr vom Rhein durchaus beglückend. Sie konnte ihre vielseitigen Befähigungen unter Beweis stellen, war von Kunstschätzen umgeben, die selbst die der Düsseldorfer Galerie in den Schatten stellten, und erreichte, daß auch in Florenz »Prinz Karneval« wieder Einzug halten und dem Frohsinn Auftrieb geben konnte. Selbst der oft so griesgrämige Vater ließ sich von der frischen Brise, die mit seiner Tochter vom Rhein hereingeweht war, animieren. Es gab nun wieder eine gepflegte Hofhaltung, und die so lange verödeten Säle und Gemächer des Pitti-Palastes wurden erneut Zeugen kultivierter Empfänge. All dies geschah zum Verdruß der Priester und Mönche, die seit Jahrzehnten in jeder Weise begünstigt, nun nicht mehr im Vordergrund standen. Denn Anna Maria legte bei aller Wertschätzung des Klerus Wert darauf, auch den Adel des Landes wieder an den Hof zu ziehen. (22) Dabei war ihr daran gelegen, den ihr von Düsseldorf vertrauten, gediegenen Stil der Konzerte und Tanzfeste zu pflegen, nicht vergleichbar mit der leichtlebigen Atmosphäre von Versailles, wo Hofschranzen und Mätressen den Ton angaben.

Doch Anna Maria leistete auch handfeste Aufbauarbeit. Sie milderte die Schärfen der Gesetze, die ihr Vater verfügt hatte und bewilligte beträchtliche Summen für öffentliche Arbeiten. So wurde ihre Tätigkeit mit Freuden begrüßt, und man hoffte allgemein, sie würde Gian Gastone überleben und den Thron besteigen. Entsprechend unterstützte das Volk nach Kräften ihre Bemühungen, bei den Großmächten die Anerkennung des Senatserlasses zu erwirken. (52, 493)

In diese Zeit fällt der Tod ihrer Mutter. 1712 hatte sie einen Schlaganfall mit Lähmungserscheinungen erlitten. Doch ihr entschiedener Lebenswille ließ sie wieder genesen, wobei ihr regelmäßige Kuraufenthalte in Heilbädern dienlich waren. Im übrigen war sie dem Klosterleben, das nun, wenn auch nur lässig gehandhabt, bereits 37 Jahre währte, in letzter Zeit treu geblieben. Sie erkundigte sich, ob man in Florenz irgendwie Anteil nehme an ihrem Ergehen. Davon konnte zwar nicht die Rede sein, doch man war taktvoll genug, sie dieserhalb nicht vor den Kopf zu stoßen. Wohl kaum hatte sie diese Anteilnahme von einer Tochter erwarten können, die mit ihrer fernen Mutter keinerlei Erinnerung oder gar Zuneigung verband.

Nach einem zweiten Schlaganfall bat sie den König, in Paris ein Haus mieten zu dürfen. Dieser wäre wohl auf ihren Wunsch eingegangen, hätte nicht der unerbittliche Cosimo sein Veto gegen diese ihrem Gelübde widersprechende Privatisierung eingelegt. Erst als Ludwig XIV. 1715 gestorben war, erhielt sie die Genehmigung und kaufte ein Haus am Place Royale, heute Place des Vôsges. Mit dem Tod des Sonnenkönigs aber brach für sie eine

Welt zusammen, das heißt Versailles und alle Vergnügungen, die mit Ludwigs Sinn für Pracht und Amusement so unnachahmlich verbunden waren. Nicht zuletzt hatte sie ihm und seinem Verständnis für menschliche Schwächen zu verdanken, daß er gelassen ihren wiederholten Rollenwechsel von der Klosterfrau zur exzentrischen Hofdame hingenommen hatte. Derselbe König, der sie höchst unnachgiebig an die Kandare genommen hatte, sooft sie sich in Florenz aufbäumte. Jetzt aber durfte sie sich rühmen, nach dem Sieg über die Medici auch den sonst so unerbittlichen König überlistet zu haben!

Nun aber war der König tot, und außer ihm hatten sich inzwischen viele, die ihr nahestanden, verabschiedet. So vereinsamte sie immer mehr. In ihrem Pariser Domizil, hier am Place Royale, verbrachte sie halbgelähmt die letzten Jahre, bemüht, karitative Dienste zu leisten, soweit es ihre Kräfte erlaubten. In ihrer Privatkapelle sah man sie häufiger im Gebet. Auch widmete sie sich gerne der Zwiesprache mit ihrer Gemäldegalerie. Im übrigen fand man sie stets bereit, in amüsanter Weise über ihre so abenteuerliche Vergangenheit zu plaudern.

Bis zuletzt klammerte sie sich an ihr Leben; doch am 17. September starb sie dann im Alter von 76 Jahren. Sie hinterließ ihr Hab und Gut der Prinzessin d'Epinoy, einer entfernten Verwandten, obwohl vertraglich ihre Kinder als Erben eingesetzt waren. Ihre Abneigung gegenüber den Medici, nicht zuletzt ihren eigenen Sprößlingen, hatte damit posthum noch ein Nachspiel. Cosimo strengte sofort einen Prozeß an, den er erwartungsgemäß gewann.

Im übrigen hätte der Großherzog, nun auch de jure Witwer, wie Biograph Conti meint, ein Te Deum anstimmen können. Jedenfalls hätte dieser Lobgesang seinen Empfindungen besser entsprochen als das Gedächtnisamt, das er mit feierlichem Pomp in S. Lorenzo zelebrieren ließ. Gian Gastone wohnte diesem Hochamt auf einem Thronsessel bei, während die Prinzessinnen Violante und Eleonore auf einem Balkon gegenüber dem Katafalk Platz genommen hatten. Die Kurfürstin jedoch verzichtete auf die Teilnahme, ebenso ihr Vater.

Marguérite-Louise fand ihre letzte Ruhestätte im Kloster von Picpus. Dort hatte sie bis zu ihrer Übersiedlung in

ihre Pariser Eigentumswohnung als zuletzt doch noch ge-
fügige Ordensfrau gedient. Einen Gesinnungswandel darf
man auch in ihrer testamentarischen Verfügung sehen, sie
wolle im Kloster von Picpus beigesetzt werden. Eigentlich hätte sie, entsprechend ihrem königlichen Rang, An-
recht auf eine Gedenkstätte in St. Denis gehabt.

Marguérite-Louise blieb lange vergessen, obwohl ihr
abenteuerliches Leben einen Roman oder eine Verfilmung
geradezu herausfordert. Die Historie bietet uns zwar
manche Skandalgeschichte, aber nur selten eine Frau, die
so erfolgreich Charme und Esprit zur Verteidigung ihrer
Freiheit einsetzte wie die Cousine des Sonnenkönigs,
einst Großherzogin der Toskana. Wieviel Farbe und
Spannung hätte diese Vita für einen ehrlichen Nachruf
hergeben können. Die von ihrem Sohn auf dem Grab angebrachten Inschriften aber bieten nicht mehr als die her-
kömmlichen naiven Lügen, welche man aus Pietät dem
Toten schuldig zu sein gaubt.

Die lateinische Fassung lautet:

REGIIS CORPORIS ANIMIQUE DOTIBUS
INSIGNI CHRISTIANAE PIETATIS EXEMPLO
CONIUGI CARISSIMAE CARISSIMORUM
PIGNORUM MATRI
COSIMUS III MAERENS MONUMENTUM POSUIT

Demnach hat also der trauernde Cosimo diesen Gedenk-
stein gesetzt seiner liebsten (!) Gattin sowie der Mutter
vielgeliebter (!) Kinder. Auch war sie ein Muster christli-
cher Frömmigkeit.

Ausgesprochen sachlich ist dagegen der Text, den man auf
dem Sarg anbringen ließ:

»C'est le corps de très haute et très puissante Princesse
Marguérite Louise d'Orléans épouse de très haut et puis-
sant Prince Cosme III de Médicis, Grand Duc de Toscane
décédée à Paris le 17 septembre 1721, âgée de 76 ans.«

Dem soliden Glanz, den die Regentschaft der Kurfürstin
in Florenz mit sich brachte, konnte nur eine kurze Dauer
beschieden sein, denn immer drohender zeichneten sich
die Schatten ab, die dem nahenden Tod des Großherzogs
folgen würden. Anna Maria wußte sehr wohl, daß ihr die

Großmächte nicht gewogen waren. Umsomehr nutzte sie jetzt die ihr übertragenen Befugnisse. Von ihrem haltlosen Bruder aber ließ sich am wenigsten erwarten, daß er sich gegenüber den bereits lauernden auswärtigen Thronanwärtern behaupten könnte. So würde die erlauchte Medici-Dynastie letztlich im Strudel der Machtpolitik versinken.

Für Vater Cosimo aber verblieb keine andere Wahl, als mit Anstand Abschied zu nehmen, und die halbfertige Medici-Grabstätte in der St. Lorenz-Kapelle mußte sich beeilen, um noch rechtzeitig genug vollendet zu werden. Sinnend saß dort der so hartgeprüfte Großherzog vor der Gestalt des verdämmernden Abends, um Zwiesprache zu halten mit seinen Ahnen. Im September 1723 befiel ihn dann eine vorübergehende Schwäche, die das Nahen des Todes ankündigte. Der Erzbischof von Florenz vermittelte ihm die erbetene Generalabsolution. Im Verlauf dieser Beichte hatte Cosimo den Wunsch geäußert, man möge all seinen Dienern und Untertanen den Ausdruck seines Bedauerns übermitteln, daß er ihnen nicht immer ein gutes Beispiel gegeben habe. Nach 7wöchigem Krankenlager verstarb er dann im Beisein des Erzbischofs und des Nuntius, der ihm den päpstlichen Segen übermittelte, am 31. Oktober 1723.

Es fehlte nicht an Lobreden, und doch konnte von aufrichtiger Trauer nicht die Rede sein, denn diese 53jährige Regierungszeit war in vielerlei Hinsicht verhängnisvoll gewesen. So herrschte Erleichterung vor, und man kam eher frohgestimmt zum Pitti Palast, um sich von der Wahrheit zu überzeugen, daß der Tod kein Vorrecht kennt. Das Begräbnis wurde natürlich mit allem Pomp und Bombast aufgezogen. Die Glocken des Palazzo Vecchio und aller Kirchen läuteten volle 6 Stunden; die meisten schienen jedoch auf Dur gestimmt.

Tatsächlich ist der Vater der Kurfürstin in den Medici-Chroniken und Geschichtsbüchern überwiegend abwertend beurteilt worden. Man sollte jedoch bemüht sein, auch die positiven Seiten seines Wesens und seiner Regierungszeit zu überliefern. Sie mögen den folgenden Beurteilungen entnommen werden, die uns noch einmal einen Gesamteindruck von der verkrampften Eigenart dieses unglücklichen Fürsten vermitteln. Wir legen umsomehr Wert auf diese Schilderungen, als sie uns mögliche Rückschlüsse auf die Veranlagung seiner Tochter erlauben.

James Cleugh, M.A., University St. Andrew's (10, 435): Cosimo starb im Oktober 1723 nach einer Herrschaft von 53 Jahren. Kein anderer Medici war jemals so lange an der Macht gewesen. Nie hatte eine solche Finsternis über Florenz gelegen, und nie war es vom Ausland mit solcher Verachtung behandelt worden wie unter seiner Regierung. Dennoch hielten ihn einige für einen bewundernswerten Souverän, höflich, anständig und höchst ehrenwert. Auch für seine religiöse Intoleranz brachte man ein gewisses Verständnis auf; jedenfalls setzte man sie nicht gleich mit Tyrannei.

Marcel Brion, Mitglied der Académie Française (8): Während Florenz wirtschaftlich und politisch verfiel, war Cosimo darauf bedacht, den Sonnenkönig nachzuäffen. Er hatte mit diesem absolut nichts gemeinsam, da er arrogant, anmaßend, verschwenderisch und wenig intelligent war. Kein einziger der Medici zeigte im Hinblick auf Künste und Wissenschaften so wenig Gespür und Interesse wie er.

Encyclopaedia Britannica (13, 822): Er war stumpfsinnig und einsam. Als Mäzen erwies er nur Musikern seine Gunst.

Sir Harold Acton (1): kommt zu dem Ergebnis: Cosimo neigte zur Melancholie und zu einer eher mürrischen Schweigsamkeit. Seine Hofhaltung war die bescheidenste, die sich denken läßt. Allein die Religion nahm ihn ganz in Anspruch, und gegenüber den Kirchen war er überaus großzügig. Daß Cosimo so lange lebte, ist seiner großen Mäßigkeit zuzuschreiben und der Sorge, die er seiner Gesundheit zuwandte. In seinen letzten 20 Lebensjahren war Wasser sein ständiges Getränk. Er nahm meist nur einen Gang zu sich. Einer Heizung bediente er sich nicht; um seine Räume anzuwärmen, ließ er seine Diener zuvor darin verweilen.

Trotz seiner fatalen Fehler als Souverän zeigte er einen erstaunlichen Spürsinn bei der Förderung begabter Bildhauer.

Young (52): Zu den wenigen bemerkenswerten Taten Cosimos gehört die Überführung der Gebeine aller seit 1604 verstorbenen Medici ins Familien-Mausoleum.

Als in Florenz bekannt wurde, daß Cosimos Tochter von der Nachfolge ausgeschlossen wurde, löste diese Nachricht große Empörung aus. Cosimo erhob kräftigen Einspruch bei allen vier Mächten; doch diese ließen ihn wissen, sie würden die Toskana besetzen, falls er sich nicht füge. Nun zeigte der alte Cosimo plötzlich eine Tatkraft und Willensstärke, die zu seinem früheren Verhalten im krassen Gegensatz standen. Er hob überall Truppen aus . . . Kämpfend sollte Toskana untergehen.

Cosimo starb nach dreiundfünfzigjähriger Herrschaft, die nur Unglück und arge Not über sein Land gebracht hatte.

Bargellini (2): Cosimo brachte die Kunstsammlungen Ferdinands I. von der Villa Medici in Rom nach Florenz. Hinzufügte er die Gemälde, die Leopold gesammelt hatte, nachdem er Kardinal geworden war. So erlangten die Uffizien den weltweiten Ruhm, den sie heute besitzen. Die Heirat mit Marguérite-Louise war der Anfang der Dekadenz, welche den Ruin der Medici-Dynastie heraufbeschwor.

E. Pucci (36): Nur wenig läßt sich über diesen Großherzog berichten, dessen langes Leben gekennzeichnet war von Bedeutungslosigkeit. Seine unglückliche Heirat versagte ihm Familienfreuden.

Cosimo wies trotz seiner Erziehung und mehrfacher Auslandsreisen vielerlei Defekte auf. Geistig hatte er nur wenig zu bieten. Trotzdem war er von törichter Selbstüberschätzung eingenommen. Er war übertrieben fromm und neigte zu anmaßendem Aufwand.

Während seiner Regierung war Europa Schlachtfeld eines verzweifelten Kampfes zwischen den verschiedenen Mächten, die nach Vorherrschaft strebten. Hätte Cosimo nur ein Minimum an Intelligenz und Verantwortungsfreude aufgebracht, so hätte er diese Streitereien zum Vorteil der Toskana ausbeuten können. Aber er war untätig und ängstlich. Er wollte in Ruhe gelassen werden und verfiel schließlich einer unfaßlichen religiösen Besessenheit. Er bewegte sich erst, als eine türkische Invasion ganz Europa bedrohte und Wien, die Hauptstadt des österreichischen Imperiums, belagert war.

Cosimos Fatalismus, der ihn dazu führte, alles von der Vorsehung zu erwarten, ohne selbst Hand anzulegen, war die eigentliche Ursache des staatlichen Verfalls in allen Bereichen. Der Handel mit landwirtschaftlichen Produkten war eingeengt, und Steuern lasteten schwer auf Handwerk und Landwirtschaft. Trotz diesen Mängeln war Cosimo jedoch darauf bedacht, Künstler, Literaten und Wissenschaftler zu fördern.

Am meisten setzte Cosimo die Aussicht zu, daß es keinen Thronerben geben werde, um den Fortbestand des Hauses zu sichern.

Der Großherzog starb inmitten gleichgültiger Untertanen und habgieriger auswärtiger Mächte.

Lesen wir diese Charakteristiken und berücksichtigen auch die in anderen Zusammenhängen gegebenen (vgl. Europatour und 1717), so ergeben sich zum Teil gegensätzliche Beurteilungen, etwa im Hinblick auf den Aufwand bei Hofe und die Förderung der Künste. Das ist wohl verständlich bei einer so langen Lebens- und Regierungszeit, die natürlich auch manchen Wandel der Einstellung und des Verhaltens mit sich gebracht hat. Neben anderen Ungereimtheiten fällt auf, daß Cosimo einerseits gutgeschrieben wird, »daß er nicht einmal einer Fliege weh tun würde«, andererseits grausame Strafmaßnahmen verhängte. Und doch wird diese Diskrepanz erklärlich, wenn man die ihn beherrschende Wesensart in Betracht zieht, die allen Beurteilungen gemeinsam ist: Die religiöse Verkrampfung. Sie äußerte sich vor allem in Unduldsamkeit gegenüber Andersgläubigen und seiner engen Moralvorstellung. Und so traf ihn auch Marguérite-Louise mit voller Überlegung an seiner empfindlichsten Stelle, als sie ihm vorwarf, er habe mit ihr in sündhaftem Konkubinat gelebt.

Positiv ist sicher zu bewerten, daß er auch an seine eigene Lebensführung einen strengen Maßstab anlegte. Er leistete sich weder Mätressen noch üppige Gelage. Mit dieser Bescheidenheit steht andererseits nicht in Einklang die vielfach bestätigte Arroganz und der geradezu hochmütige Familienstolz, der gelegentlich ungeahnte Energien in ihm auslöste, besonders, wenn es darum ging, die Selbständigkeit der Toskana zu verteidigen und das Fortleben des Hauses Medici sicherzustellen. Doch dieser Willenskraft entsprach nicht die angemessene Intelligenz. Ja, man muß die von uns detailliert geschilderte Art, wie er sich auf dem Heiratsmarkt verhielt, als geradezu borniert bezeichnen. Doch, um gerecht zu sein, auch auf diesem völlig mißratenen Betätigungsfeld bewies er Charakter, indem er die von der Kirche proklamierte Unauflöslichkeit der Ehe ernst nahm. Das betrifft seine eigene Heirat, wie auch die seines Sohnes Gian Gastone, deren Gültigkeit er hätte anfechten können.

In diesem Zusammenhang ist eine Anmerkung Bargellinis (2, 175) beachtenswert: »Cosimo hätte die Annulierung dieser fragwürdigen Ehe betreiben können. Gastone konnte jedenfalls mit gutem Gewissen behaupten, daß ihm diese Frau, die er niemals geliebt hat, aufgenötigt wurde. Doch man wird Cosimo nicht gerecht, wenn man ihn ausschließlich als bigotten, d.h. seltsamen Frömmler kennzeichnet; er war nämlich im guten Sinne auch tiefreligiös und sah die Ehe als Sakrament an. Nicht zuletzt deshalb hatte er seinerzeit sich lange Zeit entschieden dagegen gewandt, daß seine Frau Marguérite sich von ihm lossagte.

Es wäre in der Tat für Cosimo nicht schwierig gewesen, angesichts seiner guten Beziehung zum Papst und zur Sacra Rota, dem Obersten Kirchlichen Gericht, eine Annullierung der Ehe seines Sohnes zu erreichen, zumal das Interesse des Staates mitsprach. Als engagierter Christ opferte er jedoch den Fortbestand der Medici-Dynastie dem Gebot der Kirche.«

Daß sich Vater und Tochter trotz unterschiedlicher Wesensart so gut verstanden, bedarf wohl einer Erklärung. Vor allem dürfte diese Zuneigung darauf beruhen, daß Vater Cosimo einen Ausgleich suchte für all die Enttäuschungen, welche ihm seine Söhne und die abtrünnige Marguérite-Louise bereiteten. So war Anna Maria neben seiner Mutter wohl die einzige Frau, welche ihm jemals wirklich nahestand, wenn man von den weiblichen Heiligen, die er verehrte, absieht. Überhaupt hat ihm die Tochter eigentlich nie Kummer bereitet. Ja, sie war ihm umso lieber, als sie mit ihm nichts unversucht ließ, um die Medici-Dynastie zu retten. Auch war die Harmonie mit ihrem Gemahl Johann Wilhelm dazu angetan, den oft so düsteren Horizont des Hofes zu Florenz aufzuheitern, wie überhaupt die von der Residenz in Düsseldorf ausgehenden Sonnenstrahlen jahrelang die einzigen Lichtblicke im Pitti-Palast waren.

Daß andererseits Anna Maria ihrem Vater zugetan war, ist wohl in erster Linie darauf zurückzuführen, daß sie einen Ausgleich für die ihr vorenthaltene Mutterliebe suchte. Sicher empfand sie auch Mitleid mit ihrem Vater, nicht zuletzt aber Dankbarkeit für viele ihr zuteil gewordenen Gunsterweise: Geschenke mannigfacher Art und das rückhaltlose Zutrauen zu ihren Fähigkeiten, das zumal in der Berufung zur Mitregentin ihren Ausdruck fand.

Eine aufrechte Säule inmitten des Verfalls (1724–1743)

Cosimo war 81jährig gestorben, genau 10 Jahre nach dem Tod seines ältesten Sohnes Ferdinando. Die sechs Jahre, die ihm zusammen mit seiner Tochter beschieden waren, gehörten wohl zu den glücklichsten seines Lebens. Andererseits standen nun der Kurfürstin höchst unerquickliche Jahre bevor, waren doch die beiden überlebenden Geschwister zu ungleich geartet, um eine auch nur leidige Harmonie erwarten zu lassen. Daran konnte auch die Bitte des sterbenden Vaters nichts ändern, man möge sich um Einvernehmen bemühen.

Tatsächlich ergaben sich sogleich nach Gastones Regierungsantritt Schwierigkeiten, nicht zuletzt finanzielle Erbansprüche der Kurfürstin betreffend. Überhaupt tat Gastone, angestachelt von seinen fragwürdigen Kumpanen, alles, um Anna Maria klar zu machen, daß sie ihre Rolle ausgespielt hatte. An der Gegebenheit, daß er der rechtmäßige Erbe sei, war nicht zu deuten. So stellte er die Schwester kalt, von vornherein entschlossen, ihr jede Einflußnahme zu versagen. Ja, er ging sogar so weit, nicht sie, sondern seine verwitwete Schwägerin Violante Beatrix ostentativ zur Ersten Dame des Landes zu erheben, da seine Frau Anna von Sachsen-Lauenburg sich nach wie vor weigerte, ihre Güter in Böhmen zu verlassen.

Am liebsten nun hätte sich Anna Maria, so wie seinerzeit ihre Schwägerin Violante, von Florenz abgesetzt, nicht zuletzt, um sich dem oft so anstößigen Treiben bei Hofe zu entziehen. So bat sie wiederholt ihren Bruder, er möge ihr eine der schönen Medici-Villen außerhalb der Stadt überlassen. Doch sie blieb dieserhalb erfolglos. Folglich sah sie sich genötigt, sich ein von königlichem Besitz unabhängiges Refugium zu suchen, und zwar das ehrwürdige Kloster der »Signore della Quiete«, das adelige Frauen etwa 3 Meilen vor den Toren der Stadt unterhielten. Dort ließ sie sich auf eigene Kosten eine Wohnung mit Garten einrichten, um hier mehrere Monate im Jahr zu verweilen. (47)

Gastone war bereits zweiundfünfzig, als er widerwillig

die Last der Regentschaft auf sich nahm. Er hatte sich bis dahin in fragwürdiger Gesellschaft vergnügt, konnte jedoch des dolce vita gelegentlich auch überdrüssig sein. Dann zog er sich gerne in einen abgelegenen Schuppen der Boboli-Gärten zurück, um seltene Kräuterarten anzubauen oder ähnlichen botanischen Experimenten nachzugehen. Ob sich Brion (8) nicht irrte, wenn er diesen »zum Bizarren neigenden Sonderling« (1) als klug, wohlgesonnen und vernünftig einschätzte?

Und ob wir Cleugh (10) folgen können, wenn er meint: »An die Stelle der bisherigen Reglementierung und dumpfen Resignation trat plötzlich ein Gefühl von Freiheit und Leben.« Wie vertragen sich diese Äußerungen mit der Feststellung, die wir vorher trafen, daß es nämlich die Kurfürstin war, welche für frischen Wind sorgte? Diese Einschätzung trifft insgesamt zweifellos zu. Dennoch hatte die Cosimo-Tochter während ihrer Regentschaft nicht gewagt, den Mißstand konfessioneller Bekehrungspolitik zu beseitigen.

Der nicht eben kirchenfreundliche Gastone aber räumte hier sofort mit eisernem Besen auf. So fegte er z.B. die Liste der sogenannten »Glaubensrenten« mit einem Federstrich zum Teufel. Diese Renten wurden regelmäßig an bekehrte Juden, Mohammedaner, Protestanten und andere sogenannte »Neubekehrte« als Staatsausgabe angewiesen und belasteten den Etat nicht unerheblich. Im übrigen spricht ihm Young (52, 494) das Verdienst zu: »Das königliche Schloß erwachte zu neuem Leben: blühende florentinische Jugend verdrängte die Mönche und Priester.« Doch was wir uns unter dieser »blühenden Jugend« im Gefolge des homosexuellen Großherzogs vorzustellen haben, bleibe einem späteren Kommentar vorbehalten. Gesunder und erfrischender war wohl eher das »neue Leben«, mit dem Anna Maria den Pitti Palast erweckt hatte.

Gastone war gewiß nicht dumm und einfallslos, aber meist nur dann, wenn er nüchtern war. In derart lichten Stunden stiegen Ideen in ihm auf, die zu manch nützlichen Maßnahmen führten und dem Aufschwung von Handel und Landwirtschaft dienten. Davon abgesehen aber war für ihn wie auch die Toskana die Prinzessin Violante ein entschiedener Lichtblick. »Ihre Liebenswürdigkeit und ihr gesunder Verstand leisteten ihm wertvolle Dienste; ihr guter Einfluß machte sich im geselligen Verkehr wie in den öffentlichen Angelegenheiten bemerkbar. Sie war eine eifrige Gönnerin der schönen Künste und hatte daneben tiefes Mitgefühl mit Armut und Elend. Ihr wurde eine allgemeine Besserung der Volkswohlfahrt zugeschrieben. Überall sah man sie gern. Papst Benedikt XIII. huldigte ihr, indem er ihr den Orden der Goldenen Tugendrose verlieh.« (52, 494) Fortan wurden die öffentlichen Audienzen von ihr gewährt. »Sie ist fröhlich veranlagt«, schrieb Keysler, »doch mit kluger Zurückhaltung, um ihre Schwägerin nicht vor den Kopf zu stoßen. Diese sah man häufiger in Klöstern und Kirchen als am Hofe.«

Tatsächlich lebte die Kurfürstin, sofern sie sich nicht in dem erwähnten Kloster aufhielt, völlig zurückgezogen in den ihr vertrauten Räumen des Pitti Palastes, wo sie sich nützlich erwies, indem sie mit ihren Hofdamen und Kammerfrauen Paramente für bedürftige Kirchen fertigte. So hatte sie es, zumal in den Wintermonaten, auch in Düsseldorf gehalten. Im übrigen widmete sie sich geistlichen Übungen, nicht zuletzt an Gedenktagen zu Ehren ihres Gemahls wie auch ihres Vaters. Schmerzerfüllt mußte sie Veränderungen mitansehen, die sie verabscheute, und eine Lebensweise, die ihr zutiefst widerstrebte. Gastone, der ihr nie die Rolle vergeben würde, die sie bei seiner Heirat gespielt hatte, nahm nun mit ironischem Behagen Rache; ihr Mißbehagen war für ihn Genugtuung.

Während seiner ersten Regierungsjahre ließ sich Gastone gelegentlcih noch in der Öffentlichkeit sehen, doch mit der Zeit fand er immer mehr Gefallen an seinem Einsiedlerleben, und selbst bei altehrwürdigen Anlässen blieb er fern. Die Leute aber wußten die Menschlichkeit dieses Einsiedlers, der die Todesstrafe und das grausige Spektakel öffentlicher Galgengerichte abgeschafft hatte, zu schätzen, und sie zündeten Freudenfeuer an, weil er den Getreidepreis gesenkt hatte. Seine zynische Einstellung zur Religion störte sie weiter nicht, ebensowenig, daß er meist betrunken war. Für sie war entscheidend, daß sie nicht mehr Spionen ausgeliefert waren, daß die Furcht vor Verhaftung nicht mehr auf ihnen lastete, und daß die Steuerlast erleichtert wurde.

Im übrigen aber schwang das Pendel von einem Extrem zum anderen: von scheinheiliger Frömmelei zu zügelloser Entartung. So jedenfalls läßt sich zumindest ein Aspekt des Regierungswechsels von Vater zu Sohn charakterisieren. Gastone huldigte dem Grundsatz des schrankenlosen »Laissez faire«, was für ihn gleichbedeutend war mit völliger Ungebundenheit. Von einem geregelten Tageslauf oder gar von der Verantwortung eines Landesherrn gegenüber seinen Untertanen konnte überhaupt nicht mehr die Rede sein. Er war zu faul, um zu unterschreiben: so sind alle Staatsdokumente dieser Zeit lediglich mit dem Stempel versehen »Granduca de Toscane«. Kein Wunder bei einem Prinzen, der, wie ein Historiker bemerkt, in den letzten 13 Jahren seines Lebens fast nie ordentlich angezogen war und sich aus Bequemlichkeit und Überdruß fast nur noch im Bett aufhielt, umgeben von fragwürdigen Kumpanen. Der Raum, von dem aus die Toskana regiert wurde, glich eher einem stinkenden Stall.

Der heilsame Einfluß Violantes konnte sich leider nur wenige Monate auswirken, da sie 1725 verstarb. Mit ihrem Tode aber verlor der Großherzog auch den letzten Halt. Hemmungslos ergab er sich nunmehr der Trunksucht und anderen Lastern. Es konnte nicht ausbleiben, daß er nun selbst ein Opfer der Günstlingswirtschaft wurde, die er anfangs so entschieden bekämpft hatte. Die Zügel der Regierungsgeschäfte entglitten ihm völlig, um in die Hand eines verrufenen Lustknaben, namens Giuliano Dami, überzugehen. »Von der Öffentlichkeit zurückgezogen, sank Gian Gastone in tiefste Erniedrigung: ein trunkener Wüstling in der Gesellschaft jämmerlicher Possenreißer.« (52, 495)

Bezeichnend ist auch, was Montesquieu 1728 nach einem Aufenthalt in Florenz zu berichten wußte: »Niemand kennt den Prinzen und seinen Hof, und niemand nimmt von ihnen Notiz.«

Tatsächlich wurde sein Hang zur Pädasterie zuletzt so übermächtig, daß er oft wochenlang mit seinen Favoriten im Bett blieb. Im übrigen bemerkt Acton (1) zu diesem Thema: »Man könnte noch viele haarsträubende Anekdoten anfügen; sie würden jedoch vornehmlich für Sexualforscher von Interesse sein.«

Immer wieder hatte sich Prinzessin Violante bemüht, dem Großherzog diese fragwürdigen Lustbarkeiten zu verleiden. So arrangierte sie kultivierte Bankette, zu denen sie attraktive Damen und Herren einlud, um ihm den Sinn für gutes Benehmen wieder nahezubringen. Meist riß er sich dann der Prinzessin zuliebe zusammen, aber es kam auch vor, daß er sich in seinem Sessel räkelte, Gott und die Welt verfluchte oder sich mit der Perücke über den Mund wischte. Es war zu spät, ihn jetzt noch umzuerziehen. Er fühlte sich eben wohler in einem Milieu, wo man mit Gläsern und Flaschen um sich warf, selbst wenn man Gefahr lief, bei einer Umarmung erwürgt zu werden. Mehr als einmal war er bei einem mörderischen Tumult mit knapper Not dem Tode entgangen.

Unwillkürlich wird man erinnert an seine Mutter, die in eben diesen Räumen keine Bedenken gehabt hatte, sich mit dem Koch Kissenschlachten zu liefern. Seine auf Anstand und Würde achtende Schwester aber war genau gegenteilig geartet. Für sie war es ein Greuel und eine tiefe Demütigung, miterleben bzw. erfahren zu müssen, wie tief der Großherzog und damit das Haus Medici gesunken war. Selbst dem Begräbnis der von ihm so sehr respektierten Prinzessin Violante war er ferngeblieben, um die Unterhaltung mit seinen Gespielen nicht unterbrechen zu müssen. Auch die Kurfürstin hatte sich vergeblich bemüht, ihn vor diesem völligen Verfall zu bewahren. Doch er begegnete ihr stets nur ablehnend und versagte ihr auch die Bitte, er möge sie doch wenigstens mit der Regierung einer Provinz betrauen, so wie ihre Schwägerin Regentin der Stadt Siena gewesen war.

Nach dieser erneuten Absage zog es nun Anna Maria vor, weiterhin im Kloster La Quiete zu leben. Sie wollte ihre Scham verbergen, die sie empfand ob der traurigen Geschehnisse, welche den Medici-Hof zum Gespött machten. Ihre immer wieder erneuerten Bemühungen, nach dem Tode ihres Bruders als Regentin der Toskana anerkannt zu werden, hatte sie längst aufgeben müssen. Noch zu Lebzeiten ihres Vaters hatten sich die europäischen Mächte geeinigt, Don Carlos, den Sohn der Isabella von Parma, Königin von Spanien, zum Anwärter auf das toskanische Erbe zu bestimmen. Vergeblich hatte Cosimo damals protestiert. Da jedoch der Tod Gastones überraschend auf sich warten ließ, verzögerte sich die offizielle Machtübernahme. Dennoch wollte der designierte Regent, damals Herzog von Parma, seiner Stadt Florenz wenigstens einen Staatsbesuch abstatten. Gastone hatte sich längst mit Don Carlos als seinem Nachfolger abgefunden – nicht zuletzt seiner Bequemlichkeit zuliebe. Im übrigen war der Prinz noch minderjährig, so daß er zunächst ausgerechnet der Vormundschaft des selbst kaum zurechnungsfähigen Gastone unterstellt wurde. Wie gleichgültig der Großherzog den ganzen Vorgang auffaßte, mag aus seiner scherzhaften Bemerkung hervorgehen, nun habe er mit einem Federstrich einen Sohn erhalten, was ihm in 34jähriger Ehe nicht gelungen sei.

Im übrigen sah er den zu erwartenden Besuch des jungen Mannes als lästige Unterbrechung seines Schlendrians an. Jedenfalls wollte er mit dem Empfangszeremoniell nichts zu tun haben. Selbst ihm, dem Abgebrühten, war noch in peinlicher Erinnerung, daß er neulich während eines öffentlichen Auftritts wegen »Alkohol am Zügel« zum Gaudium aller Umstehenden vom Pferd gepurzelt war. Doch wozu hatte er eine Schwester, die sich, was höfische Etikette und Prachtentfaltung anbelangt, bestens auskannte. Tatsächlich stellte sich die sonst völlig ins Abseits gedrängte Kurfürstin zur Verfügung, und alles war trefflich vorbereitet, um den Infanten im März 1732 gebührend zu begrüßen. »Er war von der ehrwürdigen Erscheinung der Kurfürstin und dem hohen Niveau dieses Empfangs so angetan, daß er der letzten Medici bis zu ihrem Tode in Freundschaft verbunden blieb.« (22, 106) Überhaupt fand der Infant wegen seiner jugendlichen Frische und Aufgeschlossenheit allenthalben Beifall. Die Spanier waren im Lande ohnehin nicht unbeliebt. Jedenfalls sah man sie lieber als die Österreicher, die zumindest nominell Souveränitätsrechte behaupteten.

Doch auch Don Carlos' Auftritt sollte nur ein kurzes Intermezzo darstellen. Denn plötzlich ergab sich eine neue Konstellation im Pokerspiel um die Toskana. Und abermals beliebte Gastone zu scherzen, indem er fragte, ob die Großmächte nicht noch ein weiteres Kind für ihn zeugen könnten. Dies geschah dann im Vertrag von Wien (Oktober 1735), der Florenz erneut zum Objekt eines ausgesprochenen Kuhhandels degradierte. Nunmehr wurde nämlich die Toskana dem Herzog Franz Stephan zugesprochen als Entschädigung für den Verzicht auf Lothringen, das man dem polnischen Exilkönig Stanislaw Leszczynski, dem Schwiegervater Ludwigs XV., als Ausgleich für seine Einbußen zuwies. Für den Infanten Don Carlos aber fand sich in Neapel eine andere Verwendung.

Auch diesmal verhallte der trunkene Protestgroll Gastones. Für Anna Maria aber blieb als einziger Trost, daß nunmehr das ihr auch verwandtschaftlich nahestehende Haus Habsburg das Medici-Erbe antreten würde. Franz Stephan war nämlich mit der Erzherzogin Maria Theresia, der späteren Kaiserin, verheiratet. Diese aber war die Enkeltochter der Kaiserin Eleonore, der Schwester Johann Wilhelms. Im übrigen ließ sich die Bevölkerung ob dieses erneuten politischen Schachers nicht aus der Ruhe bringen. Für sie zählte allein, daß es nicht, wie seinerzeit wegen Spaniens, zu einem erneuten Erbfolgekrieg kam. Doch manch einen beschlich auch Wehmut ob des drohenden Medici-Ausverkaufs. So schreibt Baron von Poellnitz in seinen Memoiren:

»Dieser Prinz steht nun vor dem Erlöschen seiner Familie und dem Übergang seines Besitzes in fremde Hände! Sollte er nicht wenigstens den Ruhm seiner Vorfahren verewigen, indem er ein Bestandsverzeichnis des ungeheuren Reichtums zusammenstellt, den sie erworben und ihren Nachfahren vererbt haben. Vor nunmehr 150 Jahren ist die St. Lorenz-Kapelle erbaut worden, und doch sind immer noch Zweidrittel unvollendet. Er müßte doch eigentlich letzte Hand anlegen an dieses Denkmal der Medici-Größe. Aber dieser Prinz ist so gleichgültig und in jeder Weise uninteressiert, daß er sich damit abfindet, wenn Ausländer über seine Besitzungen verfügen und seinen Nachfolger benennen.« (1)

Dieser Appell mag an sein Ohr gedrungen sein, und so raffte er sich wenigstens dazu auf, die Verfügung zu treffen, daß der Kunstbesitz der Medici von der Übergabe an Habsburg-Lothringen ausgenommen werde. Damit war eine wichtige Voraussetzung geschaffen für die spätere testamentarische Willenserklärung der Kurfürstin.

Herzog Franz Stephan, der seine Heimat Lothringen nur unwillig verlassen hatte, verharrte nun, solange Gian Gastone noch unter den Lebenden weilte, im Wartestand. Um einen ersten Kontakt aufzunehmen, delegierte er den Prinzen von Craon nach Florenz. Dieser schrieb seinem Herrn am 8. Januar 1737: »Ich fand den Großherzog in bemitleidenswerter Verfassung; er lag mit ungepflegtem Bart und getrübten Augen in schmutzigem Bettzeug. Insgesamt das Aussehen eines Mannes, dem man kaum noch eine Lebenschance gibt.«

Am 21. Juni bahnte sich die Kurfürstin, der er immer wieder den Zutritt versagt hatte, einen Weg durch geheime Türen zu seinem Schlafzimmer. Doch kaum hatte Gastone sie erblickt, als er sie aus dem Raum wies, wobei er sich der gemeinsten Schimpfwörter, die sich denken lassen, bediente. Als man ihm dann später berichtete, seine Schwester weine bitterlich, lenkte er ein und ließ ihr sagen, sie könne ihn in Zukunft zu jeder beliebigen Stunde aufsuchen.

Der Kurfürstin war nicht zuletzt daran gelegen, ihren Bruder im Frieden mit der Kirche und dem Herrn Jesus Christus sterben zu sehen. Zur allgemeinen Überraschung fiel ihr Bemühen auf fruchtbaren Boden, indem Gastone sich bei vollem Bewußtsein zu seinen mannigfachen Vergehen bekannte. Und er bat Gott so inständig um Verzeihung und Erbarmen, daß alle, die ihn umgaben, unter ihnen mehrere Bischöfe, von Mitleid ergriffen waren. Gegen Mitternacht wußte Gastone, daß seine letzte Stunde gekommen war. Mit vernehmlicher und flehender Stimme empfahl er sich immer wieder dem Allerhöchsten. Tief bewegt standen ihm die Kurfürstin, Minister und Prälaten, zur Seite, als er dann seinen Geist aufgab. »Es steht uns nicht zu, die Aufrichtigkeit dieser Besinnung anzuzweifeln. (10, 443)

Mit Gian Gastone war der letzte männliche Sproß des Hauses Medici kläglich verkümmert. Und doch wäre es ungerecht, die 14 Jahre seiner Regentschaft völlig negativ zu beurteilen. Er war zwar jeder geordneten Verwaltungstätigkeit aus dem Wege gegangen, hatte jedoch sooft – und das war nicht eben häufig – Ernüchterung ihn zur Besinnung kommen ließ, manch vernünftige Maßnahme getroffen. So förderte er die wissenschaftliche Forschung, untersagte die von seinem Vater eingeleitete Verfolgung jüdischer Untertanen und verminderte die Staatsschuld.

Unmittelbar nach dem Tode Gastones machte der Prinz von Craon die Rechte seines Herrn geltend. Nachdem er der Kurfürstin das Beileid ausgesprochen hatte, verwies er auf die Anweisung des neuen Großherzogs, wonach dieser beabsichtigte, einen Regentschaftsrat zu ernennen. Am 12. Juli wurden dann die 48 Mitglieder des Senats und die 200 Abgeordneten des Rates feierlich auf den neuen Großherzog vereidigt. Zuvor war eine kaiserliche Urkunde verlesen worden, welche die Toskana Franz Stephan von Lothringen zu Lehen gab. Darauf ergoß sich ein Regen von Silbermünzen über die Menge. Unterdes aber kämpfte der neue Großherzog auf dem Balkan gegen die Türken.

Nun lagen also die Zügel in der Hand des Prinzen von Craon, als Bevollmächtigten des Herzogs von Lothringen. Er nahm der Hofetikette die äußere Strenge, die selbst unter Gastone nicht völlig aufgegeben worden war. Der Prinz selbst war zu liebenswürdig, um Antipathien zu wecken. Ausgesprochen unbeliebt waren jedoch die Beamten und Soldaten, mochten sie nun Österreicher oder Lothringer sein. Viele hätten am liebsten Don Carlos gesehen, aber man hörte auch Stimmen, die meinten, wenn man schon Ausbeuter in Kauf nehmen müsse, so seien die Lothringer den Spaniern vorzuziehen. Die meisten aber wünschten sich die Medici zurück.

Tatsächlich hatte sich das Volk nach dem Tode Gastones erneut für eine Fortsetzung der Regentschaft durch Anna Maria ausgesprochen. Entsprechend waren die Lothringer darauf bedacht, die letzte Medici mit großer Zuvorkommenheit zu behandeln und sich gelegentlich auch ihres Rates zu bedienen. Man war sich jedenfalls darin einig, daß die Kurfürstin durchaus nicht mit ihrem Bruder, den man als »gutmütigen Schmutzfinken« in Erinnerung hatte, zu verwechseln war. Sie verkörperte Hoheit und Würde, die sich allenfalls zu einem verständnisvollen Lächeln herabließ. Sie war inzwischen zu dem Ergebnis gekommen, daß es richtig sei, einer politischen Betätigung endgültig Lebewohl zu sagen. Und so zog sie sich, in ihr Schicksal ergeben, in die ihr verbliebenen Räume des Pitti Palastes zurück. Für die Sippschaft der meist vulgären und ungebildeten Lothringer hatte sie nicht mehr als ein mitleidiges Kopfschütteln übrig. Nach all dem, was ihr Bruder und seine Kumpane ihr zugemutet hatten, konnte sie nichts mehr überraschen.

Als Trost aber waren ihr die unvergleichlichen Kunstschätze des Hauses Medici verblieben, deren Bewahrung ihr nun mehr als alles andere am Herzen lag. Das trifft nicht zuletzt für die deutschen und flämischen Meister zu, die sie während ihres langen Aufenthaltes in Düsseldorf erworben hatte. Sie hatte umsomehr Veranlassung auf der Hut zu sein, als der neue Statthalter wenig künstlerisches Verständnis zeigte. So ließ er die im Palazzo hängenden Gemälde nach sehr willkürlichen Gesichtspunkten neuordnen. Im Audienzsaal z.B. wurden nur Bilder zugelassen, deren Motive und Gruppierungen dem Thron zugewandt waren.

Das wenig persönliche Verhältnis der Kurfürstin zu dem Prinzen Craon, alias Monsieur Beauveau, und seinem Gefolge gewann eine deutliche Aufwertung, als Großherzog Franz im Januar 1739 mit seiner 22jährigen Gemahlin Maria Theresia zu einem Staatsbesuch in Florenz eintraf. Man würde also nun offiziell Besitz ergreifen von einem Territorium, das fast vier Jahrhunderte mit dem Namen einer Familie verbunden war, dessen letzter Sproß sich nun genötigt sah, voller Wehmut von diesem teuren Erbe Abschied zu nehmen. Immerhin, die Übergabe an Habsburg erschien immer noch als das kleinere Übel. Anna Maria mochte in diesem Zusammenhang an das absolute Treueverhältnis Johann Wilhelms gegenüber dem deutschen Kaiser in Wien denken. Als Toskanerin hatte sie jedoch diese Einstellung ihres Gemahls nicht immer geteilt, zumal nicht zuletzt Wien den Senatsbeschluß, sie als Regentin der Toskana anzuerkennen, mißbilligt hatte. So konnte von einer ungeteilten Sympathie für die Habsburger nicht unbedingt die Rede sein. Es ist bemerkenswert, mit welchem Feingefühl die junge Maria Theresia dieser heiklen Situation gerecht wurde, darauf bedacht, jede Äußerung zu vermeiden, welche die empfindsame Seniorin des Hauses Medici hätte verletzen können. Die Kurfürstin andererseits war von diesem einfühlsamen Takt so beeindruckt, daß sie Maria Theresia spontan antrug, sich mit den berühmten Medici-Juwelen zu schmücken und sich so dem Volke als neue Landesherrin zu zeigen. Welch beispielhafte Huld im Umgang mit einem Schatz, den ihre Mutter als Jungvermählte so plump in die Niederungen krasser Besitzgier gezogen hatte.

So wurden alle, die mit einer frostigen Begegnung gerechnet hatten, Zeuge einer beiderseitigen Verbeugung. Erfreulich auch, zu erfahren, daß diese Harmonie nicht zuletzt der Muse Musik zu verdanken war, der beide Frauen begeistert huldigten, wie sich bei Konzerten und Tanzfesten, zu denen man sich gegenseitig einlud, ergab. So wird berichtet, daß die betagte Kurfürstin die junge Maria Theresia auf dem Cembalo zum Gesang begleitete. Durch Vermittlung der Österreichischen Nationalbibliothek war es uns möglich, ein »Extra-Blat« einzusehen, welches das »Wienerische Diarium« am 21. Februar 1739 veröffentlichte. Es trägt die Überschrift »Ausführlicher Bericht von dem den 20sten Jenner lauffenden Jahrs 1739 zu Florentz beschehenen feyrlichen Einzug Ihrer Königl. Hoheiten FRANCISCI III. Hertzogs zu Lothringen / als Groß-Hertzogs von Toscana / und der Groß-Hertzogin von Toscana . . .«

Im Hinblick auf unsere Kurfürstin dürften folgende Passagen von Interesse sein:

»Sie langten also den 20sten lauffenden Monats Jenner in dem Land-Lust-Gebäude des Marches Corsi eine Miglie von dieser Stadt entlegen an; und stiegen daselbst ab, um in etwas auszuruhen. So bald hiervon Ihre Durchl. die alhier sich befindliche verwittibte Pfalzische Churfürstin Anna Ludovica von Toscana Nachricht bekame, so fande sich dieselbe alda ein, und wurden beederseits die zärtlichste Empfangs-Complimenten abgelegt; sodann noch einige Zeit mit anderweitigem Gespräch zwischen diesen hohen Personen in vielfältiger Bezeugung allseitiger Freundlichkeit und Hochachtung zugebracht; als es aber Zeit zu seyn schiene, beurlaubte sich Ihre Durchl. und kehrete mit Dero gewöhnlich prächtigen Begleitung in diese Stadt zurücke.« . . .

216

»Auf dem Pittischen Platz stunden zwey Battaillonen des Groß-Hertzogl. Leib-Regiments in militärischer Pracht-Ordnung und mitten durch diese fuhren Ihre Königl. Hoheiten, von einer ungemeinen Anzahl verschiedener in-kostbarester Gala gekleideter sowol Florentinischer als anderer Toscanischer Cavalieren begleitet, nach Dero Pallast; stiegen daselbst ab, und begaben sich sodann nach Dero zubereiteten Wohnung, um aldaselbst einiger Ruhe zu geniessen. Es fande sich aber gar bald die schon ge-dacht-verwittibte Churfürstin auch alda wiederumen ein und wiederholte gegen Ihre Königl. Hoheiten ihre schon vorhin abgelegte zärtlichste Empfangs-Complimenten, welchen erst-erwehnt Ihre Königl. Hoheiten mit unbe-schreiblicher Neigung und Hochachtung gleichmässig begegneten.«

»Wienerisches Diarium« vom 21. Febr. 1739:
»Florentz, 31. Januarii . . . Montags Nach-Mittag bega-ben sich Ihre Königl. Hoheiten in die Wohn-Zimmer vor-gedacht Ihrer Chur-Fürstl. Durchl., alwo ihnen von De-roselben das gantze kostbare Geschmuk des Staats vorge-zeiget wurde, in dessen betrachtung Sie sich über 2 Stun-den lang aufhielten.«

Während des mehrwöchigen Aufenthaltes entwickelten sich überaus rege und herzliche Beziehungen. Kein Wun-der bei der sympathischen Ausstrahlung der jungen Großherzogin. Ihr natürlicher Frohsinn aber wurde zu-sätzlich animiert durch das innige Verhältnis zu ihrem Gemahl Franz Stephan. Nach ausgedehnten Flittermo-naten hatte sie ihn mit Schmerzen in den Krieg gegen die Türken ziehen lassen. Hier in Florenz aber durften sie nun einen zweiten Wonnemonat erleben. Ja, sie dehnten ihn im Überschwang ihres Glücks auf volle drei Monate aus, »die letzte ungetrübte Zeit für lange Jahre« (3, 28).

»Die schöne, fröhliche, ganz ungezwungen und natürlich sich gebende Gemahlin Franz Stephans gefiel den Floren-tinern ausnehmend, eine Welle der Zuneigung und Vereh-rung schlug ihr entgegen und trug zur Festigung der neuen Herrschaft, die in der anziehenden Gestalt Maria Theresias nicht als Fremdherrschaft empfunden wurde, wesentlich bei.« (3, 28)

Doch so sehr sie im Mittelpunkt dieses Staatsbesuches

stand, auch mit Franz Stephan konnten Anna Maria und die Toskana durchaus zufrieden sein. Er war schon als 15jähriger nach Wien gekommen, kehrte dann 6 Jahre später nach Lothringen zurück, um dort nach dem Tode des Vaters die Nachfolge anzutreten. Die 9 Jahre jüngere »Resl« hatte schon als Mädchen für den »schönen, fröhlichen und immer taktvoll-bescheidenen jungen Mann« geschwärmt. Doch es sollte ein Wiedersehen geben, denn 1736 mußte Franz Stephan wohl oder übel seinen Stammlanden entsagen, wobei ihm, wie bereits oben dargelegt, die Toskana als Entschädigung zugewiesen wurde. Am 12. Februar 1736 erfolgte dann die beiderseits seit langem ersehnte Eheschließung.

Dieses Traumpaar aus Wien und die »Dame Palatina« hatten sich gegenseitig schließlich so lieb gewonnen, daß sich eine dauerhafte Freundschaft anbahnte. Und als dann im gleichen Jahr 1739 die Erzherzogin Maria Anna zur Welt kam, bat Maria Theresia die Kurfürstin, die Patenschaft für dieses nach ihr benannte Kind zu übernehmen (1739–1789, unvermählt). Und nicht nur im Hinblick auf diese ehrenvolle Geste gingen fortan reiche Geschenke von Florenz nach Wien. Im übrigen aber bedauerte man, daß die so sympathische Landesherrin mit ihrem Gemahl Florenz nie wiedersehen sollte. So wurde das Großherzogtum praktisch aus der Ferne verwaltet. Erst nach dem Tode Franz Stephans kam es wieder zu einem engeren Kontakt, indem der dritte Sohn Leopold für ein Vierteljahrhundert seine Residenz nach Florenz verlegte.

Der damalige Besuch der Habsburger in Florenz stand auch insofern unter einem günstigen Stern, als bereits vorher etwa strittige Punkte vertraglich geregelt worden waren. So war zwei Jahre zuvor eine Familienkonvention unterzeichnet worden, welche der Kurfürstin eine ihrem Rang entsprechende Hofhaltung zusicherte. Andererseits bekundete sie ihre Absicht, Großherzog Franz Stephan und seinen Nachfolgern ihr Privatvermögen, insbesondere den unermeßlichen Kunstbesitz des Hauses Medici, zu vererben. Allerdings sollten zwei Bedingungen an dieses Vermächtnis geknüpft sein: Großherzog Franz würde alle Schulden ihres verstorbenen Bruders Gian Gastone begleichen. Was jedoch den Kunstbesitz anbelangt, so sollte dieses Erbe an die Verpflichtung gebunden sein, es fortan ungeteilt in Florenz zu belassen.

Trotz dieser eindeutigen Abmachung versuchte Wien später, die Juwelen zu annektieren, und zwar angeblich als Entschädigung für Kriegsausgaben. Doch die Kurfürstin weigerte sich, bis dann eines Tages zwei Offiziere der Leibwache des Großherzogs mit drohenden Gebärden die Herausgabe erzwingen wollten. Und als sie gar mit Gewalt gegen die Fürstin vorzugehen versuchten, alarmierte sie Herren ihres Hofstaates, um sich der Eindringlinge zu erwehren. Natürlich sorgte das fehlgeschlagene Attentat allenthalben für Gesprächsstoff, aber auch für erneute Bewunderung gegenüber einer Fürstin, die sich so energisch zu behaupten wußte.

Damals schrieb der englische Botschafter in der Toskana, Horace Mann, über sie: »Die Kurfürstin lebt zurückgezogen, doch überaus glanzvoll. Sie umgibt sich mit allem, was Kunst und Talent zu ersinnen und Geld zu erwerben vermag.«

Im übrigen vermittelt die Vita (47) einen recht umfassenden Eindruck von der Lebensweise der Fürstin während ihrer alten Tage:

»Die Kurfürstin besitzt sehr viel Schmuck und Silber, und es heißt, daß sie insbesondere in Holland ein beträchtliches Vermögen deponiert hat. (Vgl. 22, 82) So kann sie sich nach wie vor den Aufwand einer großen Dame erlauben. Im übrigen führt sie ein sehr geordnetes Leben. Nur selten verläßt sie den Palast, gewöhnlich erst am späten Nachmittag, um Gottesdiensten beizuwohnen. Ihr Tageslauf ist streng geregelt, auch im Hinblick auf die Mahlzeiten. Von Festlichkeiten aller Art hält sie sich fern. Ihr größtes Vergnügen findet sie an Schmuckstücken und qualitätsvollen Gemälden.«

Eine Erfassung ihres Besitzes für die Zeit vom 1. September 1741 bis 31. August 1742 zeigt, daß ihre Einnahmen in der Hauptsache aus den Beträgen bestanden, welche der Kurfürst von der Pfalz zu senden verpflichtet war. In den Ausgaben fällt die verhältnismäßig hohe Summe für Juwelier- und Silberarbeiten auf, sowie die Höhe der Pensionen, Almosen und Meßstipendien. (22, 114)

In diesem Rechnungsjahr starb übrigens ihr Schwager

Karl Philipp in Mannheim. Er hatte das Erbe seines Bruders angetreten, die ehrwürdige Residenzstadt Düsseldorf aber nie wieder betreten. Immerhin respektierte er die kulturellen Schöpfungen Johann Wilhelms und beließ die weltberühmte Pinakothek im Anbau des Schlosses. Sie blieb weiterhin ein bedeutsamer Anziehungspunkt. Für Anna Maria aber erlosch mit dem Tode ihres Schwagers die Erinnerung an ihre rheinischen Jahre. Düsseldorf gehörte nun zur Regentschaft des Kurfürsten Karl Theodor aus dem Hause Pfalz-Sulzbach.

Karl Philipp war Anna Maria nie besonders gewogen gewesen. Doch blieb sie ihm zu Dank verpflichtet, da er in all diesen Jahrzehnten nach dem Tode seines Bruders Wert darauf gelegt hatte, den der Kurfürstin versprochenen Rückfluß ihrer Mitgift sicherzustellen. Und das war nicht immer leicht, da sich die Landstände in Düsseldorf diesen die rheinischen Lande sehr belastenden Zahlungen widersetzten. Da der Kurfürstin, wie oben erwähnt, keine weiteren nennenswerten Einnahmen zur Verfügung standen, war sie darauf angewiesen. Objekte ihres Kunstbesitzes zu veräußern, war für sie, schon aus Pietät gegenüber dem Erbe ihrer Vorfahren, ohnehin undenkbar.

Tatsächlich war ihr bis zur letzten Stunde daran gelegen, die ehrwürdige Medici-Tradition gebührend zu repräsentieren, umsomehr als ihr Bruder mit diesem Ansehen Schindluder getrieben hatte. So wird einmütig bestätigt, daß sie nach wie vor sehr auf Haltung und Würde bedacht war. Von ihr empfangen zu werden, galt als besondere Auszeichnung. Sie stand dann kerzengerade, streng und feierlich wie eine Säule, unter einem großen schwarzen Baldachin, der in seinem düsteren Glanz wie zu einem Begräbnis über der sterbenden Dynastie hing. Wenn sie ausfuhr, so je nach Anlaß in einer vier- bzw. achtspännigen vergoldeten Kutsche, die von einer berittenen Ehrengarde begleitet war. In der Regel verließ sie den Palast nur, um eine Kirche zu besuchen oder um Florenz im Abendschein zu erleben. An öffentlichen Veranstaltungen und Festen nahm sie kaum noch teil. Vielmehr wandte sie sich, nun da sie älter geworden war, entschieden gegen die sittenwidrigen Auswüchse des Karnevals, der Maskenzüge usw. Insgesamt weckte das Beispiel, das sie gab, Bewunderung, und jeder, der sie sah, war beeindruckt von der aufrechten und würdigen Haltung, der sie betont Ausdruck verlieh. Offenkundig war sie darauf bedacht, dem zuletzt so übel beleumundeten Ruf des Hauses Medici doch noch einen ehrenwerten Ausklang zu verleihen.

Allgemein gewürdigt wird auch das große Kunstverständnis der Kurfürstin, das sie schon in Düsseldorf in Übereinstimmung mit den kulturellen Bestrebungen ihres Gemahls unter Beweis gestellt hatte. Als sie aus Deutschland nach Florenz zurückkehrte, bereicherte sie den Besitzstand der Uffizien und des Palazzo Pitti durch viele der ihr zustehenden deutschen und flämischen Gemälde. Dazu zählen auch die zahlreichen Bilder des Kurfürstenpaares, nicht zuletzt ein goldener Blasbalg von Peter Boy mit dem Doppelwappen Johann Wilhelms und Anna Marias. (22, 111)

Erwähnenswert sind ferner die baulichen Erweiterungen, welche sie in Gang setzte. Darüber entnehmen wir der Vita (47):

»Sie berief den Architekten Ruggeri und beauftragte ihn mit der Restauration der Kollegiatkirche von San Lorenzo, in der sie den Chorraum modernisieren ließ. Ferner ließ sie das Innere der Kirche von dem angesehenen Maler Meucci ausmalen. Auch machte sie sich um die Instandsetzung und Verschönerung der Grabstätten unter der Kirche verdient. An Stelle des alten Campanile wurde ein neuer mit fünf Glocken errichtet. Um schließlich die Erinnerung an das Haus Medici in aller Welt lebendig zu erhalten, ließ sie die große Kuppel vollenden, die einzig in der Welt dasteht wegen der besonderen Qualität des Marmors und des angebrachten Schmuckes. Unter dieser Kuppel sollten dann die Gebeine aller Angehörigen des königlichen Hauses der Medici beigesetzt werden.

Mit großem Kosten- und Arbeitsaufwand ließ sie die Häuser der Piazza Madonna niederreißen. Aus Carrara ließ sie mächtige Marmorblöcke kommen. Sie selbst nahm an den Arbeiten lebhaften Anteil, wobei sie sich nicht scheute, in den Gerüsten hochzusteigen. Verschiedene Mißgeschicke verzögerten jedoch die Vollendung ihrer Pläne.«

Kühn-Steinhausen (22, 112) schreibt dazu ergänzend: »Leider ist es ihr nicht gelungen, dieses Werk, welches ihr besonders am Herzen lag, zu Ende zu führen. Nach ihrem Tode wurden die Arbeiten eingestellt. Sie hatte in ihrem Testament zwar Legate für die Vollendung vorgesehen, aber es sollten aus jenen Summen zunächst die Pensionen an ihre Diener bestritten werden. So wurde der Bau erst 1748 im großen und ganzen fertig, jedoch nicht in dem geplanten Ausmaße. Noch heute ist sie unvollendet, diese prunkvolle, mit kostbarem Marmor ausgekleidete Kapelle (Cappella dei Principi), welche sich über der schlichten Krypta wölbt, in deren Fußboden einfache Grabschriften das Andenken der kunstsinnigen und stolzen Medicäer bewahren.« (22, 112)

Von der letzten Medici sagte man, sie sei die reichste Prinzessin in Europa. Das mochte zutreffen im Hinblick auf den unermeßlichen Kunstbesitz ihrer Familie, den sie jedoch nicht antasten würde. Sonst aber waren, wie bereits betont, ihre Einkünfte relativ bescheiden, immerhin ausreichend, um ihre Vorliebe für Schmuck und aufwendige Garderobe zu befriedigen. Auch verfügte sie offenbar über die Mittel, welche die baulichen Maßnahmen zu Gunsten der Familiengrabstätte erforderten.

Hinsichtlich ihrer Mildtätigkeit gehen die Meinungen auseinander. Lassen wir dieserhalb zunächst die Vita (47) zu Wort kommen:

»Der Kurfürstin gefiel es, viele der ersten Damen und Edelleute mit Schmuck und anderen Wertgegenständen zu beschenken. Sie lud sie in ihre Residenz ein und setzte dann einen wertvollen Preis, den sie ihren Schätzen entnahm, zum Verlosen aus, wobei sie mit Vergnügen erwartete, wem wohl das Gewinnlos beschieden sei. Diese Art eines willkürlichen Wohlwollens verstimmte einige Adlige. Auch bei den Bürgern erregte sie Mißfallen. Insbesondere die kleinen Leute nahmen ihr übel, daß sie auf Bittgesuche nicht einging. So wurde sie z.B. gelegentlich um finanzielle Hilfe gebeten, wenn es galt, ein bedürftiges junges Mädchen für die Hochzeit oder für das Kloster auszustatten. Für diese oder ähnliche Bedürfnisse brachte sie wenig Verständnis auf. Ihre Maxime lautete: Wen Gott reich und adligen Standes zur Welt kommen ließ, der

ren und verstorben war, über die Via Maggio, die Ponte
Santa Trinita und die Via Tornabuoni zur Medici-Ka-
pelle, wo sie inmitten ihrer Familie beigesetzt wurde.

Sucht man die Stelle, wo sie bestattet wurde, so verläuft
man sich zunächst, da man vergeblich nach einem der
Fürstin gebührenden Monument Ausschau hält. Vielmehr erlebt man, daß auch heute noch selbst erfahrene
Reiseführer im Dunkeln tappen, sofern ihnen überhaupt
daran gelegen ist, die letzte Medici in Erinnerung zu
rufen. Schließlich steht man dann vor einer schlichten
Grabplatte mit der knappen und doch so bedeutungs-
vollen Inschrift:

MEDICEAE GENTIS GERMEN ET DECUS
ULTIMUM
(Sproß und letzte Zier des Hauses Medici)

Welch wechselvolles und doch vorbildlich erfülltes Leben
beinhalten diese beiden Wörter: DECUS ULTIMUM. In
der Tat, mit ihr erlosch das Haus Medici höchst ehrenwert. Dieses eine Wort »Zierde« sagt jedenfalls mehr aus
als übliche Nachrufe, die meist nur einseitig beschönigen.
Zwar wurde das von ihr so tatkräftig ausgebaute Mausoleum von San Lorenzo noch nicht vollendet. Doch bedeutender, ja von unschätzbarem Wert, ist ein anderes Denkmal, das sie hinterlassen hat, nämlich die letztwillige Verfügung, daß der gesamte Medicibesitz, d.h. die größte
Kunstsammlung der Welt, dem neuen Großherzog und
seinen Nachfolgern überlassen werde unter der ausdrücklichen Bedingung, »daß die Kunstwerke ohne Ausnahme
immer und ewig dieser Stadt Florenz verbleiben müssen«,
und zwar zu Nutz und Frommen der kunstsinnigen Bürger aller Nationen. Der Wert dieser wahrhaft königlichen
Schenkung »zum Nutzen aller« ist unschätzbar. Es lohnt
deshalb, die bedeutendsten Bestandteile dieses Schatzes
im einzelnen aufzuführen (52):

Sämtliche Gemälde und Skulpturen der Uffizien, des
königlichen Schlosses (Palazzo Pitti), der Villa Medici
in Rom sowie der anderen Villen der Familie.

Die kostbare Sammlung von Gemmen und anderen Kunstgegenständen (Gemmensaal der Uffizien).

Eine große Sammlung von Kameen, geschnitzten Gemmen, und die berühmte Münz- und Medaillensammlung Lorenzos des Prächtigen – die älteste in Europa (Bargello-Museum).

Statuen und Büsten von Donatello, Verocchio, Mino da Fiesole und anderen Meistern (Bargello-Museum). Die prachtvolle Bronzensammlung (Bargello-Museum).

Die neue Sakristei mit den Meisterwerken Michelangelos.
Die Schloßbibliothek und die Medicibibliothek in San Lorenzo.
Die große und bedeutende Sammlung von ägyptischen und etruskischen Altertümern (Ägyptisches und Etruskisches Museum).

Eine wertvolle Sammlung von Majoliken, Urbino- und Faenza-Steingut. Rüstungen von ungewöhnlicher Schönheit, seltene und kostbare Waffen (Bargello-Museum).
Eine große Reihe von Wandteppichen, die jetzt die ›Galleria degli Arazzi‹ bilden.

Die Sammlung von herrlichen Tischen mit Pietradura-Arbeiten, Schränken und anderen edlen Möbelstücken (Uffizien und Pitti Palast).
Die eingelegten Tische, kunstvollen Schränke, bestickten Teppiche und ähnliche Gegenstände (königliche Gemächer des Pitti Palastes).

Das goldene Tafelgeschirr, Gold- und Silberarbeiten, edles Porzellan, wertvolle Platten, Kruzifixe und Kreuze aus Elfenbein und Bernstein, Bischofshüte, mit Miniaturen aus Kolibrifedern aus dem Besitz Klemens VII., wertvolle Niello-(=Tula)-arbeiten, prachtvolle Becher und Vasen von Benvenuto Cellini und viele Erbstücke der Familie (Schatzkammer des Palastes Pitti).

Reliquien und andere Schmuckstücke aus der Groß-
herzoglichen Kapelle des Pitti Palastes.
Der ungeheure Kleiderschatz der Medici mit seinen
kostbaren Roben und Staatsgewändern.

So hat Anna Maria die Voraussetzung dafür geschaffen,
daß Florenz bis zum heutigen Tage als eines der großen
Kunstzentren der Welt Geltung besitzt. Und man sollte
durchaus betonen: Bis zum heutigen Tage. Ist es doch
nicht selbstverständlich, daß sich diese vor 245 Jahren er-
lassene Verfügung trotz vielfachen politischen Wirren
Jahrhunderte hindurch behauptet hat. Der Besitzstand
wurde sogar noch erweitert durch die Erwerbungen der
Großherzöge von Lothringen sowie den Italienischen
Staat, als er die Toskana übernahm. Ja, noch 1919 wurde
der testamentarischen Bestimmung der Kurfürstin Geltung verschafft, als im Friedensvertrag von St. Germain
die Rückgabe einiger aus Florenz entwendeter Kunstge-
genstände veranlaßt wurde. (18)
Es ist unverständlich, daß die Stadt Florenz bis zum heutigen Tage versäumte, ihrer großen Wohltäterin ein ge-
bührendes Denkmal zu errichten. Ebenso stellt man mit
Befremden fest, daß die meisten Geschichtsbücher, ja
selbst manche Kunstführer, dieser kulturellen Großtat
entweder garnicht oder nur beiläufig Anerkennung zol-
len. Als rühmliche Ausnahmen seien u.a. zitiert:

Morton (31): Eine Kunstsammlung von unschätzbarem
Wert hat den Tod der Familie, die sie zusammentrug,
überdauert. Dieses Wunder ist einer selbst in Florenz
kaum bekannten Frau zu verdanken. Anna Maria trug den
Namen Medici mit Würde und Glanz in die Geschichte
ein. Höchst seltsam, daß Florenz, die Stadt der Skulpturen, ihrer größten Wohltäterin keine Statue errichtet hat.

Reclams Kunstführer Florenz: Daß die Kunstschätze der
Medici in Florenz verbleiben und nicht wie die so man-
cher anderer Fürstenhäuser in alle Winde verstreut worden sind, bleibt ihr geschichtliches Verdienst.

Young (52): »Mit diesem Abschiedsgeschenk sicherte
Anna Maria Luisa der Stadt Florenz künftigen Wohl-

stand. Ja, durch diese Tat erwarb sie Anspruch auf die ewige Dankbarkeit ganz Italiens. Es war eine Tat, die viele Sünden ihrer Vorfahren wieder gut machte.

Verwunderlich ist, daß der Name der Stifterin in Florenz kaum bekannt ist. Kein Denkmal der rheinischen Kurfürstin schmückt einen öffentlichen Platz, keine Büste, kein Bildnis hat in einem der Museen oder einer der Galerien einen Ehrenplatz erhalten, nicht einmal über einem Türbogen prangt ihr Name«.

Ob sich Düsseldorf dankbarer erwiesen hätte? Diese Frage ist gar nicht so abwegig, wenn man wie Kordt (18, 267) die Möglichkeit in Betracht zieht, daß der gesamte Medicibesitz in die Residenzstadt am Rhein gelangt wäre – hätte Jan Wellem mit Anna Maria überlebt. Doch davon abgesehen, die Kurfürstin hat sich um Düsseldorf so verdient gemacht, daß die »Kunst- und Gartenstadt« ihr ein bleibendes Andenken schuldet.

Wie dem auch sei, an ihrem Geschick MEDICEAE GENTIS GERMEN ULTIMUM zu sein, ließ sich nichts ändern. Mit ihr erlosch die berühmte Familie, die ohne Adelsprivileg aus relativ kleinen Verhältnissen aufgestiegen war, um dann die Geschicke von Florenz und der Toskana fast vier Jahrhunderte lang zu bestimmen. Dabei ruhte ihre Bedeutung weniger auf politischer oder administrativer Befähigung als auf kaufmännischer Begabung und Einfühlungsvermögen, insbesondere aber auf einem ausgeprägten Sinn für die schönen Künste. Dabei ist bemerkenswert, daß all die Reichtümer und Kunstdenkmäler, die heute den Ruhm von Florenz ausmachen, nicht auf Raubzügen, sondern überwiegend mittels eines überlegten Mäzenatentums erworben wurden, das jeden schöpferischen Impuls der jeweiligen Ära förderte. In Würdigung dieser Verdienste konnte Alexander Dumas (1824–1895) sagen: »Lasset die Medici in Frieden ruhen in ihrem Grab von Marmor und Porphyr, denn sie haben mehr zum Ruhme der Welt beigetragen als irgendein Fürst oder Kaiser.« Daß aber Anna Maria als der eigentlichen Zierde des Geschlechtes Marmor oder Porphyr versagt blieb, ist wohl auch Dumas entgangen.

So unvergänglich das Verdienst der Fürstin ist, das groß-

artige Medicierbe vor der Zerstreuung in alle Welt bewahrt zu haben, ihr Ansehen wird noch erhöht durch ihre
menschliche Größe. Dank ihrer Integrität erhält das Ver-
löschen ihres zuletzt so verderbten Geschlechtes einen
versöhnlichen Glanz. So verleiht ihr die Grabschrift wohl
zu Recht das Prädikat DECUS. Dieser Ehrentitel
ZIERDE ist umsomehr berechtigt, als sie eine sehr zwiespältige Erbanlage zu verkraften hatte. Wir haben mit Bedacht im Verlauf dieser Chronik eingehend auch ihre Eltern charakterisiert, um zu zeigen, welch weites Spektrum
unterschiedlicher Wesenszüge in Anna Maria veranlagt
war. Insgesamt, so darf man sagen, glichen sich Cosimos
und Marguérites widersprüchliche Naturen in der Tochter bemerkenswert harmonisch aus. So neutralisierten
sich das extravagante Erbteil ihrer Mutter und die ver-
sponnene Eigenbrötelei des Vaters zu besonnener Unternehmungsfreude. Entsprechend versöhnten sich Über-
mut und Melancholie zu gelassener Heiterkeit. Und den
beiden Elternteilen eigenen Stolz veredelte sie zu vorneh-
mer Distanz. Überhaupt ist kennzeichnend, daß sie allem
Überschwang, z.B. bei dem von der Mutter ererbten
Jagdfieber, immer wieder Zügel anlegte.
Insgesamt war Anna Maria im Sinne einer solchen Vermählung gegensätzlicher Erbanlagen eine erstaunlich aus-
geglichene Persönlichkeit. Zu diesem Ausgleich trug sicher auch die ihr meist gewogene Umwelt bei, nicht zuletzt die in sovielen Bereichen erwiesene Harmonie mit
Johann Wilhelm. Andererseits wurde die Düsseldorfer
Zeit, die von ihr als Kurfürstin ein hohes Maß an Einfühlungsvermögen verlangte, zu einer vielfältigen Bewäh-
rungsprobe, die wesentlich zu der Reife beitrug, die sich
dann später in Florenz vollends bewährte.
Doch so wichtig Umwelt und Erbanlagen für die Wesens-
bestimmung und Deutung einer Persönlichkeit wie Anna
Maria auch sein mögen, sie hätte die ihr vererbten oft so
konträren Eigenheiten nicht meistern und harmonisieren
können ohne ein gehöriges Maß an Selbstzucht und Gott-
vertrauen. Insgesamt ist es jedenfalls erstaunlich und be-
wundernswert, wie die letzte Medici, die doch eigentlich
als Totgeburt geplant war, sich zu einer wahren Zierde ihres Geschlechts entfaltete. Wie liebevoll hat sie z.B. ihren

schwerkranken Gatten gepflegt, und wie hat sie sich um ihren versumpften Bruder gekümmert trotz aller Unbill, den er ihr zugefügt hatte. Auch spricht die fürsorgliche Liebe, die sie ihrem Vater zuwandte, für ihren einfühlsamen Sinn. Mit gutem Grund läßt sich ferner behaupten, daß sie sich in ihrem Leben keine ernsthaften Verfehlungen zuschulden kommen ließ, was man nicht sagen kann von Vater Cosimo, der z.B. Juden und Andersgläubige oft grausam verfolgte, und Mutter Marguérite, deren Moral bisweilen mehr als anfechtbar war. Und wie hatten ihre Eltern sich mit gegenseitigen Bosheiten aneinander zerrieben! Umsomehr gebührt ihr Respekt angesichts der Selbstzucht, die sie sich bei allen Wechselfällen des Lebens auferlegte!

Das insgesamt so sympathische Porträt unserer Kurfürstin aber wird umso glaubhafter und eindrucksvoller, wenn wir auch etwaige Schattenseiten ihrer Natur in Betracht ziehen. Umgekehrt waren wir bemüht, die durchweg negative Charakterisierung ihrer Eltern und Geschwister aufzubessern durch positive Gesichtspunkte.

Was die ihr vereinzelt nachgesagte Hartherzigkeit gegenüber den Armen anbelangt, so wird dieser Vorwurf, wie bereits dargelegt, weitgehend entkräftet durch die Mehrzahl der Stimmen, welche ihr einen mildtätigen Sinn zusprechen. Und daß sie nicht engherzig war, beweist nicht zuletzt ihr der Stadt Florenz zugedachtes Testament »zum Nutzen aller«. Dieses Testament war im übrigen darauf bedacht, all denen eine Gunst zu erweisen, die je in ihrem Dienst gestanden hatten. So wurden den Hofdamen große Geldgeschenke und für den Fall der Heirat die Aussteuer zugesprochen. Auch erhielten alle Diener ihr Gehalt auf Lebenszeit. Ferner verfügte sie, daß das Mausoleum der Andreaskirche in Düsseldorf zu Ehren ihres Gemahls und dessen Familie von ihrem Geld vollendet werde. In diesem Zusammenhang sei Kühn-Steinhausen (22, 82) zitiert: »Man muß es ihrer Großmut anrechnen, daß sie zeitlebens nie aufgehört hat, den Landen ihres Gemahls Wohltaten zu erweisen und im Testamente ihrer in gleicher Weise gedachte wie der eigenen Heimat.«

Auch der gelegentlich geäußerte Vorwurf des Stolzes ist zu überprüfen. Tatsächlich ist nicht zu leugnen, daß die

Fürstin bis zu ihrem Lebensende vielleicht allzusehr darauf bedacht war, ihre erlauchte Abstammung durch betonte Distanz zu unterstreichen. Ja, wir entnehmen der frühen Vita mit gewissem Mißvergnügen, daß sie den Abstand zwischen Arm und Reich bzw. »Hochwohlgeboren« als gottgewollt beachtet wissen wollte. Andererseits darf man nicht außerachtlassen, daß sie während ihrer Düsseldorfer Zeit als die nach der Kaiserin höchste Repräsentantin des Reiches, und später als Mitregentin in der Toskana, eine entsprechende Verpflichtung hatte. Jedenfalls sollte man nicht die ihr eigene Hoheit mit abweisendem Stolz oder gar Hochmut gleichsetzen. Ihre großmütige Haltung z.B. gegenüber Maria Theresia war zugleich auch demütig. Im übrigen ist zu bedenken, daß es offenkundig ihr Anliegen war, dem oft so vulgären Verhalten ihrer Mutter und ihres Bruders durch betonte Gravitas ein Gegengewicht zu verleihen. Zweifellos war auch ihre Mutter eine stolze Frau. Wie oft hatte sie sich in Florenz oder Paris darüber beklagt, daß man ihr königliches Geblüt nicht gebührend respektiere. Andererseits hatte sie keine Bedenken, sich mit dem Koch auf Kissenschlachten oder mit Gardisten auf Schäferstündchen einzulassen. Für ihre Tochter aber war der ihr angeborene Stolz im Sinne des »Noblesse oblige« stets gepaart mit Hoheit und Herzensadel. Man mag über Formalitäten denken wie man will, bei der Kurfürstin spiegelten formelle Äußerlichkeiten wie z.B. der Baldachin, unter dem sie Gesandte empfing, stets auch eine innere Haltung wider – anders als etwa in Versailles, wo sich hinter vornehmem Getue oft niedrige Beweggründe oder Verhaltensweisen verbargen. So bleiben die Vorwürfe der Hartherzigkeit und des überheblichen Stolzes letzthin zumindest anfechtbar.

Weniger ist diese Nachsicht jedoch vertretbar bei einem wunden Punkt, der bei Kühn-Steinhausen und anderen Autoren zu wenig in Betracht gezogen worden ist, nämlich die unglückliche, wenn nicht gar verwerfliche Rolle, welche die Kurfürstin bei der Verkupplung ihres Bruders und auch ihres Onkels gespielt hat. Die Beteiligung an diesen so unsinnigen und verhängnisvollen Projekten spricht jedenfalls nicht für Klugheit und Menschenkenntnis. Gewiß handelte sie wie ihr Vater in der guten Absicht, das Haus Medici vor dem Untergang zu bewahren. Beide aber hatten sich dabei wie kopflos verrannt.

Doch abgesehen von diesen Mißgriffen gibt es keinerlei Anhalt dafür, daß Anna Maria je in irgendwelche Skandalgeschichten verwickelt war. Vielmehr wußte sie sich in ihrer ganzen Lebensweise dem Schönen und Guten verpflichtet. Dieser Gesinnung entsprach auch ihre gepflegte Erscheinung. So haben wir guten Grund, uns den Nachruf zu eigen zu machen, den Sir Horace Mann, der damalige britische Gesandte in Florenz, der Kurfürstin widmete:

Sie stand wie eine Säule, streng und feierlich. Vielerlei Enttäuschungen hatte sie verkraften müssen, doch niemals hatte sie sich beirren lassen in ihrem christlichen Glauben an unveräußerliche Werte und an eine würdige Haltung selbst in verzweifelter Lage. Diese Bekundung der Hoheit in Gesinnung und Auftreten blieb ihr ein stetes Bedürfnis. So verkörperte sie einen Adel, dem man nur mit Ehrerbietung begegnen konnte. Wirklich, das Haus Medici durfte sich glücklich schätzen, daß es mit einer ›Grande Dame‹ edelster Ausprägung von der Weltbühne abtrat.

Benutzte Literatur

1   Acton, Harold, The last Medici, London 1980
2   Bargellini, Piero, Florence, the Magnificent, Vol. 3, Firenze 1980
3   Berglar, Peter, Maria Theresia, Reinbek 1980
4   Berti, Luciano, Die Uffizien, Florenz 1972
5   Berti, Luciano, Florenz – Die Stadt und ihre Kunst, Florenz 1979
6   Blainville, M. de, Briefe. Der Kurfürstliche Hof zu Düsseldorf, Düsseldorfer Jahrbuch 1959
7   Brion, Marcel, The Medici – A great Florentine Family, London 1969
8   Brion, Marcel, Die Medici – Eine Florentiner Familie, Heyne Biogr. 1986
9   Bützler, Maria, L'Elettrice Palatina – Anna Maria Luisa dei Medici a Düsseldorf, Vortrag im Palazzo Strozzi, 20. 2. 1974
10 Cleugh, James, Die Medici, dtv München 1985
11 Dethan, Georges, Gaston d'Orléans, Paris 1959
12 Düsseldorfer Jahrbuch 59/1984
13 Encyclopaedia Britannica, Vol. 11/822, London 1974
14 Encyclopédie, La Grande, Paris
15 Flake, Otto, Große Damen des Barocks, Fischer Taschenbuch 1981
16 Grote, Andreas, Florenz, München 1965
17 Kordt, Walter, Die Kurfürstin Anna Maria Luise, TOR, Düsseldorf 1957
18 Kordt, Walter, Die Düsseldorfer Kurfürstin, Die Heimat, Düsseldorf 1958
19 Kühn-Steinhausen, Hermine, Der Briefwechsel der Kurfürstin Anna Maria Luisa, Düsseldorfer Jahrbuch Band 40, Düsseldorf 1938
20 Kühn-Steinhausen, Hermine, Die Feste am Düsseldorfer Hofe nach den Briefen der Kurfürstin, TOR, Düsseldorf 1938
21 Kühn-Steinhausen, Hermine, Die Bündnisse des Kurfürsten Johann Wilhelm und seiner Gemahlin, Düsseldorfer Jahrbuch Band 41, Düsseldorf 1939
22 Kühn-Steinhausen, Hermine, Die letzte Medicäerin – eine deutsche Kurfürstin, Düsseldorf 1939
23 Kühn-Steinhausen, Hermine, Johann Wilhelm, Kurfürst von der Pfalz, Düsseldorf 1958
24 Lau, Friedrich, Geschichte der Stadt Düsseldorf, Düsseldorf 1921
25 Louis XIV, Mémoires, présentés et annotés par Jean Longnon, Paris 1978
26 Loup, Kurt, Jan Wellem, Das Spiel vom wahren Verdienst. Zum 300. Geburtstag am 19. April 1958, Düsseldorf 1958
27 Lux, Antonius, Berühmte Frauen der Weltgeschichte, München o.D.
28 ›Mann‹ and Manners at the Court of Florence 1740–1786. Founded on the letters of Horace Mann to Horace Walpole, by Dr. Doran, London 1876
29 Micheletti, Emma, Die Meisterwerke der Palatin Galerie – Pitti Palast, Firenze 1969
30 Mitford, Nancy, The Sun King, London 1971
31 Morton, H.V., Wanderungen in Italien, Frankfurt 1965
32 Mraz, Gerda und Gottfried, Maria Theresia – ihr Leben und ihre Zeit, München 1979
33 Münzen und Medaillen des 16.–18. Jahrhunderts, bearb. von Karl Bernd Heppe, Stadtmuseum Düsseldorf 1977
34 Musik am Hofe Jan Wellems, Schallplatte mit Text, Columbia/Electrola, Düsseldorf o.J.

35 Pfeiffer-Belli, Erich, Rundgang durch die Alte Pinakothek, München 1969
36 Pucci, Eugenio, The Medici – Glory of the World, Firenze 1968
37 Riemenschneider, Heinrich, Theatergeschichte der Stadt Düsseldorf, Düsseldorf 1987
38 Rodocanachi, E., Les infortunes d'une petite-fille d'Henri IV, Marguérite d'Orléans, Paris 1903
39 Sackville-West, V., Das abenteuerliche Leben der Anne Marie Louise d'Orléans, Herzogin von Montpensier, Hamburg 1960
40 Spohr, Edmund, Düsseldorf Stadt und Festung, Düsseldorf 1979
41 Stadtmuseum, Düsseldorf zur Zeit Grupellos, Düsseldorf 1971
42 Stöcker, Hans, Die Sonne Italiens über dem Niederrhein. Düsseldorf und Florenz. Jan Wellem als Wegbereiter, TOR, Düsseldorf 1968
43 Stolz, Heinz, Düsseldorf – ein Haus- und Lesebuch, Düsseldorf 1958
44 Teich-Balgheim, Otto, Die letzte Medicäerin, eine deutsche Kurfürstin, TOR, Düsseldorf 1940
45 Teich-Balgheim, Otto, Die Kurfürstin rettet Düsseldorf AD MDCCII, TOR, Düsseldorf 1964
46 Ursulinen in Düsseldorf 1681–1981, Festschrift, Düsseldorf 1981
47 Vita della Principessa Elettrice Palatino del Reno, Firenze 1887. (Brit. Museum London, 12227. aaa. 17–23)
48 Vossen, Carl, Die zweite Frau Jan Wellems, eine Würdigung zu ihrem 300. Geburtstag am 11. 8. 1967, TOR, 1967
49 Vossen, Carl, Maria von Burgund, des Hauses Habsburg Kronjuwel, Stuttgart 1982
50 Weidenhaupt, Hugo, Kleine Geschichte der Stadt Düsseldorf, Düsseldorf 1976
51 Wien, Hofprotokoll des Jahres 1700, Österreich. Staatsarchiv, Wien
52 Young, G.F., Die Medici, München 1950

Namenverzeichnis